U0597126

艺术与人文丛书

中国传统生态智慧

宋国彬 著

上海文艺出版社

资助基金

- 2020年湖北省社科基金一般项目（后资助）《中国传统生态智慧》（项目立项号：2020102）
- 同时得到黄冈师范学院学科团队"鄂东人文艺术与非物质文化遗产研究团队"、黄冈师范学院科技创新团队"大别山非物质文化与人文艺术"等项目的资助与支持，特此感谢！

总　序

　　在中国地形图上，大别山就像一只从西北向东南爬行的巨大蝎子，它的尾巴经桐柏山断断续续与秦岭山脉相连，横亘在长江中下游平原与华北平原之间，成为淮河流域与长江流域的分水岭，也成为中国北方与南方之间重要的地理分界线。

　　大别山地势较高，南北两侧水系较为发达，分别注入长江和淮河，其西南山麓包含着整个鄂东地区。由大别山主脉发源向西、向南以及向东注入长江的主要河流有倒水、举水、巴河、蕲河、浠水等五大水系，每一个水系都接纳了很多支流。这里是鄂东农耕先民们世代繁衍生息的地方，自古就是一个重要的文化地理单元。它背列重山，襟带大江，据云梦洞庭之阔，扼长江东去之喉，具有承东启西、纵贯南北、通江达海的区位地理优势。在历史上，鄂东大别山的东、西部就是北方文化南迁的重要通道。鄂豫交界的南阳盆地是接纳隋唐以前关中及中原族群南来长江及以南地区的重要通道。从这里出发，经过襄阳，一条路线是顺着鄂中大洪山西边，沿汉水下游，过荆州，入洞庭；另一条路线是走大洪山以东，穿过"随枣走廊"，进入今天的鄂东大别山丘陵地带。

自古以来，鄂东就是中国政治文化的重要地区之一。南北通达的"光黄古道"与东西纵横的长江漕运在这里划上了一个呈东西南北通达结构的交汇点。元末明初之后，来自江西的移民从这里开始了长达几百年"江西填湖广""湖广填四川"的移民潮，随后朱明王朝不懈的军垦运动，进一步奠定了鄂东山地、河湖、洲畈地区早期人口分布的格局。明中后期开始至清康熙朝，鄂东蕲、黄两府的经济和人口一起快速增长。

　　复杂的人文地理历史背景书写了深厚的鄂东民间文化。这里孕育了一大批在中国历史文化各个领域有影响力的大家。如中国佛教禅宗四祖道信、五祖弘忍、六祖慧能，活字印刷术发明人毕昇，医圣李时珍，现代地质科学家李四光，文化学者与民主战士闻一多，国学大师黄侃，哲学家熊十力等。苏东坡谪居黄州四年，他寻诗访友的足迹又为这里的人文历史图景叠加了一层清晰的文化经纬。

　　呈现在读者面前的这套"艺术与人文丛书"，大部分的选题来自鄂东地区，分别涉及传统村落、民居建筑、民间手工艺、民俗信仰、生产生活等领域。这些选题既可包括在现行高校学科体系下的美术、设计等艺术专业的实践范畴之中，也可纳入人类学、社会学思考的理论视域之下。丛书中的大多数学者都出身美术的实践性术科，在课堂教学和学术田野之间往来行走，因此这些选题是他们教学的延伸，自然取经"由技而道"的学术之路。

虽然这些研究还有些青涩，但却饱含着一个个热心人对于田野的激情和对于学术的执着，保持着一种与乡村社会接触过程中鲜活的感受。

亲近田野就是一种学术优越。以宏阔的视野和高深的理论观照学术固然有高度，但与田野同在也有其亲近感。近些年来，黄冈师范学院美术学院积极回应区域社会对于高校的呼唤，投身于鄂东黄冈的地域经济与文化建设中，把学术的田野划在鄂东大地上，把研究者的身影摆进地方建设的队列中。这里的年轻学者，一直行走在鄂东的乡村田野中。在学校高层次人才引进工程中，他们受惠于热心学者的帮助，陆续找到了各自研究的方向，也积累了一些成果。截至2019年，黄冈师范学院美术学院教师团队已经成功获批国家社科基金、国家艺术基金、教育部人文社科、省社科研究项目20多项。目前这些项目都在陆续结题，成果也在陆续整理中。为了赓续鄂东悠久而深厚的地域文脉，发挥优秀传统文化的引领作用，学院决定甄选一批优秀研究成果，出版"艺术与人文丛书"，推动黄冈师范学院艺术与人文学科的建设，助力地方社会建设，实现高校的时代担当。

大别山从西向东奔来，在黄梅这个地方收住了脚步，驻足在长江边上，与对岸的锦绣庐山隔江相望。而江北的黄梅东山并不羡慕庐山的无限风光，却在自己的小山里涵养了禅宗四祖、五祖，并从这里送走了一代宗师六祖慧能，东山因此有灵。地方高校的优势在于地方特色的彰显，在于担负起地方社会文化经济的任务。身处鄂东的年轻学者自觉走进乡村魅力田野，参照艺术人类学和中国乡村的研究范式，坚持以人文为视角，强调以艺术为对象，扎根鄂东社会，注重田野调查，努力从学理上探讨鄂东艺术与人文的相关问题，也为艺术人类学和中国乡村研究提供鲜活的学术个案和理论探究，逐渐走出了更大的空间。"艺术与人文丛书"的出版只是一个起步，相信未来会有更多更好的成果涌现。

丛书主编　胡绍宗

目　录

Contents

绪 论

人与自然是人类潜心探索的永恒主题，近现代工业文明发展及人类中心主义所带来的种种生态及生存危机，更加激发了人类生态意识的觉醒和对生态文明的探索。通过这种探索，人类社会发展方式和思维方式逐步生态化，人类正在进入新的社会发展形态和人类文明形态。

不过，当再次回望传统，我们发现有着五千年悠久历史的中国传统文化，其实蕴含着许多非凡的生态智慧。或许，进一步发掘梳理它们，能使人类更加清晰地认识到人与自然这一永恒的主题。

一、研究的目的、意义、方法及观点

研究目的

近些年来，关于中国传统生态智慧的研究取得了一定的成果，但范围和深度还不是很广深。如依旧主要专注于传统生态思想观念研究层面，而对生态行为践行层面的研究相对较少。一般来说，生态智慧是指理解复杂多变的生态关系并在其中健康生存和发展下去的主体素质，使之具有生存实践的价值。对照生态智慧概念的这一内涵，中国传统生态智慧应体现在两个层面：一是中国先民理解复杂多变的生态关系的主体素质，即中国传统生态思想观念；二是中国先民健康生存和发展的生存实践及其价值体系。因此，对中国传统生态智慧的研究仍然有进一步深入化、专题化、系统化的必要。这也是一种学术努力和态度。

具体来说，本研究的目的在于：

第一，在对传统生态文化环境及生态思想渊源进行阐释的基础上，对传统生态行为践行进行深入挖掘，从而把握传统文化中所蕴含的生态理念、精神及实践元素。

第二，试图通过对中国传统生态思想及行为践行概念体系的初步探索，佐证中国传统生态思想的精神实质及积极、健康生存的主体生态素质，为中国传统生态智慧的知行合一作出有一定解释力的说明。

研究意义

首先，是现实意义，即传统生态思想及行为实践的生态道德教育价值和实践价值。习近平总书记在全国生态环境保护大会上指出："生态文明建设是关系中华民族永续发展的根本大计。中华民族向来尊重自然、热爱自然，绵延5000多年的中华文明孕育着丰富的生态文化。……生态兴则文明兴，生态衰则文明衰……全面推动绿色发展。绿色生活方式涉及老百姓的衣食住行。要倡导简约适度、绿色低碳的生活方式，反对奢侈浪费和不合理消费。"由此不难得出，我们不但要重视生态文明建设，还应该深入挖掘中国传统生态文化，并且要身体力行，全面推动绿色发展。

中国传统的生态思想意识，如儒释道等的生态伦理思想等，作为内在于中国传统文化的一部分，无疑都是先哲们在传统的生态环境、社会结构、经济样态下对人与自然关系思考和追问的智慧结晶。但重要的是，我们必须从总体上把握其活的精神，所以不能仅仅偏重于思想价值观念的澄清，而且还应该挖掘传统生态的行为及实践价值。

本研究可以直接成为公民生态道德教育的内容，即可以提升人们对中国传统生态智慧从思想意识到行为实践的全面和深入认识，进而教育、引导人们在日常生活中不断践行绿色生态行为，真正内生为生生不息的生态意识、生态智慧和生态德行。

其次，是补益学术理论的价值。历来人们对中国传统生态智慧的研究都偏重于思想观念层面，如儒家的"仁者爱人"、道家的"顺应自然"、释家的"圆融平等"，以及整体的"普遍和谐""天人合一"等等。而对于中国先民积极健康的生态实践及价值体系，目前的研究还不多。

因此，尤其是在当前生态文明方兴未艾的时代语境下，在掌握中国传统生态思想源流的基础之上，也着重对中国先民生存实践及其价值体系作进一步的探索、分析和阐释，能补益这方面的学术理论研究。

研究方法

生态智慧，无疑也是指解决人类生态问题的一种综合能力，其研究一般涉及自然和人文环境、生态观念与思想、生态知识与技能方法等三大领域。所以，本研究试图从传统自然人文环境、思想渊源、行为践行这三个层面对中国传统生态智慧分别展开分析。

具体的研究思路是：首先，要对中国传统生态的自然人文环境取得一定程度的了解，因此，本研究试图先从自然、经济、社会这三个层面对中国传统生态的自然人文环境作阐述。其次，在此基础上，对中国传统生态思想渊源作逐一论述，包括易学、儒家、道家、墨家、法家、农家、楚骚、禅宗诸家生态思想。最后，深入探讨中国传统生态的行为践行，包括复用、节用、蓄藏、和谐、恒道五个事理方面；同时，人居历来与人类最为密切，故也把传统人居作为生态行为践行的层面，从其生态营造和生态典范两个方面分别进行探讨。

主要的研究方法是：

一是文献研究法。通过借鉴前人对传统文化及生态的注疏及描述，全面准确地把握传统生态的文化及思想概貌，再利用现代的生态学、伦理学、设计学、建筑学等相关理论，对传统生态行为践行进行深入的挖掘，从中了解传统文化中所蕴含的生态理念、精神及实践元素。

二是案例论证法。深入挖掘传统生态案例，尤其是通过对古人复用、节用、蓄藏、和谐、恒道及人居营造等生态践行案例的阐释，包括利用图史互证的学术传统，建构传统生态智慧的实践价值体系，佐证中国传统生态思想的精神实质及积极、健康的生态主体素质。

三是逻辑归纳法。在文献研究和案例论证的基础上，采用逻辑归纳法总结出早期传统文化中的生态思想渊源及主要观点，探寻传统生态的行为践行，最终归纳整理传统生态智慧元素及价值体系。

主要观点

本研究成果的主要观点是：

（1）中国是生态文化最古老的发源地之一。广博深厚的中华传统生态文化的多元性及诸多因子，是在中国特定、多样和动态的自然及人文环境中长时间形成的。

（2）中华民族有着天人合一、人与自然和谐的生态观念及思想传统。中国传统文化思想派别尽管众多，但在人与自然的统一性、亲和性，人与自然互相渗透、相互依存这些观点上是一致的。这也正是中国传统生态思想的渊源。

（3）中华民族历来重视生态行为践行，具有积极、健康的生态主体素质。在传统生态思想观念的影响下，中国先民日常生产生活中，十分重视复用、节用、蓄储，努力追求和谐与恒久之道。

（4）中国传统人居营造的主导思想主要体现在与自然和谐相处的意蕴与伦理道德观念这两大方面。人居建筑营造是中国传统生态行为践行的又一具体体现。

（5）中国传统人居有着各具地域及生态特色的建造模式及技术表现。无论是城市、园林，还是村落、住宅，都反映了中国先民倚重自然的"环境观"，亦构成了中华民族世代安居乐业的物质与精神环境。

二、中国传统生态智慧的特质

以自然为依归

中华民族自古"幅员辽阔，腹里纵深，有广阔的回旋天地，适宜的气候，丰富的自然资源。"[①]丰富多样的自然环境，更多的地缘天赋，成就了华夏各具特色的地理区域，也构成了中华民族创造独具特色的生态文化及思维的基本因素。中国以农立国，由于"农业生产受制于天然的气候，形成中国先民特别倚重自然环境的给予，所以就慢慢地培育出一种以大自然为依归的认知及思维方式。中国古语有云：'皇天后土，天地父母'，把天地形容为父母，正反映着中国人对天地万物心存敬重和相亲的人性化表现，亦成为人类最古朴的协调生态的思想雏形和典范"。[②]

也正因如此，中国传统文化思想，尽管派别众多，但在人与自然的统一性、亲和性，人与自然互相渗透、相互依存，天人相通，天人合一这些观点上是一致的。如儒家的"知天畏命"（《论语七则》《论语·季氏》）与"上下与天地同流"（《孟子·尽心》），道家的"道法自然"（《老子》第二十五章）与"天地与我并生，而万物与我为一"（《庄子·齐物论》），佛家的"因缘和合"与"天地与我同根，万物与我一体"（《古尊宿语录》卷9）等等，都把人和天地万物紧密地联系在一起，视为不可分割的共同体，从而形成一种主观力量和追求人类"与自然共存"的生存智慧，促使人们去探求自然、亲近自然、开发自然。

由于中国文化的主流"走的是人与自然过分亲和的方向，征服自然、以己

---

① 房列曙、木华：《中国文化史纲》，科学出版社，2001，第3页。
② 梁町：《"可持续设计"本土化的探讨及对中国工业设计教育的启示》，湖南大学，2002.10.09。

为用的意识不强，所以以自然为对象的科学知识，未能得到顺利发展。但是，在人的具体生命的心性中，发掘出道德的根源、人生价值的根源，不假藉神话、迷信的力量，使每一个人，能在自己一念自觉之间，即可于现实世界中生稳根、站稳脚，并凭人类自觉之力，可以解决人类自身的矛盾，及由此矛盾所产生的危机"。①

这里，不妨廓清一下西方文化的不同。西方文化主要关注人与人的关系，人主体与自然客体二元对立，摒弃自然主义，"强调征服自然、战胜自然"②。正如西方人类学主义认为："人类精神和人类社会是自然界中独一无二的现象，他们应该不仅从他们本身，而且从与既无精神又无社会的生物世界的对立中得到理解。"③西方文化在自然和人类之间划定界限的缺陷，显然不利于尊重和维护非人类的自然物和一切生命的生存权利与福利，不利于保护自然系统的进化和完善。最终也不利于人、自然、社会三者间的相互协调与可持续发展。

尽管自十七世纪以来，西方由于现代实验科学高度发达，率先实现了工业化，加上所谓政治上的民主与法制，西方文化居于绝对"强势"地位，但并不意味着中华文化是"落后"文化。当代著名社会学家费孝通指出："我们相信中华文化中还有许多特有的东西，可以解决当今人类面临的很多现实问题，甚至可以解决很难的难题，这是可以相信的，不然哪里会有曾绵延了五千年的巨大活力。"④当今西方学者伊·普里戈金也指出："西方的科学家和艺术家习惯于从分析的角度个体的关系来研究现实，而当代演化发展的一个难题恰恰是如何从整体的角度来理解世界多样性的发展。中国传统的学术思想是着重研究整体

---

① 徐复观：《中国艺术精神》，华东师范大学出版社，2001，自序，第1页。
② 张岱年、程宜山：《中国文化精神》，北京大学出版社，2015，第40页。
③ 〔法〕埃得加·莫兰：《迷失的范式：人性研究》，陈一壮译，北京大学出版社，1999，第5页。
④ 费孝通：《中华文化在新世纪面临的挑战》，《文艺研究》，1999年01期，第6页。

性和自发性,研究协调与协同。现代科学的发展……更符合中国的哲学思想。"①
他还预言：西方科学与中国文化对整体性、协同性理解的很好结合,将导致新
的自然哲学和自然观。②

　　事实上,中国传统文化中以自然为依归的思想传统,含有与当代生态思想
遥相呼应的基因与价值取向。"目前,传统的西方文化思想和基本观念正经历
着深刻的变革,其自然观、世界观、人生观和时间观都有转向东方的趋势。"③
无论是哲学之本源、生态思想之滥觞,还是造物文化之观念,越来越多的人
（包括不少西方学者）都将目光投向了东方,尤其是古代中国的历史深处。

顺应自然

　　毫无疑问,中国传统生态思想及行为践行都深深植根于中国传统文化的各
个层面。如不论是孔子"知者乐水,仁者乐山"（《论语·雍也》）的儒家真言,还
是老子的归真返朴、清静无为、顺应自然等道家真义,释家的圆融平等等佛家
教义,抑或是《周易》朴素的循环观,阴阳五行学说的阴阳相生、五行相生相
克的哲学基础……它们都悟得了宇宙间万物在悠久持续的循环过程中,互相感
应维系,恒常有序,互为因果,以及对立面相互排斥又相互贯通等等规律,并
毫无例外地渗进古代人们的日常认知与行为中,进而开启了重视复用、节用,
讲求积蓄,追求和谐、恒道等一系列中国古代"可持续"生态行为践行。

　　具体而言,中国先民在复用方面,重视再造再生,循环互利；在节用方面,
懂得安分知足,节约俭省；在积蓄方面,讲求尚力尚勤,积渐蓄储；在和谐方
面,强调和合共生,万物亲和；在恒道方面,追求天地之道,恒久不已。

---

① 〔比〕伊·普里戈金、伊·斯唐热：《从混沌到有序：人与自然的新对话》,上海译文出版社,
　　1987。
② 王其亨主编：《风水理论研究》,天津大学出版社,1992,第2页。
③ 王其亨主编：《风水理论研究》,天津大学出版社,1992,第33页。

同时，这一系列生态认知又践行在造物、经济、政治、人伦等方面。

在造物设计方面，古人看到了自然资源大量消耗与万物繁衍的生存危机，故而尚俭、节用，重视设计功能反对无谓装饰，以"器完而不饰"（《淮南子·齐俗训》）、"质真而素朴"（《淮南子·本经训》）为审美志趣。从中国最早"负水灌溉"①的陶罐，到三国时期"灌水自覆，更入更出"（《三国志·魏·杜夔传》）的龙骨风车，再到唐代利用水流的筒车，南宋初出现的畜力翻车，元初利用水力的水转翻车，明末利用风力的风转翻车；从先秦笨重的竹简、昂贵的缣帛、低质的麻纸，到东汉蔡伦用废弃的树皮、麻头、破布、鱼网等制造出植物纤维纸，再到元代王祯发明的提高拣字效率、减轻劳动强度和避免物资浪费的木活字；从先秦的《周礼·考工记》《墨经》，到《唐六典》，再到宋代《营造法式》，元《鲁班营造法式》和清工部《工程做法则例》等著作中一脉相承的礼制观念和经验定律等内容……无不体现中国古代"可持续"生态造物行为和意识。②

在经济上，农业被誉为中华文明之母。从远古容成用历、夏朝夏历到秦汉铁制工具的普及、牛耕的推广，从元代兴修治河工程、开凿大运河到明清《农政全书》，发展天文历法、推广农业新技术、修建水利、刊行农书都是国家大事，农耕成为社会稳定的主要产业。也正因为农耕经济积谷防饥、精耕细作等特点与思维的推动，中国先民认为在对待欲望、物质等方面讲求复用、节用与积蓄，不仅是修养和美德，更是对安居乐业与社会恒定的理想追求。

在政治上，表现为一个大一统国家的理想不断变为现实。中国历史具有漫长的跨度，中间虽不时被打断，但"间断时代"为时短暂。从夏、商、周相启相承、相袭相革至秦汉完成中国古代政治的一体化之后，中国的政治模式基本

---

① 西汉农书《氾胜之书》曰："汤有旱灾，伊尹作区田，教民粪种，负水浇稼。"甲骨文的"录"字象征着井上设桔槔之类的设备用来涉水灌溉，"洗"字义为泼水于地，即灌溉。卜辞的"洗田"，即"负水浇稼"，灌溉农田。

② 尹定邦：《设计学概论》，湖南科学技术出版社，2000，第27页。

没有发生根本性的大变化。中国国家以封建承袭为主的政治形式和构架，始终像是"悬于空间里的一种政治文化一样"①，其所承担的天命概念及其在维护中华民族政治统一方面的实际作用，通过几千年的历史经验，在中国人的意识中打下了深刻的烙印。

在伦理道德方面，中国古人追求万物共生，重视与人为善、与人和谐相处的做人原则。中国古代伦理思想主要是通过天人、道器、体用、心物、知行之间的契合来沟通和连接天、地、人、我的关系，天人之间、形上形下之间、价值理想与现实人生之间没有不可逾越的鸿沟。从与自然"亲和""仁""天人合一"等思想观念，到秦汉王朝与匈奴和西域共同开辟的丝绸之路，再到西汉对匈奴、唐文成公主入藏等采取的"和亲"政策，等等这些，无不说明人与自然相互协调，以及人与人之间融洽、祥和是中华民族传统的观念，"人类则以互助为原则"（《孙文学说》）进而促成整个人类社会的整体协调，是中华民族追求的最高理想。中国伦理思想的源远流长与博大精深，以及其天人合一思想框架中既内在又超越的亲和与家园的理想之路，对于克服现代文明中人的家园荒芜与荡无所归的处境无疑具有一定的启示意义。

可以说，这些行为认知的衍生，构成了古代中国特有的"可持续"生态基本概念体系。它们之间有着紧密的联系并各具本质，即以追求和谐为总体的理念背景，因着重视复用节用和讲求蓄储这三种行为连续的推及，最后便能自然地达至追求恒道永久的这种"可持续"的必然结果。它们以"和"为承载与有序的支持，以"数量""时间"的积累以达至"质量"的"恢复"，从而达至追求"恒道永久"的目标。因而可以看出，中国古代"可持续"生态行为和认知，因自然而孕育而发展，同时又极重视系统的持续和返本归原的原则，尊重时间

---

① 梁町：《"可持续设计"本土化的探讨及对中国工业设计教育的启示》，长沙：中国国家工业设计教育会议，2002.10.09。

以悠久的历练而慢慢显露出的存在与力量，依重人的主动自觉性和内在道德的培育。显然，古代中国特有的"可持续"生态概念，与当今西方因生态受到威胁从而着重寻求依靠外在制度为制约为措施的往前发展的动机，以及急迫追求收效的可持续观念，有着很大的本质上的不同。[①]

择吉而居

人居环境与人类关系十分密切。当下，人类正在重新审视人与自然的关系，这必然也要触及到人居建筑文化。中国传统人居建筑不仅是中国古代文化遗产中的瑰宝，也构成了中华民族世代安居乐业的物质与精神的生态环境。中国传统人居建筑文化中有许多观念与实践，是生态智慧的最具体表现。重新挖掘它们，对于认识中国传统生态智慧很有裨益。

中国传统人居几乎无不考虑到人与自然的关系。各种传统建筑活动，如选址、规划、设计及营造，都表现出这一极为显著的特点。当代杰出的科学史家、英国学者李约瑟博士论及"中国建筑的精神"就认为："再没有其他地方表现得像中国人那样热心体现他们伟大的设想'人不能离开自然'的原则。"[②]

中国传统人居建筑有着有机的宇宙哲学观、理想的环境观。中国古人认为人与自然是密不可分的有机整体，在追求理想的人居环境时，常常用直观的方法审慎周密地考察自然环境，了解环境面貌，顺应自然，有节制地利用或改造自然，寻找"天人合一"的至善境界。具体而言，在人居选址方面，讲求藏风聚气，阴阳相济；在人居格局方面，常常聚族而居，尚中致和；在建造用材方面，强调因时因地，自然亲和；在建筑结构方面，讲究格物穷理，诚实木构；在建筑装饰方面，追求悠然纯朴，察于天地。

---

① 梁町：《"可持续设计"本土化的探讨及对中国工业设计教育的启示》，长沙：中国国家工业设计教育会议，2002.10.09。

② Joseph Needham. Science & Civilisation in China. Vol IV: 3. Cambridge University press.

同时，城镇、村落、住宅、园林等各种中国传统人居环境，有着各具地域特色和充满朴素生态精神的模式及技术表现，反映了中国先民倚重自然的"环境观"，渗透着"可持续"思维的建造观念。

城镇人居方面，古人常常"相其阴阳之和，尝其水泉之味，审其土地之宜，观其草木之饶，然后营邑立城"（《汉书·晁错传》）。在选址布局上，"相土尝水"解决水源的同时，也"象天法地"规划城地城形的格局，协调与周围山川河流的关系。古代城镇虽多以使用与安全为目的，但仍"因天材，就地利，故城郭不必中规矩，道路不必中准绳"（《管子·乘马第五》），并且注重整体规划。由于中国的实际地理位置与气候条件，从商代起就总结出的建筑南向的布置经验，一直沿用到今天。在绿化上也很重视，如长安、洛阳等历代帝都道路两侧都种植树木，御街的路中设御沟，引水灌注，沿沟植树。此外，还重视城市防火问题，如古代都城及州县城设钟楼、鼓楼、谯楼供报时或报警之用。关于城市排水的处理，汉长安已采用陶管和砖砌下水道；唐长安城是在街道两侧挖土成明沟；苏州在春秋末年建城时，即考虑了城内的河道系统和水城门设置，所以虽称江南泽国，但未曾有水涝之患。[①]

乡村聚落方面，总是力图依山傍水。从西北高原，背山面水，错落有致，到中原平地，狭巷夹天，庭院深深，再到江南水乡，小桥流水，粉墙黛瓦……无不反映了当地独特的生态环境、景观风貌、地质结构。中国古人在规划建设当中，常筑路通桥，相地建宅，把崇山、秀水、峻石、绿树、竹林、洞桥、小路与建筑物融合一整，充分反映了人们追求人与自然和谐、人与社会和谐、人与人之间和谐的思想。

住宅方面，形成了方式各异的传统住宅形式。如云贵的水、侗、傣、景颇等族的干阑式住房，通风散热、防水防潮、防虫蛇毒害；蒙古、哈萨克、塔吉

---

① 《中国建筑史》编写组：《中国建筑史》，中国建筑工业出版社，1993，第39-42页。

克等族的帐幕式住房，构造简单易于拆卸迁移；黄河流域中部黄土地带的窑洞住房，融入地貌、不占耕地、冬暖夏凉；华北地区的四合院，墙厚顶厚、院落宽敞，防风沙、防噪音、防干扰，争取日照；木结构体系的住房，采用模数制，"墙倒屋不塌"，且木材具调温调湿、隔音好、有柔和的自然光泽等特性……这些传统住宅因地制宜因才致用，易建造、节时省力、经济、实用的特点突出，而且往往比较灵活自由，富创造性。此外，住宅的院落空间重叠组合，既反映了中国古建筑与自然相融合的有机整体观，又往往散发出亲切的"家"的氛围，以及人与人之间互敬、互爱、互助的融洽、祥和与连续的归属感。

园林方面，更有独树一帜的典型自然式山水。不管是皇家园林承德避暑山庄，泉水汇流、堤岛楼阁的平原与寺庙会所散落其间的山地相得益彰，或是私家园林寄畅园以山水为主、环境开朗、风光浓郁，也不论是早期魏晋南北朝华林园的"翳然林水，便自有濠濮间想"（《世说新语》)，抑或后期明代拙政园池上理水、环以林木，它们在"天人合一"观念形态的孕育下，在师法自然的原则指导下，都以神州大地千姿百态的山川林泉、一草一木为本源，形成了注重自然美、强调结合自然的曲折多变以及崇尚亲切、宜人的意境等特点的造园风格。中国园林为"漫步""悠闲""陶冶""静思"之地，以表现自然意趣为目标，排斥规则、对称，力避人力修饰、造作及宏伟气氛，在根本上和追求轴线对称划一、几何图形、分行列队、显示人力量的欧洲园林大相径庭。中国园林是"人即宇宙，宇宙即人"的意境写照，其营造传统环境的哲学思想，足以体现"人与自然和谐"的设计理念。①②③

"生态觉醒"的浪潮正席卷全球，尊重自然、关注环境、创造健康的生活和消费方式正在成为时代的强音。实现可持续发展，涉及到人类文明的各个方

① 《中国建筑史》编写组：《中国建筑史》，中国建筑工业出版社，1993，第144页。
② 尹定邦：《设计学概论》，湖南科学技术出版社，2000，第85—89页。
③ （明）计成著，赵农注释：《园冶图说》，山东画报出版社，2003。

面。但中国要实现真正意义上的"可持续"发展，仍然面临着许多挑战。

发展是人类社会永恒的主题，但我们"只有一个地球"[①]。恩格斯曾告诫人们："我们不要过于得意，我们对自然界的每一次胜利，自然界都报复了我们。"[②] 当前，一场席卷全球的疫情，正使人类在物质繁荣的高歌猛进中切实感受到了自身的渺小、困境与危机，也使我们重新反思人类的发展方式以及人与人、人与自然、人与族群的关系。人类如何实现与自然的和谐共生，如何践行"人类命运共同体"的理念，其重要性与迫切性从未像今天这么得以彰显。

中国古代的"自然—空间—人类系统"的哲学体系，认为天、地、人是因果互存的整体，不可分裂，人在创造家园时，要遵循自然和宇宙万物之道，即达到"天人合一"的境界。中国先民早已从实践中逐步认识到，只有尊重生态规律，遵照时令，有禁有纵，才能使自然生态休养生息，以保证永续利用。今天，面对全球范围内生态文明建设的风潮，我们有必要从悠久的中国传统文化中，梳理蕴含其中的非凡生态智慧，有必要深刻领悟生态文明的内涵，争取人人努力践行，以创造出更加健康、更加生态的绿色人居与精神家园。

---

① 1972年6月5日，联合国人类环境会议通过的《人类环境宣言》，宣布"只有一个地球"。
② 恩格斯：《自然辩证法》(1873—1883)，《马克思恩格斯选集》第4卷，人民出版社，1995，第383页。

第一章

中国传统生态文化环境

中国可说是生态文化最古老的发源地之一，这其实与中华民族长久赖以生存的自然生态环境及滋生出的传统文化有很大的关系。

就中国的生态文化环境而言，自古以来，辽阔的地域，多元的地貌，独特的气候，以及适宜的土壤与丰富的物种，孕育了以农耕为主的自然经济。虽然中原农耕经济与周边游牧经济时有对垒与冲突，但由此也形成了两种不同社会经济与文化的交往和互补，并促进了中华民族的大融合与大一统的历史进程。进一步而言，由于以农耕经济为主的自然需要，故中国传统社会数千年以来一直由血缘宗法统领，由道德伦理维系。这些，都为中国传统天人合一、人与自然和谐的生态文化及思维的形成和发展奠定了基础。

当然，自然生态环境从来都不是静止的；同时，中国各地域的传统生态及人文环境差异较大，呈现了不同的特色。所以，广博深厚的中华传统生态文化的多元性及诸多因子，也是在中国特定且多样和动态的自然生态及文化环境中，长时间形成的。

一、自然：地理环境，丰富多元

每个国家、民族自有天赋，或地域辽阔，或地貌丰富，或四季如春，或深居内陆，或四面环海，或踞陆濒海……这些，一般较长时间难以更改。这种天赋，对于一个国家、一个民族而言，大概也可算作是一种"地缘"。

中华民族自古栖息繁衍于东亚大陆，自然生态环境自古迄今，几度沧海桑田。当代地质学家周昆叔对中国近两万年的自然生态，已经做过这样简练的归纳：

距今约 20000 年——10000 年间，处于末次大冰期，当时华北一带年均气温比现在低 10℃，又干又冷，华北平原处在离东海有千公里之遥的内陆，黄土迅速堆积。

距今约 10000 年，冰期过去，出现温暖而湿润的环境。

距今约 8000—3000 年，气候宜人，在现在河流一级阶地，泽地连绵，人类主要活动在二级阶地。

距今约 2500 年，气候转干变凉，海面降低约 2 米，退至现今的位置。原来的积水滩成为一级阶地和干旱平原，人类向这一地区迁徙。[1]

中华民族自古"幅员辽阔，腹里纵深，有广阔的回旋天地，适宜的气候，丰富的自然资源"。[2]丰富多样的自然环境，更多的地缘天赋，成就了华夏各具特色的地理区域，也构成了中华民族创造独具特色的生态文化及思维的基本因素。当我们继续把视野触向深里，会更加清晰地发现，中华传统文化产生和发展的自然地理环境是其他文明古国所不能比拟的。正所谓："得天独厚开盈尺，与月同园（圆）到十分。"[3]

---

① 周昆叔：《环境考古研究·第一辑》，科学出版社，1991，第11、223页。
② 房列曙、木华：《中国文化史纲》，科学出版社，2001，第3页。
③ 见(清)洪亮吉《江北诗话》卷二。

地域广博

史前时期，"中国大多沿海平原和河口地区受到海侵"①，故沼泽遍布。三皇五帝时代，黄帝治理的天下"东至于海，登丸山，及岱宗。西至于空桐，登鸡头。南至于江，登熊、湘。北逐荤粥，合符釜山，而邑于涿鹿之阿"。② 公元前21世纪至公元前221年，中国疆域土地肥沃，草木繁茂、禽兽遍布。那时，整个上古水域远比现在多而宽，但总体处于洪水时代。大禹顺应自然生态规律疏导平息洪水后，天分九州③：冀、兖、青、徐、扬、荆、豫、梁、雍。秦汉时期，中国建立了统一的多民族封建国家，地域空前辽阔。之后，一度于元代成为疆域最大的王朝，它"北逾阴山，西极流沙，东尽辽左，南越海表……东南所至不下汉、唐，而西北则过之，有难以里数限者矣"。④

中国地势呈阶梯状分布，呈现西高东低、落差显著的特点。第一阶梯是青藏高原，海拔很高，平均4000多米；第二阶梯是内蒙古高原、黄土高原、云贵高原和新疆，以山地为主，平均海拔1000-2000米；第三阶梯是大兴安岭、太行山、四川、贵州以东的地区，以平原、丘陵为主，平均海拔小于500米。唐代诗人李白的"君不见黄河之水天上来，奔流到海不复回""蜀道之难，难于上青天"等诗句，就描写了大山大河的极大落差，犹如从天降，上青天，东走大海，逆折回川。

中国地形种类齐全，交错分布，包括山地、高原、盆地、平原、丘陵、河流等。如据统计，著名上古典籍《山海经》全书记载的山名、水名分别达到了5300多处和250余条。明代地理学家徐霞客，在其日记体地理名著《徐霞客游

---

① 王玉德、张全明：《中华五千年生态文化（上）》，华中师范大学出版社，1992，第22页。
② 见（西汉）司马迁《史记·五帝本纪》。
③ 九州，又名汉地、中土、神州、十二州，最早出现于先秦时期典籍《尚书·禹贡》中，，其顺序分别是：冀州、兖州、青州、徐州、扬州、荆州、豫州、梁州和雍州。
④ 见（明）宋濂《元史·志第十地理一》。

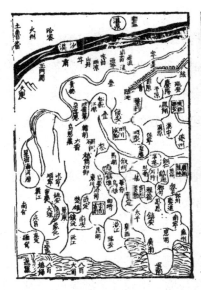

华夷一统图 采自(明) 王圻 王思義《三才图会》《三才图会》

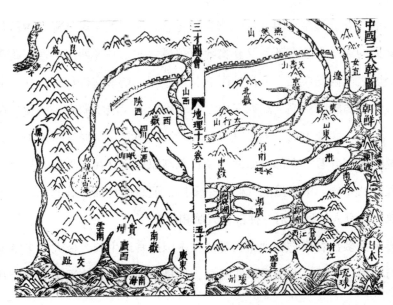

中国三大干图 采自(明) 王圻 王思義《三才图会》《三才图会》

记》中记录的中国地貌类型就有岩溶、山岳、红层、流水、火山、冰缘和应用等七种地貌，被他描述过的地貌形态名称更是多达102种。无疑，多元的地貌为传统中国因地制宜发展农、林、牧、副多种经营提供了有利条件。平原、丘陵主要分布于气候条件优越的东部，十分有利发展种植业。山地、高原、丘陵面积广大，一方面存在交通不便、基础建设不宜的劣势，但另一方面，山区多矿产、旅游资源，同时有利于发展林业。

总之，中国"辽阔的疆域，复杂的地理环境不仅提供了文化多样性发展的可能，而且为文化的交融和转移，发展和创新提供了条件"。[1]

气候多样

中华民族具有生存和发展的良好气候环境。中国辽阔的幅员，较广的跨度，较大的距海远近差距，加之高低不同的地势，走向多样的地形类型，使气温降水的组合多种多样，形成了多种多样的气候。

中国的气候类型是世界上最典型且最显著的大陆性季风气候。中国位于世界面积最大的亚欧大陆东部，又在世界面积最大的太平洋西岸，西南距印度洋也较近，因之气候受大陆、大洋的影响非常显著。夏季盛行从海洋吹向陆地的偏南风，性质温暖、湿润，高温多雨；冬季盛行从大陆吹向海洋的偏北风，性质寒冷、干燥，寒冷少雨；冬夏气温年较差大。同时，从局域季风类型、温度带及干湿地区划分看，东部、西北部及青藏高原等地又存在气温、热量、降雨及干湿程度的差异。中国虽然气候复杂多样，但总体特征显著的季风气候也使中华大地气候宜人，呈现出一种自身天赋和优势。

世界上大多数农作物和动植物都能在中国适宜地生长，极大地丰富了中国农作物与动植物资源。中国夏季气温高，热量条件优越，这远比地球上其他同

---

① 房列曙、木华：《中国文化史纲》，科学出版社，2001，第4页。

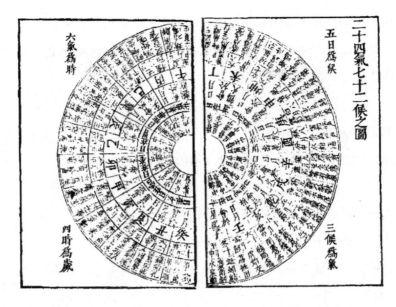

二十四气七十二侯之图　采自（明）王圻 王思義《三才図會》

纬度国家能种植更多对热量条件需求较高的农作物。如水稻可在北纬52℃的黑龙江呼玛种植。同时，夏季多雨，高温期与多雨期一致，利于农作物生长。如长江中下游地区物产富饶，主产水稻、甘蔗、油菜等多种作物，一年两熟，而同纬度非洲北部、阿拉伯半岛等地却多为干旱、半干旱的荒漠。再如，中国明清时期，广东与福建华侨、商人破天荒地引进外来番薯和玉米作物，便是得益于番薯的种植"不拘土壤与地形，因此山地、畸零地、沙地……无不可以插栽薯藤"[①]，玉米"可以在坡度相当斜峻的山地栽种，又不需要十分照顾"[②]。显然，中国人口自明朝以来的增长，从某种程度上正是拜中国古人引进易种易长的域外农作物所赐。

---

① 见（清）陈世元《金薯传习录》。
② 见（清）陈世元《金薯传习录》。

当然，中国气候也有不利的方面。中国灾害性天气频繁多发，对社会生产和生活也常常造成不利影响，其中旱灾、洪灾、寒潮、台风等尤为突出。这也是中华民族历史上几次乱世的诱因。

土地肥沃

中国古代文献中，关于各地土地土壤的记载不胜枚举。如：

晋人谋去故绛。诸大夫皆曰："必居郇瑕氏之地，沃饶而近盐，国利君乐，不可失也。"（鲁国·左丘明《左传·成公·成公六年》）

韩之上地，方数百里，完全富足而趋赵，赵不能凝也，故秦夺之。（战国·荀子《荀子·议兵》）

孝公既没，惠文、武、昭襄蒙故业，因遗策，南取汉中，西举巴、蜀，东割膏腴之地，北收要害之郡。诸侯恐惧，会盟而谋弱秦，不爱珍器重宝肥饶之地，以致天下之士，合从缔交，相与为一。（西汉·贾谊《过秦论·上篇》）

何谓九州……西北台州曰肥土。（西汉·刘安《淮南子·墬形训》）

田肥美，民殷富，战车万乘，奋击百万，沃野千里，蓄积饶多，地势形便，此所谓天府，天下之雄国也。（西汉·刘向《战国策·秦策一》）

至海五百馀里，水道浚利，又乾三郡水地，得美田且二十馀万顷。（东汉·班固《汉书·沟洫志》）

夫关中，左肴函，右陇蜀，沃野千里。（东汉·班固《汉书·张良传》）

越地肥沃，其种甚嘉，可留使吾民植之。（东汉·赵晔《吴越春秋·勾践阴谋外传》）

黄壤沃衍，而桑麻列植，佳饶水田。故孟达与诸葛亮书，善其川土沃美也。（北魏·郦道元《水经注·沔水一》）

白起渠溉三千顷，膏良肥美，更为沃壤也。（北魏·郦道元《水经注·沔水二》）

将西田牧肥饶之野，殖生产。（南朝刘宋·范晔《后汉书·冯衍传上》）

然数郡川泽沃衍，有海陆之饶，珍异所聚，故商贾并凑。(唐·魏徵等《隋书·地理志下》)

旧州之北，有安平、饶阳两邑，田野饶沃，人物繁庶。(北宋·沈括《梦溪笔谈·官政一》)

今天下之田称沃衍者莫如吴、越、闽、蜀。(北宋·秦观《财用策下》)

襄平割宋之美田，戴邑裂曹之沃土。(北宋·杨侃《皇畿赋》)

余尝闻东南江海之壖，土田肥饶，山川秀美。(清·戴名世《陈某诗序》)

台湾周千里，土地饶沃。(民国·赵尔巽《清史稿·郑成功传》)

以上记述清晰地表明了中国自古以来土地肥沃、土壤资源丰富的事实，尽管中国山地多平原少，耕地分布不平衡。

在中国传统自然及文化事项中，土地占有十分重要的地位。传统中国以农耕为主，没有什么比土地更可贵，更值得尊崇。《周礼·地官·司徒》记载："草人，掌土化之法，以物地，相其宜而为之种。"这说明，早在西周就有了专职辨别土地的"草人"。春秋时期著名思想家管子也曾说过："地者，万物之本原，诸生之根菀也。"(《管子·水地第三十九》)意思是说，土地是世间一切事物的根本，万事万物都依靠土地之"源"而生发、变化。

土地在中国哲学思想中被抽象为自然万物生发的基本元素之一。不论是阴阳之"地"，还是五行之"土"，其所指的具体对象皆是土地。在五行中，土的特性为"土爰稼穑"①。所谓"稼穑"，指土地可供人们播种和收获农作物。延伸而言，凡具有生化、承载、受纳特性的事物或现象，均可归属于"土"。由于农耕生产方式影响，古人对土特别重视，故有"土载四行""万物土中生，万

---

① 见《尚书·洪范》："五行：一曰水，二曰火，三曰木，四曰金，五曰土。水曰润下，火曰炎上，木曰曲直，金曰从革，土爰稼穑。润下作咸，炎上作苦，曲直作酸，从革作辛，稼穑作甘。"

物土中灭"以及"土为万物之母"①等说法。

中国古代用青、赤、黄、白、黑五色来描述五个方位的土地——"五方五色"。首先，大概就是参照中国大地的土壤分布特征而来。如万国鼎就指出："古代都城所在地的陕西与河南是黄土区域，南方有红壤，北方有黑色灰化土，都很明显，西方有盐渍土，干燥时土面现白色，西北大面积的沙丘、灰钙土、漠钙土等颜色也较浅，东方则湿润时土呈青灰色，也还勉强说得通。也许古代创建五色方位的时候，是参照实际土色分布的。"②正是由于一方土代表一方的疆域，所以在中国古代，"五色土"又成了天下的象征，古代帝王会在代表江山社稷的社稷坛中堆放五色土，五色土由各地进贡而来。其次，这五种"正色"也可以说是中国传统文化的五种"底色"。它与中国古老的统辖天地万物的阴阳五行观念紧密相联。③即中国古人通过感性观察，从五方五季的对应关系推导出来的"五色"与五行的相配：春木东方，春天万木争荣，一片新绿，故木的颜色为青；夏火南方，夏天南方天气炎热，骄阳艳艳，故火的颜色为赤；秋金西方，西方太阳西沉，秋天阴气始生，万类霜天，故金的颜色为白；冬水北方，寒气从北方而来，冰雪皆可还原为水，而水严峻深刻，故水的颜色为黑；中央厚土，土的颜色为黄。

除上述以外，中国古人对土地的重视，其实还表现在许多文化的心理层面。

---

① 见(明)李时珍《本草纲目》："水为万化之源，土为万物之母。"

② 万国鼎：《中国古代对于土壤种类及其分布的知识》，《南京农业大学学报》1956年1期，第101-118页。

③ "五行"是中国传统文化的基础理论之一，也是一套复杂的系统。除了有五行与五色相配：木色青，火色赤，土色黄，金色白，水色黑；比如还有五行与五方相配：东方属木，南方属火，中央属土，西方属金，北方属水；五行与五季相配：木主春，火主夏，土主季夏，金主秋，水主冬(季夏是夏季的最后一个月)；等等。这套系统对我国古代很多方面影响都非常大，上至皇权统治——由战国时期的阴阳家邹衍根据"五行"理论提出的"五德终始说"，自秦朝开始被正式采用为王朝更替的理论依据。按照该说，黄帝朝为土德，尚黄；夏朝为木德，尚青；商朝为金德，尚白；周朝为火德，尚赤，这是按照五行相克的顺序，秦代周，水克火，故秦始皇以水德自居，以黑色为正色，朝服、旌旗等以及礼仪大典中，一律都采用黑色。

社稷坛五色土 采自北京中山公园

千百年来，中华民族开疆拓土，以土为本，土地崇拜始终都是民族文化心理中最具活力的原型之一。中国先民素有崇拜自然的文化传统，除了崇拜太阳和山川生灵，敬仰土地似乎更具普遍性。

就朝廷而言，"社稷祭祀"制度神圣庄严。社稷坛中堆放五色土，除了代表江山社稷，表明"普天之下，莫非王土"①，实则也是对于"土生万物"的笃信不移。东汉《白虎通义》就王者为何有"社稷"答曰："为天下求福报功。'以人非土不立，非谷不食'。土地广博，不可一一祭之也，故封土立'社'，'社'为'土地神'；谷物众多，不可遍及祀，故封谷立'稷'，'稷'为'谷神'之长。"这就清楚地言明了，当时君王对土壤和粮食的重视，认为"神"可引万物，祭"神"可保五谷丰登。

———————————

① 见《诗经·北山》："溥天之下，莫非王土；率土之滨，莫非王臣。"

在传统民间，"土地"无疑是"在数量上占着最高地位的神"①。最为典型、最为普遍的当属土地祭祀中的土地神造像和土地庙兴建。土地神作为地方守护神，尽管所谓的"神职等级"不高，但为其建立的土地庙几乎遍布每个村庄，凡有人烟处都要供奉祭拜。即使建不起土地祠，也要在山坡、地头塑"土地公公"（"社公"）"土地婆婆"（"社母"）像，并在两尊像头上搭一块大红布。经过种种变迁，土地神在民间俨然成为与普通百姓最为接近、慈善可亲的神祇。甚至于后来，土地神开始走向人格化与世俗化。其"社公"的典型形象为白面黑须、黑幞头、着圆领，笑容可掬，并被人们称为"土地爷"。

后土娘娘是中国民间土地崇拜观念中又一经常提到的神祇。在传统民间，后土是社会所祭的"地母"神演化而来，因为地母能生殖五谷，五谷由野生培植为人工生产，主要是由母系社会中的妇女们创造的，在女性中心社会时代，即称地母为后土。所以民间后土娘娘形象是衣着庄重、面目慈善，给人以至诚善良、慈爱的感受，所配壁画一派风调雨顺、五谷丰登的丰收景象，一切都预示着富有和美满。正所谓，万物滋生靠厚土，生灵兴旺托其福。

还有女娲抟土造人创世神话，以及面塑、虎头鱼尾枕等等民间物项及观念，都或多或少地由土地崇拜及母性主题衍生而出。它们浓缩和积淀着强烈的土地信仰与情感意识和期望，共同成就着中国传统文化的底色。

在农业生产层面，中国古代亦形成了对土壤精耕细作的传统。这也就是农民在耕、耙、耱耕作体系中推行翻耕与免耕结合的轮耕等方式。这一优良传统约形成于春秋战国时期，当时秦岭和淮河一线以北的广大主要农区，降雨少、雨水分布不匀，常有干旱威胁，故而在土壤耕作上需要重视保墒防旱。后随着铁制农具的创制和牛耕的推行，深耕越来越受到重视。《管子·小匡》中有"深耕，均种，疾耰"之说，《国语·齐语》中也有"深耕而疾耰"之说。到了战

---

①费孝通：《乡土中国·乡土重建》，北京联合出版公司，2018，第3页。

国时期，《孟子》提到"深耕易耨"，《韩非子》中则强调"耕者且深，耨者熟耘"，说明农业精耕细作的传统已奠定基础。再之后，无论是在秦汉、魏晋南北朝时期，北方形成了"用力少而得谷多"[1]的耕——耙——耱耕作体系，还是在唐宋时期，因经济重心南移，南方水田形成了耕——耙——耖耕作体系，类似等等，其中许多独到的经验，时至今日，对广大的中国农村仍有一定的借鉴作用。

中国人历来敬重土地。今天，随着人类社会的不断发展，人们认识自然、利用自然的能力有了很大的提高，便逐渐摆脱了原始的思维方式，对大自然的崇拜已不再占有主导地位，取而代之的是对具有社会职能的人格化神灵乃至纯技术至上的崇拜。但是，从崇拜土地、利用土地的各种传统形式中，我们依然可以感受到中国传统文化中尊崇土地、热爱土地、珍惜土地的深厚而又凝重的历史文化底蕴和美德，而且几千年绵延，从来就没有中断过。

河流众多

河流是地表径流的重要组成部分，能为人类生产生活提供稳定的水源。此外，河流还具有航运开发和水能开发价值，到了现代河流还是重要的自然景观。

中国自古山川水流、大江大河应有尽有。[2]上古虞夏之际的《山海经》[3]以山为经，以海为纬，可谓是上古先民对自己经行世界的浪漫记述。其中记载的河流水道三百条，包括江、河、水三类。古时"江""河"分别是长江、黄河

---

[1] 见《汉书·食货志》："率十二夫为田一井一屋，故亩五顷，用耦犁，二牛三人，一岁之收常过缦田亩一斛以上，善者倍之。……是后边城、河东、弘农、三辅、太常民皆便代田，用力少而得谷多。"

[2] 据有关统计，中国拥有海岸线总长度达3.2万多千米，其中大陆海岸线1.8万多千米；河流5万多条，总长42万千米；共有天然湖泊24880个，湖水面积达83400平方公里。此外，还有人工湖泊（水库）86852个。

[3] 据汉代学者刘歆在《上<山海经>表》中所说，《山海经》的作者为上古虞夏之际的大禹及其属臣益。

的专名，"水"则是一般河流的通称，湖泊则称为泽。书中所记载的河流大都标明了其源头和流向处。尽管河流的发源大多出自某一山麓，但《山海经》并不只是考察记录了某一个单座山头，往往其注入之处远离此山，显然照顾到了整个河川干流的全貌。当然，对河流的经由，《山海经》没作具体记载，但是对于一些干流，诸如黄河、渭水，后人还是可以从许多支流流入其干道的情况中大致了解到它们所流经的区域。公元六世纪北魏晚期郦道元的《水经注》堪称中国古代最完整的水文地理巨著，书中记述了古代中国 1252 条大小河流，500 多处湖泊和沼泽，200 多处泉水和井水等地下水，此外还详细记载了河流所经的地貌、地质矿物和动植物，乃至有关的历史遗迹、人物掌故、神话传说等等。

在中国古代，河流地位非常显赫。古人把有独立源头，并能入海的河流称为"渎"。《尔雅·释水》中提到"四渎"：江、河、淮、济，既是指古代四条独流入海的河流——长江、黄河、淮河、济水，亦是指中国民间信仰的河流神的代表。中国古代还有很多地域的命名就是以河湖为依据的，比如江东、江右、江南、江北，浙江、黑龙江、河津、九江、圣水河等等。

人类自古以来就有在河流沿岸定居的喜好。中国大地上的众多流域布满了先民的生活聚落，如仰韶、大汶口、河姆渡、大溪、红山等文化聚落，是中华文明的发祥和繁盛之地。尤其是黄河流域和长江流域的中下游地区更是给予了华夏民族生活与生产的诸多便利和恩惠。可以说，母亲河黄河、长江，延绵不息地流淌，抚育了一代又一代中华儿女。

丰富的河流资源推动了传统中国社会的发展。中国地势西高东低，呈阶梯状分布，并且向海洋倾斜，有利于海洋湿润气流深入内地，形成降水。这种地势，使许多大河滚滚东流，水流湍急，产生巨大水能。

同时，纵横交错、四通八达的河流系统，亦为水运带来了便利。早在新石器时代，独木舟和排筏就已在天然河流上被广泛使用。春秋战国时期，水上运

清明上河图（局部）　（北宋）张择端　北京故宫博物院藏

输已十分频繁，秦汉时期初具规模，至隋炀帝更是开凿了南北大运河。

　　尤其到了北宋时期，内河运输更加兴盛。当时，朝廷借助开封附近流贯的四条河流开辟了"漕运四渠"：汴河线、蔡河线、金水线、广济线，形成了全国漕运系统中枢。北宋宫廷画师张择端在《清明上河图》中描绘的汴河有客、货船 24 艘，其中客船 11 艘、货船 13 艘，可谓商船云集。时有张舜民在其《画墁集》中对此类大货船描述道："丙戌迎万石船，船形制圆短，如三间大屋，户出其背，中甚华饰。登降以梯级，非甚大风不行，钱载二十万贯，米载一万二千石。"（一石是 120 斤，算下来有 720 吨。）由此可见，当时北宋水运业之发达。北宋首都开封如此发达繁华的都市经济，推动了水运业的大发展，反过来这一切又促进了经济的进一步繁荣。当然，运河也同时起到了灌溉、排涝、泄洪的作用。

此外，凭借不凡的航海经验、造船技术和一项重大的技术发明——指南针，至明代郑和七下西洋，中国古代航海业亦走上了鼎盛时期。

有人说，中国文化的自然属性就是"崇水"的。一般认为，中华水文化从女娲补天和大禹治水为始。不可否认，中国古代先民在认识自然的过程中，有过恐惧、屈从、祈求、膜拜，但正是在这个漫长的过程中渐渐认识了解了水。无论是早期西南大溪文化、北方红山文化，还是西部马家窑文化、东部龙山文化等，从它们众多的彩陶和彩绘上流行的纹饰看，漩涡纹、回纹、水波纹等十分常见，并前后延续了几千年。这些摹拟水流的纹饰，或柔美多变或刚硬稳重，或跃动流畅或自然虚空，或抽象写实美妙结合，或粗大细小，相互依存、相互包容，总之，精气神韵，缘象寄情，都无不表明了当时人们对奔腾不息的黄河、长江等河流及其各支流水的崇拜。乃至后期，又产生的大量鱼纹陶罐等审美及实物具象，其实是水崇拜及意象的延伸，是对男女恩爱、子孙延绵的祈求，对美好生活的期盼。

深入思究，中国古代先民的水崇拜，实则蕴含了太多的精神和内涵。中国古人认为，水有润下之德，它滋养万物却不与万物争高下，故人也应该像水一样有谦虚的美德；水有平准之性，可作度量之器，所以人应该取法于水，追求公平和公正；水不达于海誓不罢休的顽强精神，也是中国古代文人士子们毕生追求的境界。

道家先哲们通过深刻的理解和辩证的分析，用水象征"道"，对水高度赞扬和推崇，将其推至"万物本源"的地位。老子在《道德经·八章》中说："上善若水。水善利万物而不争，处众人之所恶，故几于道。居善地，心善渊，与善仁，言善信，政善治，事善能，动善时。夫唯不争，故无尤。"由此可以看出，老子从"水善利万物而不争，处众人之所恶"的特点，认为水之品质已近神圣之道，故而发出"上善若水"的感言。

儒家孔子亦是水崇拜的发扬者和倡导者。《荀子·宥坐》记载了孔子答第子子贡问水的这样一段对话：

孔子观于东流之水。子贡问于孔子曰："君子之所以见大水必观焉者，是何？"孔子曰："夫水遍与诸生而无为也，似德。其流也埤下，裾拘必循其理，似义。其洸洸乎不淈尽，似道。若有决行之，其应佚若声响，其赴百仞之谷不惧，似勇。主量必平，似法。盈不求概，似正。淖约微达，似察。以出以入以就鲜絜，似善化。其万折也必东，似志。是故见大水必观焉。"（《荀子·宥坐》）

汉代刘向《说苑·杂言》亦记载了子贡问水与孔子的对话：

子贡问曰："夫智者何以乐水也？"子曰："泉源溃溃，不释昼夜，其似力者；循理而行，不遗小间，其似持平者；动而之下，其似有礼者；赴千仞之壑而不疑，其似勇者；障防而清，其似知命者；不清以入，鲜洁而出，其似善化者；众人取平品类，以正万物，得之则生，失之则死，其似有德者；淑淑渊渊，深不可测，其似圣者。通润天地之间，国家以成。是知之所以乐水也。"（《说苑·杂言》）

从儒家对水做出空前绝后的论述中不难看出，孔子喜爱水、崇尚水，见大水必观。孔子通过对水物性的认识赋予了水高尚的品质和精神，并以"以水比德""智者乐水"等来告诫后人。

道、儒先哲们从'天人合一'的思想根本出发，无不例外地崇尚水、赞扬水，赋予水独特的魅力，并以此作为规范自己的准则，确实为后人树立了学习的榜样。

此外，在佛教界，常用水之"静""清""净""融""流"等特征来深喻佛理禅机，如"静水深流""真水无香""水静水自清"等；在政治上，君王常用"水则载舟，亦能覆舟"的名言来警示自己，以保持政局稳定。而在文学诗句中，常用水来象征"思念""企慕""爱情""友情""不息的生命"，颂扬水的高贵品质和精神等。如《诗经》中"关关雎鸠，在河之洲""沔彼流水，朝宗于海"，唐诗宋词中"君不见黄河之水天上来，奔流到海不复回"[①]"大江东去"[②]，等等，更是浩瀚如云。

传统中国对于水的情感又是复杂多面的，既亲水、爱水、敬水、畏水，又恨水。中国自古河流数量多、流程长。只是在南方，因降水多，降水期长，冬季温度高于零度，因而水量大，汛期长，无结冰期，含沙量小；而在北方，相反因降水少，降水期短，冬季温度低于零度，因而水量小，汛期短，有结冰期，含沙量大，河流流经地区植被破坏相对更大。这就难怪，即使作为大思想家的孔子，在面对一去不返的汤汤水流，也不免发出"逝者如斯夫"[③]的感叹；管仲在《管子·水地第三十九》中曰"水者何也？万物之本原也，诸生之宗室也，美恶、贤不肖、愚俊之所产也"的同时，又在《管子·度地》中将水害列为自然界的

汉画像石上的"大禹治水"图像
采自山东嘉祥武梁祠东

---

① 见（唐）李白：《将进酒·君不见》。
② 见（北宋）苏轼：《念奴娇·赤壁怀古》。
③ 见《论语·子罕》："子在川上曰：'逝者如斯夫，不舍昼夜。'"

五害之首。

　　大河之水从哪里来，到哪里去？有时确实也给了中国古人一个大大的问号。黄河、长江等大江大河的跌宕起伏，汹涌澎拜，既百折不挠，奔流不息，培育了古老的中华文明，也造成了经年不绝的泥沙堆积、决口、水灾水患等。所以，从大禹治水开始，到都江堰导水等等，中国古代先民们在不断治水的历程中，伴随着对大自然雷电风雨、地震、水灾等保持天生神秘感、崇拜感和畏惧感的同时，也给河流设定了一个神化了的河神，并时而加以虔诚的奉敬和隆重的祭祀，甚至于盲目的迷信崇拜。当然，从今天看来，这或许也实在是一种出于无奈的悲壮，一如唐代杜甫的"无边落木萧萧下，不尽长江滚滚来"[①]。

物种丰富

　　中国传统生态物种也是丰富多样。上古时期，黄河流域同长江流域一样，到处是群山森林，湖多树多，一片青绿。《诗经》里"瞻彼淇澳，绿竹猗猗"就生动地描述了那时中国物种竞旺的景象，可谓一片美好盛大的原始生态。《山海经》一书中的上古时期亦"满眼是奇花异草，到处是猛兽珍禽"[②]，全书涉及有药用功能的植物、动物及矿物三个种类的记载就有132种。不仅如此，在中国的传统文化中，自然也历来被赋予了情感属性，与对土地、山川、河流的崇拜一样，对森林的责任、对动植物的亲情等感恩自然的内容，亦是中华传统生态伦理的重要精神主题。

　　植物是大自然馈赠给人类最大和最宝贵的礼物。今天，地球上的植物大约有50多万种，动物约有150多万种，但自古在构成自然栖地的生态系统要素中，植物无疑是最重要和最根本性的基础生产要素了。从某种意义上讲，它有

---

① 见（唐）杜甫《登高》。
② 方韬译注：《山海经》，中华书局，2011。

着比动物族群更为重要的生态地位。无论是微生物、动物、人类，乃至作物品种的再培育，都可以说是来源于植物。

中国古代，植物物种异常丰富。《山海经》中记载植物 50 余种，不仅细致描绘了它们的基本特征，也指出它们的利弊，尤其是对它们的药用价值知无不言，如同一部上古的《本草纲目》。有东方植物美学集大成之称的《楚辞》，其重要篇章中抒情意象涉及的南方草木亦有 100 余种。明代李时珍的《本草纲目》更是收载了药物 1892 种，其中植物药类 1095 种，有草部、谷部、菜部、果部、本部五部，其中草部又有山草、芳草、湿草、毒草、蔓草、水草、石草、苔草、杂草等九类，堪称中国的百科全书。这些，不仅反映了中华大地自古植物生长繁茂、种类丰富的事实，也反映了中国人民自古就有渴求健康，希望突破自然生命限制并与日月江河长存不息的美好愿望。

中国古代对植物也极为崇拜。除了生存药用因素外，传说象征、谐音吉祥等因素也促使人们形成了对植物的一种特殊情结。在万物有灵观念的支配下，树木也好，花草也罢，往往被赋予某种灵性与神力，往往都有神灵寄寓。

如槐树，自古以来就被视为一种神树。槐树是中国分布广泛的古老树种，具有旺盛的生命力。从众多古代文献记载、古诗词或民间传说中可以看到，槐树被赋予了太多的象征寓意，有神的象征，有祥瑞和保佑平安之意，有怀祖寄托与思乡之情等。此外，槐树还寓意"禄"。早在周代，朝廷就常种三槐九棘①，公卿大夫分坐其下，后以"槐棘"指三公或三公之位。也由此，槐树又有科第吉兆之意，故古代举子赴考称为踏槐。所谓"槐花黄，举子忙"的典故，正是反映了在唐朝槐花盛开时学子参加科举考试的场面。

如椿树，因易长被赋予长寿之意，《庄子·逍遥游》云："上古有大椿者，

① 见《周礼·秋官·朝士》："朝士掌建邦外朝之法。左九棘，孤卿大夫位焉，群士在其后；右九棘，公侯伯子男位焉，群吏在其后；面三槐，三公位焉，州长众庶在其后。"

以八千岁为秋。"故常有小孩除夕摸椿树祈求快快长高，后世也以之为父亲的代称，含有主人护宅及祈寿的意愿。柳树洋溢着春天气息，垂垂柳枝也总是意味着生机，表示人丁兴旺；人们为免灾免难，祛除不祥，一直流传着端午节悬插艾草、葛藤、菖蒲等的古老习俗；在客家赣南、闽西一带，"伯公树"和神坛后的树不能任人毁坏，尤其是寺庙、祠堂前后的"风水树""风水林"神圣不可侵犯。

另外，无论是平时，还是节日或是其他特殊的喜庆之日，谐音吉祥的植物崇拜现象更是数不胜数。再试举几例。如竹子，谐音"祝"，寓意美好祝福，将天竹加南瓜、长春花合成图案，寓意"天地常春""天长地久"。作为自强不息、顶天立地、清雅脱俗、淡泊其中的象征，竹子也确为古人所青睐，正所谓"宁可食无肉，不可居无竹"。如桂花，谐音"贵"，寓意荣华富贵，将桂与莲子合图，寓意"连生贵子"，桂与寿桃合图寓意"贵寿无极"。其他如橘子或橘饼（吉利）、葱蒜（冲算、聪明会算）、芹菜（勤劳）、柚子（佑子、有子）、韭菜（久耐、久财）、红枣花生桂圆莲子（早生贵子）等等，也都有不同吉祥寓意。

动物也是人类生存与文明的物质基础。渔猎经济时期，人类与动物关系特别密切，大至虎、豹、熊、罴，小至禽、鸟、鱼、虫，都是氏族成员的生活之源，其肉可食，皮毛可以蔽体御寒。进入农耕以后，马、牛、羊、鸡、犬、豕六畜，更是与人类生活息息相关。

人们离不开动物，熟悉动物，进而崇拜祈求动物。原始时代就出现了图腾，氏族、家族以此命名作为徽号或标志。或许是因为还不能独立地支配自然，或不懂得男女媾和繁衍人类的缘由，或密切血缘、团结和维系群体需要，或原始到无以揣测的幻想、想象和创造……那时候，人们常把某种动物或植物等特定物体视作为本氏族家族血缘亲属、祖先或保护神等特殊对象来进行祭祀、崇拜。故而，面对这一被人格化的图腾圣物，人们敬重它们，不伤害，不随意捕杀，甚至不触摸、不注视，不提图腾的名字。当然，在某些特殊的场合，人们才杀死它们用来祭祀。甚至还猎吃图腾兽以作圣餐，是谓定时祭祀图腾。但是，可以肯定的是，不管怎样的图腾形式，人们都意欲以此来与祖先、神灵沟通，相信它们能保护自己，并给予神秘的超人智慧、力量和勇气。

在中国，图腾其实很早出现。《山海经》①《太上黄箓斋仪》《道门通教必用集》《淮南子》等古籍中就记载了众多的上古神兽，有太阳烛照、太阴幽荧、应龙、黄龙、青龙、白虎、朱雀、玄武、腾蛇、勾陈等等，举不胜举。由图腾衍生出的文化事项，也众多。比如旗帜与族徽，有夏族的龙旗、商族的玄鸟②；服饰，有汉族的虎头帽虎头鞋、瑶族的五色狗尾衫、畲族的狗头帽；文身，有台湾土著的蛇纹图腾、广东疍户的蛟龙之子纹、土蕃的脸部红褐猕猴纹；舞蹈，有汉族的龙舞狮舞、塔吉克族的鹰飞舞蹈、朝鲜族的鹤舞；器物，有新石器时代的彩陶盆人面鱼纹、青铜时代的青铜鼎饕餮纹；等等。

十二生肖文化是中华民族最深入人心的图腾体系，亦是中华民族善待和爱护自然生灵传统美德的集中体现。其中对龙的崇拜尤为值得一提。龙，是中华各民族共同崇奉的图腾神，并位居"龙马负图""凤鸟来朝""麒麟至郊""元龟衔符"四大祥瑞之兆之首。在中国人的心目中，龙具有非凡的能力。《说文解字》中有解："龙，鳞虫之长，能幽能明，能大能小，能长能短，春分而登天，秋分而入渊。"传说上古炎帝、黄帝、尧、舜和大禹，亦都与龙有关。如《山海经·大荒东经》中说："大荒东北隅中，有山名曰凶犁土丘。应龙③处南极，杀蚩尤与夸父，不得复上，故下数旱，旱而为应龙之状，乃得大雨。"《山海经·大荒北经》中又说："应龙已杀蚩尤，又杀夸父，乃去南方处之，故南

---

① 据统计，《山海经》全书记载动物120余种。
② 据（西汉）司马迁《史记》载："天命玄鸟，降而生商"，表明玄鸟是商族的图腾。
③ 应龙，是古代中国神话传说中一种有翼的龙，亦称黄龙、飞龙。应龙开辟龙门，是和风化雨的主宰。古代另有传说，说水虺（水蛇）五百年化为蛟，蛟千年化为龙，龙五百年为角龙，千年为应龙。

"中华第一龙"——新石器时代·红山文化 玉龙 中国国家博物馆藏

方多雨。"古越人也以为自己是龙种，故断发文身，以像龙子，而深信。或许，从新石器时代开始，龙作为一种崇拜现象，就是中国先民对不可思议的自然力的一种"理解"，是聚族群体对周遭物象兼并糅合的一种"模糊集合"，并与凤图腾一起，象征着华夏古老民族中最基本的两个单元——夏民族和殷民族。[1]龙，无疑是中华民族发祥和文化肇端的象征，其能行云布雨的神通或许是最符合中国农耕社会生产与生活需要的一种根本期盼，或许也是"以此来补充人类自身的先天不足，并曲折显示出人自身的内在力量"[2]。当然，直到今天，龙的形象与精神内涵还都在不断地加减、变衍和发展。

　　大地是人类的母亲，大自然养育了万物。总之，在中国传统文化中，崇拜

----

① 闻一多在《伏羲考》中说："不但是褒之二龙以及散见于古籍中的蛟龙、腾蛇、两头蛇等传说的共同来源，同时它也是那人首蛇身的二黄——伏羲、女娲，和他们的化身——延维或委蛇的来源。神话本身又是怎样来的呢？我们确信，它是荒古时代的图腾主义的遗迹。"郭沫若在《关于晚周帛画的考察》中也说，"凤是玄鸟，是殷民族的图腾"，"龙是夏民族的图腾"。
② 逄金一：《中国风尚史·先秦卷》，友谊出版社，2015，第37页。

自然、尊重自然、关爱自然、善待自然、感恩自然的伦理精神，不仅体现了人与自然万物和谐相处的要求，也折射出中华子孙对自然万物的集体认知和精神共识，以及意识深层的物我混同的朴素生态思想和对养育生命的大自然的崇敬之情。

二、经济：农耕游牧，融合互补

众所周知，"世界上其他文明古国也都崛起于北半球的相当纬度之内"[①]。但从前述不难看到，"所不同的是中国文明的滋生与繁衍不是仅仅依托于一个气候带，一条或两条流域有限的河流，而是扎根于黄河流域和长江流域两个气候带，气候、土壤等自然因素差异颇大的区域，自然和人文互补性强，文化面貌也更丰富多彩。多样性气候为农业经济为主的多种经济发展创造了条件。东部地区形成以小麦、粟、稷等为主要作物的旱地农业区；南部则是以水稻为主要作物的水田农业区；西部和长城以北气候寒冷，雨量稀少，自古即为游牧区，这也是中国文化自发生期开始就呈现多元性的原因"[②]。

中国文化主要建立在农耕与游牧这样两种经济生产的土壤里。"农耕区和游牧区和各民族长期以迁徙、战争、互市、和亲为中介，彼此交往融合，互相取长补短，逐渐形成并不断丰富以汉族为主体的中国文化。"[③]

由来已久的传统

自然经济主要由自耕农经营，具有自给自足、实用、封闭、狭隘、保守等特点，是一种安定自守的经济。原始农业在原始社会中产生后，自然经济

---

① 房列曙、木华：《中国文化史纲》，科学出版社，2001，第3页。
② 房列曙、木华：《中国文化史纲》，科学出版社，2001，第3–4页。
③ 房列曙、木华：《中国文化史纲》，科学出版社，2001，第4页。

就开始了。

长江、黄河两大流域自古地势平坦，土地湿润，气候温和，雨量充沛，且均数千里沃野，农牧兼宜，养育着中国以农耕为主的传统自然经济。中原民族在生息与共的这片土地上，培养了大量宜于种植的农作物，同时发展了养殖业、酿造业、手工业等等。他们经过长期耕耘，熟悉这里的每一处土壤、每一条河流、每一种作物，摸索形成了比较稳定的农业耕作方式——从远古的刀耕火种、轮作、抛荒到精耕细作，并且在一代一代传承和发展中，形成了异彩纷呈、高度发达的农业文明。

中原地区的农耕经济在总体上，可以自给，无需外求。尽管也呈现了封闭、狭隘、保守等小农意识，但早期农业社会毕竟还是靠天吃饭，故在天人关系上，不强调其对立，而强调其同一。所谓"天人合一"，就是要协调人与自然的关系。同时，为了保证小农经济顺利进行，需要稳定的社会秩序，故强调"小我"须服从"大我"并融化于"大我"之中。所以，所产生的是"天人相应""物我一体""顺""和""安分""守己""务实""平均"等思想观念，都表现出"和平"的文化特征。[①]如儒家的"不患贫而患不均"，墨家的"兼相爱，交相利"，都符合小农的"平均"思想；孔子弟子有子的"礼之用，和为贵"[②]，孟子的"天时不如地利，地利不如人和"[③]，《中庸》的"和也者，天下之达道也"，都传达了"和平"的观念。

农耕民族与耕地相连系，生长于此，病老于此，"粘着在土地上"[④]。正所谓"天地者，生之本也"。(《荀子·礼论》)农业生产中，春耕夏耘、秋收冬藏的规律，要求人们不违农时，循序渐进，而好高骛远、脱离实际、拔苗助长是万万不行

---

① 钱穆：《中国文化史导论(修订本)》，商务印书馆，1994，弁言第2-3页。
② 见《论语·学而篇》中的："礼之用，和为贵。先王之道，斯为美。"
③ 见《孟子·公孙丑下》。
④ 费孝通：《乡土中国·乡土重建》，北京联合出版公司，2018，第4页。

湿田击稻图 采自（明）宋应星《天工开物》

的。也正如钱穆所说的，"故彼之心中不求空间之扩张,惟望时间之绵延。"① "农人则惟重生产。生产有定期，有定量，一亩之地年收有定额，则少新鲜刺激。又且生生不已，源源不绝，则不愿多藏。抑且粟米布帛，亦不能多藏。彼之生

---

① 钱穆:《中国文化史导论(修订本)》,商务印书馆,1994年,弁言第3页。

业常感满足而实不富有。"①

由于地理环境的关系，中国传统游牧经济主要分布在蒙古高原、黄土高原、青藏高原以及历史上的整个西域地区。千百年来，生聚在这些地域的游牧民族，因地理所限，只能"随畜牧，逐水草"②，以游牧、狩猎为生，生活粗放且富于冒险。他们居毡帐，乘骑射，"咸食畜肉，衣其皮革，被旃裘""饮其汁"③，衣食住行用与马牛羊驼驴等牲畜须臾不离。正像农民依赖土地和农具一样，牧民则离不开草原与牲畜。辽阔的西部北部高原及西域是游牧民族的摇篮，在这块土地上曾经养育过匈奴、鲜卑、突厥、乌桓诸族。同样，它为马背上的民族供给了一个独特的、隔绝的历史地理环境，也造就了"内不足则需向外寻求"④的独特游牧文化系统。

游牧文明的特点在于流动、进取，但强而不安。因为"草原民族之最先工具为马……非此即无以克服其外面之自然而获生存"，⑤故"此种民族，其内心深处，无论其为世界观或人生观，皆有一种强烈之'对立感'。……于是而尚自由、争独立，此乃与其战胜克服之要求相呼应。故此种文化之特性常见为'征伐的'、'侵略的'"。⑥同时，因为变动性大，无法形成发达的社会文化和制度组织，在话语权上始终无法胜过农耕文明，因此成为落后、愚昧和野蛮的同义词。但无论是寒冷、干旱，还是草原、沙漠，严酷的自然环境磨砺了他们极强的与自然搏斗的能力，以及"利则进，不利则退，不羞遁走"（《史记·七十列传·匈奴列传》）的"空间拓展"力。

除了农耕和游牧外，中国农耕文明的血液中也融合了其他多元的经济成分。

---

① 钱穆：《中国文化史导论（修订本）》，商务印书馆，1994，弁言第3—4页。
② 见（东汉）班固《汉书·西域专》中："民随畜牧，逐水草，有驴马，多橐它。能作兵，与婼羌同。"
③ 见（西汉）司马迁《史记·七十列传·匈奴列传》。
④ 钱穆：《中国文化史导论（修订本）》，商务印书馆，1994，弁言第2页。
⑤ 钱穆：《中国文化史导论（修订本）》，商务印书馆，1994，弁言第2页。
⑥ 钱穆：《中国文化史导论（修订本）》，商务印书馆，199，弁言第2—3页。

当然，西汉前期中国商业、手工业的发展，以及盐铁官营等官方垄断重要商品的制度，使得商业完全被封建政府的肌体所束缚，没有蓬勃发展的内生动力。尽管，中国早有出色的航海能力，也不乏海洋贸易，但也只是朝贡贸易体制之下的政治形式，其政治意义远超过经济利益，无意对海外进行殖民。"以农耕经济为主体的中华文明是一种主张和平自守的内向型文化"①，而商业、手工业等则主要是作为补充和包容成分而存在着。

对垒与冲突

中国古代历史进程中，以农耕与游牧两种经济为主的对垒与冲突，主要局限在华夏自身这块半封闭的大陆上。从大的地理环境上说，中国三面接陆地，一面临海，西南、西北、东面是天然屏障，北面断断续续修建了长城，加之长期处于文明中心，隔绝了与世界的联系。天然地理屏障，既保护了华夏，也封闭了华夏。同时，由于封闭内倾及稳健平和的民族性格，即使中国有漫长的海岸线，但数千年以来，中原王朝带给域外、海外的不是高高在上的冒险、进取，而是文明交往与丝路贸易。

原始社会，华夏经历了采集、狩猎到农业的过渡。黄帝和炎帝、蚩尤，是传说时代华夏农耕、游牧和狩猎这三大文化的代表。当然，据说炎帝、黄帝、蚩尤三大部落之间也发生了冲突，最后黄帝战胜了炎帝、蚩尤，成为华夏游牧文化与农耕文化融合的开创者，给华夏农耕文化注入了新鲜的活力。之后，随着农业生产技术的提升，黄河流域的牧业民族或半农半牧的民族开始减少，至秦汉以后，牧业在中原王朝更是无关痛痒。农业越来越成为"中原王朝赖以生存的基础，以农立国是王朝的基本国策，由此产生的重农抑商、重本抑末（手工业、服务业等非农产业）的政策更使大多数人民成为土地的依赖者和农业的

---

① 张岱年、方克立：《中国文化概论》，北京师范大学出版社，2019，第29页。

崇拜者"。① 对于特有"中原为本，周边为末"中心思想的中原王朝来说，农业"几乎是唯一的、排他性的产业"②。

但游牧民族则不然。尽管广袤的草原是他们文化的天然摇篮，但毕竟生存条件相对恶劣，社会经济发展相对落后，所以他们总是力所能及地向南、向东迁移，因为中原农区一般都可以变为牧区。相反，中原农业民族则不能做到这一点，贸然地向北向西推进，也不能将牧区辟为宜于耕种的农区。

客观上，农耕与游牧这两种不同的经济类型因特殊的自然地理条件或生态环境而产生并互有区别，这本是很自然的事。但遗憾的是，"从民族关系的角度而言，中国古代并没有形成典型的农牧结合"③的优良传统。商业、手工业等也只是早期农牧经济的肤毛，实则起不到多大的疏通润滑与撮合作用。同时，历史上自然的农牧界线反过来又不断强化着这两种不同类型文化间的区别界线，这不仅仅表现在经济生活的往来层面，使各自长期处于实际上的分离状态，尤其还累积在深层的文化心理层面，即中原与周边、内地与边疆、蛮荒之地与礼仪之邦等文化观念上的对立。故而农业民族与游牧民族之间的冲突，也就不可避免了。

《史记·五帝本纪》中黄帝"北逐荤粥"的古史传说，反映了新石器时代晚期农耕民族与游牧民族之间的冲突，虽然这未必可信。青铜时代以后，中原王朝与周边游牧民族的冲突可谓日益激烈。殷商后期，据甲骨卜辞中记载，中原王朝北伐鬼方、西伐羌方。西周时，据《小盂鼎》铭文，康王二十五年，鬼方与周人发生了大规模武装冲突。穆王以后，猃狁成为西周北边的严重威胁，

① 葛剑雄：《统一与分裂：中国历史的启示》，商务印书馆，2013，第88页。
② 同上。
③ 贺卫光：《农耕与游牧古代中国的两大经济文化类型》，《西北民族学院学报（哲学社会科学版）》2002年第1期，第105页。

长城

所谓"靡室靡家，猃狁之故。不遑启居，猃狁之故"。① 故宣王不得不亲征"以
匡王国"。至西周末年，西北犬戎势力无法阻挡，最终倾覆了西周王室，并导
致其政权的东迁。

　　春秋战国之际，羌、氐、戎、匈奴、东胡等游牧民族自西而北环绕中原诸
国。由于中原地区多为平原地貌，在军事上无险可守，基本上就是周围没有天
然的有利防御的"四战之地"②，故为了阻止游牧民族的入侵骚扰和掠夺，燕、
秦、赵等国相继在边境修筑长城。秦统一六国之际，把秦、赵、燕三国旧长城

---

① 见《诗经·小雅·采薇》："采薇采薇，薇亦作止。曰归曰归，岁亦莫止。靡室靡家，猃狁之
　故。不遑启居，猃狁之故。"
② 所谓四战之地，是指四面平坦，无险可守，容易受攻击的地方。出自《史记·乐毅列传》：
　"赵，四战之地也，其民习兵，伐之不可。"《后汉书·荀彧传》："颍川，四战之地也，天下
　有变，常为兵冲。"

连为一体，于是，万里长城在加固军事防御的同时，也更加强化了中原民族与北方民族彼此间农牧业的分界线。自然，自此之后中原王朝但凡有强盛之时，就有理由以是否适宜农耕的标准去划分、占领夷狄蛮荒之地。不过，由于民族、不宜耕种及难以长期补给维持等原因，中原王朝常常在击退越界冒犯的游牧民族之后，对中原范围之外的反击又往往多是军事维护性质的，并不意欲将之划归正式版图之内。[①]

与此同时，长城以北的匈奴也东并东胡，西逐月氏，建立了一个东起大兴安岭山脉，西达阿尔泰山与额尔齐斯河，北越贝加尔湖这样一个东西万余里、南北数千里的统一多民族的游牧政权。中国历史由此出现了中原农耕帝国与北方游牧政权长期互存并峙局面。

在过往的历史中，塞外、西域似乎给中原政权带来了无穷无尽的烦恼，也是所有大一统王朝都绕不开的问题。如高句丽在东北的盘踞觊觎，继匈奴之后鲜卑、柔然、突厥、契丹、女真等族相继在蒙古高原乃至中亚地区的扩张称霸，以及月支、康居、乌孙等族自西域的进攻与袭扰。故历代中原王朝总是不遗余力多次远征，即使时常自顾不暇，甚至于劳民伤财，也不愿失去了北方的天然防御屏障。就如汉武帝时期，即使民生疲惫、国库空虚，也要彻底地解决匈奴问题。确实，有时一劳永逸还是要比枕戈待旦节省一些，哪怕是获得象征意义上的管理与臣服，也能换来农耕文明稳定的发展环境，事实上，也换来了汉朝后续三百年的稳定和丝绸之路的繁华。

来路尽管坎坷，但中华文化仍然能不断滋生且延绵不绝。历史上，当强悍的游牧民族来侵，中原政权纵使丧失了首当其冲的黄河等流域，但仍有极其宽绰的回旋余地和广大退路可供回旋，所谓"西方不亮东方亮，黑了北方有南

---

① 葛剑雄:《统一与分裂:中国历史的启示》，商务印书馆，2013，第88-89页。

方"。当然，由于历史气候变迁、"移民实边"[①]、草原生态失衡等原因，从远古至今，两种经济文化界线变化的总趋势是，农耕文化的分布面积越来越大而游牧文化的分布区则日益缩小，这也是事实。

借鉴与融合

"在中国历史上，农耕生产依赖土地，农耕民族对土地的价值有着深刻的认识，形成了于农耕经济基础上的社会组织与伦理习尚。游牧生产依靠于水草，游牧民族为着水草的肥美而终年迁徙，形成了流动性的社会组织和简洁意重的礼俗。"[②]在漫长的历史过程中，尽管长期存在着中原和周边相对立的思想观念并一定程度上阻碍了相互间的接触，但其间以迁徙、互市、和亲为中介的交住和互补，乃至通过战争而数度完成的农业区和牧业区统一的伟业，实际上是游牧与农耕两种不同社会经济文化的碰撞，也由此成为相互间不断借鉴与融合的主流。

"中国古代游牧文化与农耕文化间关系的基础是经济上的互补性，这种互补性关系的形成是由不同文化所分布的自然环境决定的。而不同生态环境下生计方式的差异又决定着互补关系的内容及其发展方向。"[③]一方面，北方游牧民族周期性的南下所带来的北方民族那种充满活力的刚劲气质和欧亚大陆的异域文明，一次次成为中原稳健儒雅的农耕文化的补强剂，并被融化吸收。尽管相互间一次次的逐鹿中原，必然会给双方，尤其是给中原带来痛苦和灾难，甚至

---

① 所谓移民实边，是指中国历史上由官方组织的一种人口迁移方式。历代汉族中央政权遂采取了"屯垦戍边"的对策，除了在边境战略要地驻扎军队，参加屯田外，更多的则是内地向边境地带移民，在武装保卫下开垦耕种，以提供军粮，加强边防。这种形式的人口迁移从秦、汉起一直沿用下来，重点在中国的西北部。
② 周作明：《中国古代游牧文化与农耕文化之比较》，《广西民族研究》1998年02期，第70页。
③ 贺卫光：《中国古代游牧民族与农耕民族在经济上的互补与非平衡需求》，《西北师大学报（社会科学版）》2003年01期，第 页。

造成社会的停滞或倒退，但最终，也确实使得中国传统文化一次又一次地变异更新。另一方面，在农耕文化的气氛中，游牧民族反复地内聚和进入中原，自身反倒是一次次被中原同化，并最终融入其中。如匈奴、突厥、丁零、吐谷浑、鲜卑、契丹、女真、蒙古、满等游牧民族，其建立的北方政权或统一王朝的基本政治制度和礼乐文化，或多或少都基于中原农耕文化基础之上。尽管这些政权都保存有许多明显的本民族性，但一定程度上，也体现在"愿意让步和合作，以及不遗余力建立起来的一个稳固的"集权体系，以及对宗教信仰的宽松态度①上。这也极度地外展了华夏农耕文明的传播界限。

游牧与农耕两个民族间的撞击与争锋，从根本上讲也不同于外族的侵略。其间的对垒与冲突，往往以迁徙、聚合、和亲为结局。古代华夏文明的发生、起源和许多文化方面的肇启，都可以追溯到黄帝或黄帝时代。在特殊的历史和文化背景下，黄帝推进着统一的多民族中国历史的发展。《山海经·海外北经》记载了炎黄两个部落的战争，《山海经·海内经》中还详细叙述了炎帝、黄帝、舜的世系，这些实际上反映了炎黄两个古族逐渐融合共同构成为华夏族的史实。不论是海内还是海外，"射者不敢西向射，畏轩辕之台"（《山海经·大荒西经》），由此可见，作为凝聚古代华夏和中华民族团结精神纽带的黄帝，其在先民心目中的崇高地位。秦汉以后，长城地带不仅是农耕民族与游牧民族长期对垒的界标，同时也是二者之间通过战争、迁徙、让步、和亲、互市、合作等中介形式，实行经济互补和文化互鉴交融的纽带。战国赵武灵王的"胡服骑射"和汉唐开辟通西域的"丝绸之路"，都可以说是两种文明间的精妙结晶。

在民族关系上，中国古代历来推崇文治教化，主张协和万邦。《尚书·尧典》中说，帝尧"克明俊德，以亲九族；九族既睦，平章百姓；百姓昭明，协

---

① 〔英〕彼得·弗兰科潘著，邵旭东、孙芳译：《丝绸之路：一部全新的世界史》，浙江大学出版社，2016，第150-152页。

步辇图 （唐)阎立本绘 故宫博物院藏

和万邦"。由此以后，这不仅促进了中华民族团结、国家统一的传统，也成为中国文化的基因与核心价值之一。事实上，从公元前三千年开始，一直到公元十五六世纪止，人类长达四千多年的历史都是在农耕与游牧这两大世界的对垒与融合之中过来的。总之，在长达数千年漫长的中国历史上，农耕文化与游牧文化作为两种最基本的经济类型，是中华文化、中华文明得以不断发展壮大的源泉。农耕民族与游牧民族长期的相互搏击冲撞和交汇融通，不仅铸就了中华民族经久不衰的内聚伟力，同时也构成了世界文明发展的源泉和动力。

三、社会：血系宗法，伦理维系

中国古代社会在相当大的程度上，依赖建立在宗法制度基础上的伦理观念加以维系。中国宗法制度，主要由血缘纽带维系，特别强调对祖先的崇拜，强调尊祖敬宗。在组织结构方面，家庭、家族和国家具有共同性，都以血系、宗法关系来统领。

血缘纽带

传统中国，一直存在着一种庞大、复杂却又井然有序的血缘政治社会构造体系。

自原始人群、母系氏族、父系氏族开始，社会的形成都是基于血缘亲族基础之上。究其原因，主要是因为：一是那时人口很少，由共同祖先繁衍下来，以血缘为纽带结成的社会基层单位——氏族，多也无非十几人，他们居住在一起，自然成为社会的基本单位；二是极其低下的生产力，使人们无力单身同自然界进行斗争，为谋取生活资源必须共同劳动，共同生活；三是基于血缘形成的生命共同体，可应对陌生或有矛盾的族群间的厉害冲突；再者，缓慢发展的过程中，基于血缘纽带由传统和家长来维系的社会，反过来一定程度上又系牢了血缘亲族间的纽带。

继三皇时代血统继位制后的拟血统的王位继承制——禅让制，虽然历经"公天下"的五帝时代，但好似昙花一现，不久便被禹的儿子夏启毁弃，取而代之的是"家天下"的世袭制。大体上说，宗法制，自夏朝从氏族社会的血缘关系中脱胎出来，后孕育于商朝，定型完备于西周。当然，周代"传嫡不传庶，传长不传贤"的宗法制，实则包含了，或者说又是和分封制紧密结合在一起的。在周代，社会以"嫡长子继承制"为主要精神，统领着大宗与小宗、君统与宗统等一切的嫡庶关系。此时，无论是嫡系世继、还是同姓贵族或异姓贵族，血缘纽带依然还是联结彼此的一张坚韧的巨网。在世界文明早期历史上这是普遍的，但似乎只有在古代中国最为坚决。

秦汉时期，宗法封建向皇帝郡县演变的统合过程中，血缘因素同样"一直在社会深处发生作用"①。"历史的发展大势是政治渐渐脱离跟血缘的关系。但由于社会上一直没有发展出另一种东西来替代血缘作为政治最可靠的依恃力，而政治上没有血缘作为依恃力，政权就会有安全问题，依恃它又会有'后属疏远'的问题，因此，血缘成了政治上既不可缺又不可取的东西。"② 同样，"这种取舍两难的情形"③ 依然还得暂时依恃于"血缘情结"。

之后，直至辛亥革命，严格意义上的宗法制度似乎不复存在，取而代之的是中央集权的皇权官僚专制。但在这段超过两千年的历史时期中，宗法制与君主制、官僚制的相继结合也是不争的事实，即经过各王朝统治者的改造，逐渐建立了由政权、族权、神权、夫权组成的封建宗法制。

事实上，社会的基层单位也没有脱离血缘亲情这一核心和基础。由血缘纽带维系着的宗法关系依然沉潜在社会的深层，亦使家族成为超越朝代更迭的不绝如缕的社会细

赵	钱	孙	李	周	吴	郑	王	冯	陈	诸	卫
蒋	沈	韩	杨	朱	秦	尤	许	何	吕	施	张
孔	曹	严	华	金	魏	陶	姜	戚	谢	邹	喻
柏	水	窦	章	云	苏	潘	葛	奚	范	彭	郎
鲁	韦	昌	马	苗	凤	花	方	俞	任	袁	柳
酆	鲍	史	唐	费	廉	岑	薛	雷	贺	倪	汤
滕	殷	罗	毕	郝	邬	安	常	乐	于	时	傅
皮	卞	齐	康	伍	余	元	卜	顾	孟	平	黄
和	穆	萧	尹	姚	邵	堪	汪	祁	毛	禹	狄
米	贝	明	臧	计	伏	成	戴	谈	宋	茅	庞
熊	纪	舒	屈	项	祝	董	梁	杜	阮	蓝	闵
席	季	麻	强	贾	路	娄	危	江	童	颜	郭
梅	盛	林	刁	钟	徐	邱	骆	高	夏	蔡	田
樊	胡	凌	霍	虞	万	支	柯	昝	管	卢	莫
经	房	裘	缪	干	解	应	宗	丁	宣	贲	邓
郁	单	杭	洪	包	诸	左	石	崔	吉	钮	龚
程	嵇	邢	滑	裴	陆	荣	翁	荀	羊	於	惠
甄	魏	家	封	芮	羿	储	靳	汲	邴	糜	松

百家姓

---

① 管东贵：《从宗法封建制到皇帝郡县制的演变：以血缘解纽为脉络》，中华书局，2010，第111页。

② 同上。

③ 同上。

胞，并还自然伴随着一定的血缘伦理。尤其是，自西周宗法制度趋于稳定发展后，包括后来封建宗法制得以建立后，依然喜好区分亲疏之别，逐渐发展形成了牢不可破的崇拜祖先、孝亲养德、承宗接代，以及三纲五常、人伦五常等一系列中国传统文化中的核心礼治秩序与准则。

同时，血缘纽带还稳固了人和地的因缘。由血缘分出尊卑，亦划分着空间方向和位置：左尊于右，南尊于北。而且一定程度上，亲密的血缘关系限制着若干社会活动，最主要的是冲突和竞争。故而商业和社会贸易也不易发生。[1]

家国天下

从中华文明的起源历史来看，"从家庭到宗族，是中国古代社会的一条脊梁"[2]。但是，宗法制以血缘文化为纽带，也存在狭隘性与局限性。它无法克服世袭终身制的波动和统治能力的制度性下降。具体说，宗法制的世袭制因素，必然带来执政者遗传基因素质的逐渐衰退和后代血亲的逐渐疏远，故使得宗族政治的凝聚力最终难以维系。同时，血缘文化的局限性，也体现为民族大国家构建过程中必然遭遇政治认同的困境。也因如此，致使中国先秦时期就实际上已经开始形成了"宗法拟制"的建国方略，奉行"家国同构"的统治方式。[3]

就西周之宗法制度而言，"家"是一个政治单位。《孟子·梁惠王下》中说："万乘之国弑其君者，必千乘之家；千乘之国弑其君者，必百乘之家。"这表明当时的"家""国"分别是拥有百辆或千辆、千辆或万辆马车的政体。不过，此时的"家"仍然以血缘关系为交织核心。再就"家庭""宗族"而言，则由同一祖父的三代组合，扩大为由同一高祖父的血亲、配偶，上下九代共同合起来。这样，让后代子孙不要忘了自己的祖先和根源。这对于周民族而言当

---

① 费孝通：《乡土中国·乡土重建》，北京联合出版公司，2018，第74—81页。

② 田昌五：《华夏文明的起源》，中国国际广播出版社，2010，第7页。

③ 管东贵：《从宗法封建制到皇帝郡县制的演变：以血缘解纽为脉络》，中华书局，2010。

中国传统生态文化环境　**51**

然十分有利。进一步说，大宗率小宗，凝聚起"小宗"的力量，巩固发挥"大宗"的力量，这样才能得到"天下"。

基于这样的认知，孝、忠统一的伦理观念便自然出现了。儒家思想结构中的礼乐教化根本，可谓"家国天下"道德观念的生根之处。孔子的弟子有子就说："其为人也孝弟，而好犯上者，鲜矣；不好犯上而好作乱者，未之有也。君子务本，本立而道生。孝弟也者，其为之仁本与！"[1]家国同构的格局导致了"忠孝相通"，孝敬父母就是忠顺皇帝，忠顺皇帝就是效忠国家，忠孝同义。这种宗法制度下的产物使得中华民族许多爱国英雄以忠于皇帝为初衷，以忠孝国家为结果。也正如《诗经·小雅·北山》中所说"溥天之下，莫非王土，率土之滨，莫非王臣"，意思是天下每一寸土地都是国王的，每一个臣子都是国王的臣民。同时还可以看到，在西周宗法封建制向秦代皇帝郡县制，再到之后封建郡县宗法合轨一体的皇帝制的发展过程中，唯在血缘与政治、礼制与法制的此消彼长之后，"仍保留了源自宗法（血缘）社会的'和谐'特质——儒家的伦理价值观"。[2]

说到这里，有必要对"天"之观念作一点回顾。因为从某种意义上讲，"天"或"天下"，也统合和链接了家、国乃至天命与祖先等相互间的信仰纽带。这也有助于我们在源头上从原始的精神世界里，把握中国数千年来不曾间断的"家国"情怀。在中国远古，"天"之含义无疑基于神灵信仰，尤其是指向"主宰世界、统帅众神以及处理人间事务的天或天帝"[3]。对于天之观念，蔡元培说道：

五千年前，吾族由西方来，居黄河之滨，筑室力田，与冷酷之气候相竞，日不暇给。……而以为是即至高无上之神灵，监吾民而赏罚之者也。及演进而

---

① 见春秋孔丘《论语·学而》。
② 管东贵：《从宗法封建制到皇帝郡县制的演变：以血缘解纽为脉络》，中华书局，2010，第51页。
③ 〔英〕约翰·布克：《宗教的故事》，高俊成译，内蒙古人民出版社，2005，第127-128页。

为抽则不视为具有人格之神灵，而竟认为溥博自然之公理。（蔡元培《中国伦理学史》）

天之本质为道德。而其见于事物也，为秩序。……重秩序，故道德界唯一之作用为中。中者，随时地之关系，而适处于无过不及之地者也。是为道德之根本。而所以助成此主义者，家长制度也。（蔡元培《中国伦理学史》）

可以看到，中国古代的天之观念，除了包含天之公理、天之事象，也自然包含天之信仰、天之权威，其本质为道德，并见于事物之秩序；继而，天下当遵循天之道德，遵守自然之秩序，故为家长制度。由此也不难看出，古人对于"天"的重视。所以说，《尧典》"全文440字，言帝尧政绩225字，225字中关于天学事务172字"[1]，就一点也不足奇怪了。

周代以后，严格意义上的宗法制度不复存在，但"家国同构"的模式和精神却始终承传不辍，使得中国历史上的君主专制国家与家庭、家族具有某种共同性。无论是家还是国，在组织系统和权力配置方面都实行严格的家长制，并贯之相适应的原则和精神。对此，蔡元培在论及家长制度时也说得十分透彻。他说：

吾族于建国以前，实先以家长制度组织社会，渐发展而为三代之封建。而所谓宗法者，周之世犹盛行之。其后虽又变封建而为郡县，而家长制度之精神，则终古不变。家长制度者，实行尊重秩序之道，自家庭始，而推及之以及于一切社会也，一家之中，父为家长，而兄弟姊妹又以长幼之序别之。以是推之于宗族，若乡党，以及国家，君为民之父，臣民为君之子。诸臣之间，大小相维，犹兄弟也，名位不同，而各有适于其时地之道德，是谓中。（蔡元培《中国伦理学史》）

---

[1] 国家图书馆（国家古籍保护中心）、中国科学院自然科学史研究所编：《格致考工源流：中国古代科技发明创造》，北京大学出版社2020版，第125页。

"同时，人们还相信，如果子孙后代不为逝去的先人供奉丰盛的祭品，那么他们就得不到先祖的支持与祝福，也无法确保皇室血脉充满活力，更无法确保其统治权的延续。"①

不仅如此，对于中国而言，"家国同构"的模式和精神还体现了独特民族与国家关系。钱穆说："中国文化乃由中国民族所独创，换言之，亦可说由中国国家所独创。'民族'与'国家'在中国史上，是早已'融凝为一'的。"②又说："正因中国文化乃由中国民族所独创，故其'文化演进'，四五千年来，常见为'一线相承'，'传统不辍'。"③

可见，家、天下同构，此亦所谓"家天下的延续"。"家国同构"的本质就是家、家族、民族、国家在结构上的同一性，也即国是家的放大，"族权"与"政权"的结合统一。彼时，地缘、业缘、物缘都以血缘为基础，君权与父权互为表里，"国"与"家""族"彼此沟通。换言之，中国社会及国家的伦理都是从家族伦理演绎而来；国家政权也以家族精神、民族精神统驭臣民，所谓"家国同构""君父一体"。或如梁漱溟所曰"中国有家而无国"④，如梁启超所说"中国社会之组织，以家族为单位，不以个人为单位，所谓家齐而后国治是也。周代宗法之制，在今日其形式虽废，其精神犹存也"⑤；如严复认为，直至近世，中国人"犹然一宗法之民而已矣"⑥。这都是透视古今的灼见。

从另一个层面上来讲，在整个中国古代历史中，战争、动乱、天灾人祸等时有发生，或许正因为如此，即使有时一姓家庭一个朝代不幸消亡，但此时，

---

① 〔英〕约翰·布克：《宗教的故事》，高俊成译，内蒙古人民出版社，2005，第128页。
② 钱穆：《中国文化史导论（修订本）》，商务印书馆，1994，第21页。
③ 同上。
④ 叶小利：《晚清华侨政策转变之影响》，《北华大学学报（社会科学版）》2014年第2期，第73页。
⑤ 见梁启超《新大陆游记》。
⑥ 见〔美〕甄克思著，严复译：《社会通诠》自序。

家、国纠缠交织，天下及天下的万千个家族还得久远延绵，"家国同构"依然是有利于增强凝聚力和向心力，维护大一统国家共同体利益而无法避之的一种模式和精神。至于具体的模式和精神，或许两千多年前的儒家已经提供了一种答案：

> 大道之行也，天下为公。选贤与能，讲信修睦。故人不独亲其亲，不独子其子，使老有所终，壮有所用，幼有所长，矜、寡、孤、独、废疾者，皆有所养，男有分，女有归。货恶其弃于地也，不必藏于己；力恶其不出于身也，不必为己。是故谋闭而不兴，盗窃乱贼而不作，故外户而不闭。是谓大同。（西汉·戴圣《礼记·礼运》）

事实上，"'家国天下'将个人抱负、集体寄托、民族理想融为一体，喻示着一种超迈的道德理想和人间情怀，道出了中国特有的文明架构"[①]。故也不妨说，"家国天下"是"'天下一家''中国一人'的社会理想"[②]，是中华文明长期延续的观念基础，它是历史豪情，也是历史担当。

以和为贵

贵和是中国古代哲学的主导思想，也是中华生态伦理道德的核心理念和重要精神。"中国人有着天、地、人、物、我之间的相互感通、整体和谐、动态圆融的观念与智慧。"[③]如儒家要求"制礼作乐"，以"有为"来维护社会和谐；道家追求"顺应自然"，要求以"无为"来保持社会安宁；[④]佛家提倡"慈悲、

---

① 杜黎明：《"家国天下"是豪情更是担当》，《人民论坛》2017.04上，第36—38页。
② 郭齐勇：《中国文化精神的特质》，生活读书新知三联书店，2018，第13页。
③ 郭齐勇：《中国文化精神的特质》，生活读书新知三联书店，2018，第80页。
④ 汤一介：《和而不同》，辽宁人民出版社，2001，第68页。

兼容、净化心灵"①，以"圆融""平等"来促使社会和平与心灵和平的契合②。也正如汤一介所言："普遍和谐"的观念是"天人合一"的基本命题和"体用一源"的思维模式的产物，包括了自然的和谐、人与自然的和谐、人与人的和谐以及人自身内外身心的和谐，是儒、释、道三家共同的思想旨趣。③

中国传统社会十分重视以和为贵，试图通过协调人与人、物、自然，甚或物与物、自然之间的关系来实现整体的和谐。在中国古代，由于自然经济的农业长期成为文明发展之本，孕育了关于人与自然、人与社会求"和"的基本关系的认识体系。古人深知，群体赖以生存和发展的除了秩序，还有协调与和谐，当然它们是相互促进的。实际上，中国传统社会的建构，长期以来主要靠的还是"礼治"这一系统的治理智慧与制度。所谓"礼序乐和"④，就是要通过礼乐来追求国家与社会的和谐有序。"礼乐文化不仅促进社会秩序化，而且有'谐万民'的目的，即促进社会的和谐化并提升百姓的文明水准。"⑤当然，这样的目标也是基于和协同"血缘宗法""家国天下""天下大同"等社会伦理道德观念与行为来加以实现和维系。

中国传统的贵和精神表现在诸多方面。所谓与人和，就是以倡导伦常、仁德和礼仪的培养，去达至人际间的"和"谐关系；与物和，就是基于儒家推己及人的"仁民而爱物"，达至人欲与物质生产，两者相持而长的双赢局面；与自然和，就是讲求"与四时合其序"，达到"天人合一"的最真最善最美之境界。如处理社会关系层面，具体就人际关系而言，它主张和睦相亲、和衷共济，

---

① 楼宇烈：《论佛教的和平精神》，《中国宗教》2006年05期，第16-17页。

② 李向平：《和合为尚——佛教和平观》，宗教文化出版社，2003，第93页。

③ 汤一介：《中国哲学中和谐观念的意义》，载《新轴心时代与中国文化的建构》，江西人民出版社，2007，第91页。

④ 见《礼记·乐记》："乐者，天地之和也；礼者，天地之序也。和故百物皆化，序故群物皆别。"

⑤ 郭齐勇：《中国文化精神的特质》，生活读书新知三联书店，2018，第86-87页。

强调"与人为善""和气致祥';就家庭关系而言,它告诫人们要"同甘共苦,相敬如宾""家和万事兴""和睦安乐";就经营之道而言,它提醒人们"和气生财";就国家治理而言,它建议"和合善治",期望"政通人和""上下和合,世俗盛美";就国际关系而言,它主张"多极共存""和平共处""协和万邦""万国咸宁""天下一家"。中国人始终认为,祥和之气是最可贵、最美好的。

为了维护和谐、稳定、均衡,中国人养成了中庸的民族性格,并始终对失和、失度、失衡保持警惕。中庸强调"中"道,讲求适中、协和,要求"通过对持中原则的体认和践履,去实现人与人之间、人与社会之间、人与天道之间的和谐与平衡"①。但同时也要看到,"和实生物,同则不继"。(《国语·郑语》)故中庸所要求的"和"又不是苟同,更不是完全相同、毫无二致。中庸在求"和"的同时,也强调"求同存异",共荣共生,即主张在"同"与"异"之间保持一种动态平衡和良性张力,它追求的是一种更高层级的多样统一的理想状态。②也即孔子所说:"君子和而不同,小人同而不和。"(《论语·子路》)进一步而言,这又养成了中国人包容的民族性格。这种民族性格,不仅使中国人对外来文化能够兼容并包,而且促进了统一的多民族国家的形成。可以说,在中国,以和为贵、和合共生不仅是普遍共识,也成为一种民族心理,它始终是中国人和解、礼让的处事原则,与人为善、宽厚待人的交往原则。

同时,由于重视人与自然的和谐,使得中国自古重视生态伦理,自觉维护生态环境。进而使人们在生产生活中领悟到,人一方面要学会顺应自然,另一方面又要懂得积极主动地改造自然。在自然生态维度下,敬畏自然,敬畏生命,互惠共生,知行合一,亦增强了人与自然乃至天下万事万物共生共荣的命运共同体意识。如所谓"天地与我并生,而万物与我为一"(《庄子·齐物论》),"盖天

---

① 张岱年、方克立:《中国文化概论》,北京师范大学出版社,2019,第295页。
② 田嵩燕:《以和为贵 和合善治——中国古代和平理念与实践》,《学习时报》,2020年2月24日,03版·中外历史。

地万物，本吾一体"（《中庸章句》），"协和万邦"（《尚书·尧典》），"人生不能无群"
（《荀子·富国》），"四海之内若一家"（《荀子·王制》），"和合天下"等等，浩瀚如
海。中华民族把人与自然看作是一个和谐的复合整体，把保护自然作为人类伦
理道德的首要准则，摈弃了人类中心主义的狭隘观念，强调人应遵循天地和德
的"天人合一"观念。可以说，这种主张人与自然互惠共生的生态和谐观，正
是生态文明建设的根本主旨。

　　总之，在中国传统文化中，以和为贵的精神及其行为践履无处不在，对民
族性格、精神和习俗都产生了深广影响。事实上，天地万物是一体的、共同的、
一损俱损，一荣俱荣。当下，人类共同面临着不少人与自然冲突而产生的生态
危机，且由此还蔓延到人与社会、人与人、人的心灵、文明之间等等方面的冲
突。① 所以，贵和精神对于今后人类通过有意识地合理利用和改造自然来保持
人类的可持续生存，维护自然生态的稳定与完整，乃至整个地球人类的太平，
将能继续提供强大的文化动力。

① 张立文：《中国传统文化与人类命运共同体》，中国人民大学出版社，2018，第90页。

第二章

中国传统生态思想渊源

中国传统文化思想对人、社会和自然之间的关系有着深刻的理解。

西周，阴阳、五行就已具备解释自然与社会现象的普遍意义。阴阳五行学说构成了中国古代自然科学与哲学的思想基础。《周易》是先秦时代饱含中华智慧的哲学著作，它提出了许多朴素、直观的哲学概念，包括蕴涵"反复"思想的"循环观"，对中国哲学思想发展的影响巨大。老子提出哲学命题"万物负阴而抱阳，冲气以为和"（《老子·四十二章》），把"阴阳"概念提炼、抽象出来纯粹作为"道"所化生万事万物的两种属性规定下来。孔子很少谈论"天道"，但其"逝者如斯夫，不舍昼夜"（《论语·子罕》）之类，使昼夜、松柏、山川、云雨与人，也开始了"亲和"关系。

毫无疑问，不论是孔子的"知者乐水，仁者乐山"（《论语·雍也》）等儒家真言，还是老子的归真返朴、清静无为、顺应自然等道家真义，抑或是《周易》朴素的循环观，阴阳五行学说的阴阳相生、五行相生相克的哲学基础，它们都深深地植根于中国传统文化的各个层面，悟得了宇宙间万物悠久持续的循环过程中对立面相互排斥又相互贯通，以及万物互相感应维系、互为因果等等规律。这些，正是中国传统文化中的生态思想的渊源。

一、易学：一阴一阳，反复其道

中国古代最早的哲学，可说是阴阳易文化，具备解释自然与社会现象的普遍意义。按冯友兰的话说，"以阴阳解释宇宙现象，虽仍不免笼统混沌之讥，然比之以天帝鬼神解释者，则较善矣"。[①] 后与《周易》合流，是为"易文化"，或说"阴阳八卦说"，之后又演变生成"阴阳五行说"，两者相辅相成。

《周易》

《周易》是《易经》和《易传》的合称。其中，《易经》，即《周易上经》，大约产生于西周初年，是古代的一部算卦（卜筮）的书，包括由八卦推衍出的六十四卦的卦象、卦辞和三百八十四爻辞，传说为伏羲氏始作。《易传》，也称《周易大传》或《十翼》，是十篇解释《易经》的著作的总称，相传出于孔子之手，而又非孔子一人所作。《周易》是先秦时代一部饱含中华智慧的哲学著作，它提出了许多朴素、直观的哲学概念，并将天道、人道、地道贯穿起来，强调在天人关系中，要遵循自然规律，对后来中国哲学思想发展的影响巨大。

《周易》具有独特的万物"循环"思想。中国先民在原始的日常耕作中，由于需要时时刻刻与自然的天（天气）、地（地理环境）以及万物相处交流，从而由天体、四季和自然生态的种种更迭循环的运动中，体悟出自然万物循环的规律，因而孕育出一套独特的万物"循环"思想。这套被称为"循环观"的认知思维，首先经历日常的农耕活动验证，然后渐渐发展成理论，被纳入以《周易》经书为主的论著中而确立下来。

《周易》看到了宇宙间万物不仅是不断运动变化的，而且是有主宰自然变化历程的反复周期性规律的，并对此给予高度重视。中国先民认为，自然界一

---

① 冯友兰：《中国哲学史·上》，华东师范大学出版社，2013，第28页。

切有形的具体事物，均由生机勃发、运动不息的无形之气变化而成，气是构成万物的本原，气的运动取决于气自身所固有的阴和阳两个方面的相互作用，而阴阳之间相反相成就是天地万物间发展变化的规律，即循环—往复自然的周期性规律。如《周易》提出：

生生之谓易。(《易传·系辞上》)

一阴一阳之谓道。(《易传·系辞上》)

日往则月来，月往则日来，日月相推，而明生焉。寒往则暑来，暑往则寒来，寒暑相推，而岁成焉。往者，屈也；来者，信也；屈信相感而利生焉。(《易传·系辞下》)

反复其道，七日来复。……复，其见天地之心乎！(《易传·复象》)

这几句不仅说明了宇宙间万物不仅是不断运动变化的，而且宇宙间一切事物的规律就是一阴一阳相互转化、相互推移的规律。宇宙间一切事物都是依据一定的秩序永久进行。宇宙间事物的"往来"，都像日月、寒暑的往来一样，这就是宇宙间事物变化所依据的一大规律。

然而，天地万物的这种循环，又不是简单的重复，《周易》又说：

无往不复，天地际也。(《易传·象传》)

无平不陂。(《易传·泰卦》)

中国先民认识到天地万物的这种往复自然的规律，它包含了往返的运动和在交替中进行的波律式阶段性运动这两种循环法则。这种周期性是由一系列的"革"（否定）所形成的，如又说"天地革而四时成"(《易传·节象》)，一年四季周而复始的变化由好几个否定的环节联结而成，呈现出明显的阶段性。这是中国先民对辩证法否定之否定规律的一种初步认识。也因此，古代中国人认为人的行为应当适应自然运行的节律，要服从客观规律。所以《周易》还提出：

> 时止则止，时行则行。动静不失其时，其道光明。（《易传·象传·艮卦》）

事实上，天地万物，恒常有序，任何领域的物质形态在变化中总有某种必然性、稳定性、重复出现的秩序与周期性。日月星辰按一定的轨道运转，春夏秋冬按一定的顺序更替，动植物按一定的阶段生长和灭亡。如果没有这种秩序，人们就无法计划自己的行动，估计行动的后果，就无法生活，更谈不到认识世界和改造世界。

无限循环的宇宙不是各种孤立事物的简单组合，而是由形形色色、千差万别的事物构成的有机整体。中国古人正是从自然事物的循环与天体气象循环的相似性，联想到万物背后也应该有某种隐藏的脉络性关系，这种思想孕育了先民对自然万物关系——万物互维，即事物普遍联系规律的认识。《周易》说：

> 泰，……则是天地交而万物通也，上下交而其志同也。（《易传·泰彖》）
>
> 天地感而万物化生。（《易传·咸彖》）
>
> 天地不交，而万物不兴。（《易传·归妹彖》）
>
> 天地解而雷雨作，雷雨作而百果草木皆甲坼。（《易传·解彖》）
>
> 乾，阳物也；坤，阴物也。阴阳合德，而刚柔有体。以体天地之撰，以通神明之德。（《易传·系辞下》）

这些都反映古人"以个人生命之来源为根据，类推万物之来源"，"以'男女构精，万物化生'之事实，类推而定为'天地姻缊，万物化醇'之原理"；

并且认为，"因乾坤之交感，而乃有万物，而乃有发展变化"。[①]

《周易》还提出了对立两方面的相互推动是变化的根源的深湛观点。所谓"刚柔相推而生变化""一阴一阳之谓道"（《易传·系辞上》），就说明了"阴"与"阳"对立的两个方面相互推移相互转化的关系，即对立面相互转化是世界的普遍规律。《周易》认识到自然万物其实亦维系于一种"相反相成"的二律矛盾中，这就是辩证的对立统一规律。《周易》说：

> 一阴一阳之谓道；继之者善也，成之者性也。（《易传》）
>
> 乾，阳物也；坤，阴物也；阴阳合德，而刚柔有体，以体天地之撰。（《易传·系辞下》）
>
> 革，水火相息，……革而当，其"悔"乃"亡"。（《易传·节象》）

可以看出，《周易》辩证法的最基本范畴是阴阳之道，它指出的各种各样的对立，如天与地、乾与坤、刚与柔、健与顺、动与静、上与下、左与右、出与入、升与降等等，都是阴阳对立。阴阳不但统摄了万物万象对立的两个矛盾方面，而且在属性相对立的基础上，还存在着互根和消长转化的特性。对立的阴阳双方相互抑制、相互约束，表现出阴强则阳弱、阳胜则阴退的错综复杂的动态联系。《周易》不仅看到了对立的普遍性，而更多的则是看到了对立的统一性，以及对于保持事物动态平衡与稳定的重要性，认为矛盾会令事物失衡，对立面之间激烈对抗、你死我活的斗争会影响事物的恒定安泰的发展，所以主张通过变革的方式恢复事物的和谐统一，即关心的首先是对立面的和谐统一，讲求消融矛盾，以求得事物的"恒定"与"恒动"。正所谓"阴阳合德，生生不息"，即"天地大德，生生不息"。

---

① 冯友兰：《中国哲学史·上》，华东师范大学出版社，2013，第218-219页。

首先，无论什么现象，总是由别的现象引起的，并且也总会引起别的现象。引起某种现象的现象就是原因，被某种现象引起的现象就是结果。原因和结果是客观世界普遍联系和互相制约的一种表现形式。其次，任何事物都有质和量的规定性，都是质和量的统一体，因而事物的发展也是在量变和质变的相互交替循环过程中得以实现。所以，事物的循环就是一种质量互变的因果规律。《周易》讲天地万物的生成过程说：

易有太极，是生两仪，两仪生四象，四象生八卦。（《易传·系辞上》）

有天地，然后万物生焉。（《易传·序卦》）

意思是，天地变化的总过程有一个太极（天地未分的原始的整体、天地万物的最初根源），太极就生出天地两仪，两仪生出春、夏、秋、冬四时（四象），四象生出八卦（分别象征天、地、雷、风、水、火、山、泽），进而演化出万物。

周易八卦卦画符号体系

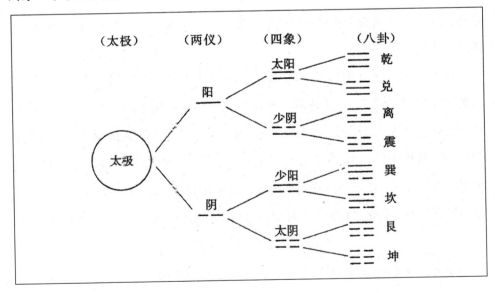

《周易》"反复"思想可以归结为"循环论"。《周易》的书名其实是对"循环观"这种认知思维的最佳确认。"周"字本来就具有"环""旋""绕""复"之意；而"易"一字，从字面上看，上面是"日"字，下面是变形的"月"字，含有日、月（阴、阳）往来运行的含义，正如"日往则月来，月往则日来，日月相推而明生焉"（《易传·系辞下》）。

可以看到，按照诠释"义理"的体系层次上讲，《周易》有其概括天地间万事万物的清晰卦象体系。《易经·序卦传》说"有天地，然后万物生焉"，"盈天地之间者唯万物"，意思是说，天地产生万物，万物充满天地之间。所以，《易经》就以代表天地的乾坤二卦为起始，进而推衍生出象征万事万物的八卦、六十四卦，呈现了一个或相因、或相反的因果联系序列。

事实上，古人把阴阳、八卦移转运用得非常广泛。如"阴阳在气候上表现出寒暑，可以定春、夏、秋、冬四时，可以造十二月令，对春生、夏长、秋杀、冬藏以及二十四节气各种农作物的播种、调配都能安排到"。[①]

《周易》讲宇宙万物生成与循环过程及其各种规律的世界观，虽然总体上是以阴阳的"二进制"为基本形式，但它根植于人类感性经验的基础上，简单质朴，并带有早期的矛盾对立辩证思维特点，在很大程度上支配和影响着中国传统文化的发展。

同时，《周易》还提出了一系列深湛的关于人生之道的哲学观点。《周易》提出的"太和""刚中""天人协调"等观念，把人的作用限于节制、辅助、引导、开发、调整自然，以达到人类与自然的和谐，这些蕴含人为天地所生、人的生命和利益离不开自然环境的协调等思想无疑是比较全面深刻的。从人类的现代实践来看，它比征服、统治自然之说更合理，因而对于中国防止在现代化的进程中重蹈因不合理的工业化进程而陷入环境污染与生态危机的覆辙，具有警示作用。

---

① 李哲主编：《预测推算万年历》，青海人民出版社，2003，第16页。

此外，《周易》所主张的"刚健自强"的乐观向上的人生观，对促进中国文化的兴旺发达、绵延不绝起了巨大作用。《周易》以道德为最高价值，但认为人的知识和物质生活也同样重要，它主张"精义""利用""崇德"三者统一，认为"身"与"心"或物质生活与知识、道德互为培养之资，互为促进，对于当今社会努力使物质文明与精神文明协同发展也具有启示意义。

总之，《周易》实际上是以一种朴素的演绎模式反映了一种朴素的动态的系统"循环观"。《周易》最初是作为一本关于占卜的书，后经融汇和创造性的说解，以其巫术外壳发掘其"义理"，最终成为一个试图对自然、社会乃至人生作出统计解释的体系。《周易》里的古已有之的这些观念，无疑可以作为对中国古代"可持续"生态观念根源的现代诠释。

阴阳五行

与阴阳八卦说相辅相成的是阴阳五行说。它源于先民的生活和生产实践，亦构成了中国古代自然科学与社会科学的思想基础。一般认为，五行说是由八卦说演变而来，并吸收了其天（阳）地（阴）生成万物思想，将其发展为元气生成万物的观念。

"五行"记载最早见于《尚书·洪范》。其在列举"九畴"时说：

五行：一曰水，二曰火，三曰木，四曰金，五曰土。水曰润下，火曰炎上，木曰曲直，金曰从革，土爰稼穑。

水火者，百姓之所饮食也；金木者，百姓之所兴作也；土者，万物之所资生，是为人用。

单就"五"而言，它实在是中国神秘数字中最重要的一个。在中国传统的术数文化体系里，一方面，"五"同其他数字一样，并不单纯表示具体的个数数目，也有"指《河图》《洛书》中化生万物的天地之数。它在天为"一、三、五、七、九"这五个阳性质生奇数，表示事物的发生；在地为"二、四、六、八、十"这五个阴性质成偶数，表示事物的生成"。[①] 进一步而言，"五"在天地之数中，亦还指代东西南北中五个方位中的"中"，指代人体肾肝心肺脾五脏中的"脾"，指代春夏长夏秋冬五个传统时序中的长夏，指向人之"五事"：貌、言、视、听、思，还在五行中与万物之本的"土"对应，等等。这些似乎还契合了中国古人崇尚"中和"的神圣象征。当然在五行中，"五"还被当作是一个既具象又抽象的逻辑演绎符号。这些，都足见"五"的重要与神秘。[②]

　　"行"，有两层涵义：一是指行列、次序；二是指运动变化。因此，可将"五行"定义为：木、火、土、金、水五种物质及与之相关的不同事物之间的联系和变化。《尚书·洪范》又曰："……八、庶征：曰雨，曰旸，曰燠，曰寒，曰风，曰时。五者来备，各以其叙、庶草蕃庑。"意思是说，金木水火土如果按正常运转，世上的事物就会蓬勃顺利发展，反之呈凶兆，这也说明人和自然界的关系是通过五行的相生相克来运转关联的，人的德操等一举一动无不纳入这种天人感应之中。

　　战国晚期，邹衍在阴阳基础上提出了"五行论"，并试图说明事物运动变化的普遍的规律。五行论认为自然万物的五种基本属性：水、火、木、金、土，它们之间周而复始，生克化制，构成了一个整体关联的宇宙图景。至西汉，董仲舒将阴阳与五行合流形成一个完整体系。他通过阴阳五行把天与人的关系更加具体化，用以强调天人感应、天人合一。不过，他也使之成为了支持"君权神授"学说的理论框架。

---

① 王玉德、林立平，等：《神秘的术数：中国算命术研究与评判》，广西人民出版社，2003，第30页。
② 王玉德、林立平，等：《神秘的术数：中国算命术研究与评判》，广西人民出版社，2003，第31页。

就性质而言，五行学说总体上还是古贤用以解释世界和探求自然规律的一种自然观和方法论。五行的特性，虽然来源于对木火土金水五者的具体观察，但却是古人在日常生活实践中，通过长期观察，抽象出五行的特性，并以此归纳各类事物的特点，作出演绎分析抽象概括的结果，超脱了它们本身的具体性质，而具有更为广泛更为抽象的涵义。五行学说不仅用于归类推衍自然界万物，更重要的是以相生、相克等关系来探索和阐释复杂系统内部各部分之间的互相联系和自我调控机制。

　　古人认为，事物之间存在着两种最基本的关系。其中之一，便是相生关系。所谓"相生"，指五行中某一行事物对于另一行事物具有促进、助长和资生作用。汉代董仲舒《春秋繁露·五行对》说："天（自然界）有五行，木、火、土、金、水是也，木生火、火生土、土生金、金生水，水生木。"一年之中，对应于五行的春、夏、长夏、秋、冬依次出现；生物在一年中的生、长、化、收、藏等的变化，都体现着相生关系。生命活动中同样存在着这类现象。这属于自然界的正常现象，正是由于相生的积极促进作用，自然界才有繁茂的景象，生命过程才会生机旺盛。

五行生克、方位

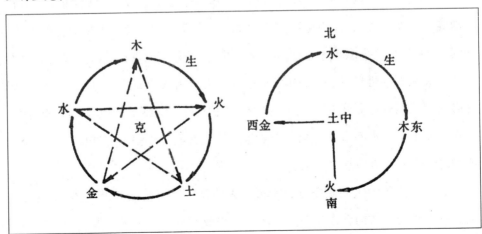

事物之间的另一种基本关系就是五行的相克。所谓"相克"，指五行中某一行事物对于另一行事物具有抑制、约束、削弱等作用。又称"相胜"。《素问·宝命全形论》指出："木得金而伐，火得水而灭，土得木而达，金得火而缺，水得土而绝，万物尽然。"正是由于这类机制的存在，自然界才得以既生机蓬勃，又不至于亢而为害。

五行相生和相克是同时存在、相互联系的，体现为"生中有克"和"克中有生"。只有这样，自然界才能维持协调有序，人也能维护生理稳态，这被称作"生克制化"。根据生克次序，对五行中的任何一行来说，都存在着"生我""我生"和"克我""我克"四个方面的联系。就木而言：木之"生我"者为水，"我生"者为火，"克我"者为金，"我克"者为土。可见五行中任何一行都受着其他四行的不同影响，任何一行又可以不同方式影响其他四行。进一步说，"生我"和"我生"是五行中的相生，但生中有制。如木生火，火生土，土生金，金克木；而土又生金，金通过水促进水生木。这样，依次相生，间有相克；依次相克，间有相生，生克有序，生化不息，维持着事物的协调平衡。

古人对五行生克机制的认识，存在着"常胜"和"无常胜"两派。"无常胜"派主张五行的相克关系是相对的、辩证的。如《孙子兵法·虚实》中提出了"五行无常胜，四时无常位"的重要命题。墨家学说的核心思想也是"五行无常胜，说在宜"，意即相克不仅和性质有关，还取决于双方力量对比的多寡、强弱。"火烁金，火多也；金靡炭，金多也。"（《墨子·经说下》）这体现了对自然界制约关系复杂性的认识。《内经》提出了相乘相侮的概念。也正是在这一观念启迪下，明代赵献可在《医贯》中探讨了五行（五脏）相生关系的相对性，认为金能生水，水亦有助于金；土既生金，金亦能助土……。这样，就更符合事物之间错综的协调制约关系。

此外，按照中医的阴阳五行学说，人体是一个有机的和谐整体。《黄帝内经》把人的身体结构看作是自然界的一个组成部分，提出了"天人相应"的医疗原则，主张把生理现象与自然现象相联系来治疗疾病。中医理论认为，任何一个腑脏组织的生理活动，都是与整个身体的生理活动密切相联系的，腑脏要素影响着身体整体，身体整体也制约着腑脏要素；而且它们的关系又是向环境开放的，受环境相互制约的。由此可见，中医的整体的辩证施治观点，也十分明显地体现着朴素的开放系统的思想。

二、儒家：仁民爱物，以人为本

历史上经过各家学说的长期竞争，凝结了深湛智慧的儒家学说可以说获得了最广泛最久远的流传，对于中华民族的精神发展起了非常重要的推动作用，在一定程度上成为中华民族共同心理的铸造者。特别是儒家把"仁爱"思想从家庭扩展到社会，再从社会扩展到自然万物，它表明，中国传统的文化，已经把人与自然的关系纳入到道德领域来思考。可以说，在当代中国把伦理关系作为人与自然关系的重要方面，把生态道德作为生态文明的重要内容，既符合实现可持续发展的实践需要，又是对中华民族传统文化优秀成果的继承和发扬。

孔子

孔子（前551—前449）是儒家的创始人。

孔子提出的最高原则是"仁"。"仁"的主要含义是"爱人"，亦即"己欲立而立人，己欲达而达人"（《论语·雍也》）。这一原则含蕴一个基本前提，即承认别人和自己都是人。所谓"性相近也，习相远也"（《论语·阳货》），这可以谓之同类意识。孔子实现"爱人"的这一主张还要求统治阶级体察民情，反对苛政，要遵循"忠恕"之道，要"己所不欲，勿施于人"（《论语·颜渊》《论语·卫灵公》），"克己复礼"（《论语·颜渊》）。这是一种深湛的思想，显然兼顾了人我两个方面，有利于调节人与人之间的关系。当然，孔子一方面宣扬"爱人""仁民""泛爱众"（《论语·学而》）；另一方面却又区分贵贱等级，强调"贵贱不愆"[1]，表现了明显的阶级性。显然也有别于墨家墨子"不别亲疏、不分远近的普遍的爱"[2]。

孔子像
采自(明) 王圻 王思義《三才图会》

两千多年前的孔子也提出了"中庸"，认为它是最高的品德。所谓"中"即适中、不偏，也即"天下之正道"（《中庸·程子提示》）；"庸"为用、不易，也即"天下之定理"（《中庸·程子提示》）。孔子认为，"过犹不及"（《论语·先进》），任何事情都有一个适当标准"中"，超过它就是"过"，没有达到就是不及。事实上，无论在自然界或人类社会里，在事物的发展过程中，必须保持平衡，不走极端，才能避免走向反面，才能维持事物的存在和发展。

当然，与此同时，孔子又主张"毋意，毋必，毋固，毋我"，即反对主观妄测，反对绝对肯定，反对固执不化，反对自以为是。这就表明，孔子在主张"中庸"的同时，也

---

① 据《左传》昭公二十九年记载，孔子批评晋铸刑鼎说："贵贱不愆，所谓度也。……贵贱无序，何以为国？"转自张岱年：《中国伦理思想发展规律的初步研究；中国伦理思想研究》，中华书局2018年版，第159页。
② 张岱年：《中国伦理思想发展规律的初步研究；中国伦理思想研究》，中华书局2018年版，第160页。

反对不顾一切地拘守某一固定标准，即肯定做事应具有一定的灵活性。这也反映了一定的辩证观念。①

"中庸"无疑具有很大的普遍意义。"中庸"调和的方法意味着在事物或情况的复杂序列中，在两极之间的过渡带中寻找一个适当的标准，这是合理的。如《周易大传》提出的"刚健中正""时中"十分重视"中"的概念，并与"保合太和""天下和平"的"和"概念密切联系；儒家倡导一种讲求节制的折衷哲学——中庸，以"不偏不倚"而持中的态度去平衡事物，包括适度的索取、以时取物、节俭等生态消费理念；道家以"此消彼长""有余者损之，不足者补之"的方法来中和强弱大小，令事物得以平衡。② 当然，这又恰恰是一个掌握适当的分寸或程度的问题。

孔子很少谈论天道，但谈及人生之道又每每关涉于天道。儒家、道家都以"闻道"为目的，但求道的方法有所不同。儒家以为"道"与"学"是统一的，要通过博学来求道。在对待精神与物质关系方面，孔子认为治理国家应先"富之"然后"教之"，即先解决物质生活的问题，然后再提高人们的精神生活。

所以，一方面，儒家承认天命，"知天畏命"，敬畏和遵从自然界的客观规律。如孔子主张适度索取，谓"钓而不纲，弋不射宿"（《论语·述而》），即钓鱼但不用网捕鱼，虽然射鸟但不射杀宿巢的鸟。又说："刳胎杀夭则麒麟不至其郊，竭泽而渔则蛟龙不合阴阳，覆巢毁卵则凤凰不翔。"（《史记·孔子世家》）这些都态度鲜明地反对过度利用和索取自然资源，亦反映出了儒家一种可持续的生态资源节用观。③

---

① 程宜山、刘笑敢、陈来：《中华的智慧》，中华书局2017年版，第13—14页。程宜山、刘笑敢、陈来：《中华的智慧》，中华书局2017年版，第13—14页。
② 梁町：《"可持续设计"本土化的探讨及对中国工业设计教育的启示》，长沙：中国国家工业设计教育会议，2002.10.09。
③ 任俊华、刘晓华：《环境伦理的文化阐释——中国古代生态智慧探考》，湖南师范大学出版社，2004，第166—175页。

另一方面，儒家也主张不废人事。传说孔子晚年著《易传》，这表现了积极有为的精神，也是孔子学说的进一步的发展。孔子确信，世界万物包括人的一生追求的目标就是悠久持续的发展。《易传》提出：

天行健，君子以自强不息。（《易传·象传·乾卦》）

地势坤，君子以厚德载物。（《易传·象传·坤卦》）

这两句是说，"天"的本性是运转不息、刚强不屈的，人应效法天，自强不息，永远努力向前；"地"的本性是顺天而动的，人应效法地，宽以待人，以厚德育人。《易传》提出这两条非常重要的人生原则，这两句名言，对于中华民族的精神发展起了非常重要的推动作用，凝结了儒家学者的深湛智慧。

与此同时，中国人偏爱恒久。因为他们相信，世界万物具有空间上的广延性（就是具有一定体积、占据一定位置）和时间上的持续性，并且无限的时间与空间在经久的演变中能产生的能量，可以修复和孕育万物。孔子说：

不息则久，久则征，征则悠远，悠远则博厚，博厚则高明。博厚所以载物也，高明所以覆物也，悠久所以成物也。……天地之道，博也，厚也，高也，明也，悠也，久也。（《礼记·中庸》）

知者乐水，仁者乐山。知者动，仁者静。智者乐，仁者寿。（《论语·雍也》）

意思是，不息就能持久，持久就会产生效验，效验就能悠远无穷，悠远就能广博深厚，博厚就能高大明亮。博厚，用来承受万物；高明，用来覆盖万物；悠久，用来成就万物的生长。……天地之道，真是广博、深厚、高大、明亮、悠久、无穷。继而，"乐山乐水"，与自然万物和谐共存，可以长寿。即使是"饭疏食饮水，曲肱而枕之，乐亦在其中矣"。（《论语·述而》）

事实上，宇宙间一切事物，不论大小，都处在永恒的变化和运动之中，没有任何事物是不变的。不变就不能长久，宇宙的永恒正是在不断的运动和变化之中得以保持。不但自然界如此，人类社会也如此。

孟子

孟子（约前385——前304）是儒家学派的主要继承人，与孔子并称"孔孟"。孟子在哲学上继承了孔子的天命思想，并进一步提出了仁民爱物，以人为本的和谐生态思想。

孟子明确主张天赋道德的"性善论"。这也可说是关乎人与自然的伦理关系，亦是孟子"仁政"学说的理论基础。孟子说：

人性之善也，犹水之就下也。人无有不善，水无有不下。今夫水，搏而跃之，可使过颡；激而行之，可使在山。是岂水之性哉？其势则然也。人之可使为不善，其性亦犹是也。（《孟子·告子上》）

大意是，人性的善良好比水性的向下，人性没有不善良的；人之所以会做坏事，是因为形势所致，并非人的本性。

在肯定了人的善良本性后，孟子主张把爱心从家庭扩展到社会，再从社会扩展到自然万物。

在政治上，孟子主张统一天下，施行仁政。他说："人皆有不忍人之心。先王有不忍人之心，斯有不忍人之政矣。"（《孟子·公孙丑章句上》）"君子创业垂统，为可继也。"（《孟子·梁惠王下》）"夫仁政，必自经界始。"（《孟子·滕文公上》）"民之为道也，有恒产者有恒心，无恒产者无恒心。"（《孟子·滕文公上》）孟子认为君子开创事业，为的是让后代继承，应该建立在一种"不忍人之心"的同情仁爱之心基础上，并且应该实行井田制来划分整理田界。因为只有使人民拥有"恒产"，固定在土地上，安居乐业，他们才不会去为非作歹，触犯刑律。在孟子看来，保障了人民的物质生活，君子再兴办官学，倡导私学，以孝悌之道教化人民，引导他们向善，"亲亲""长长"的良好道德就能蔚然成风，正所谓：

人人亲其亲、长其长，而天下平。（《孟子·离娄章句上》）
老吾老以及人之老，幼吾幼以及人之幼。（《孟子·梁惠王上》）

正因为如此，孟子认为统治者实行仁政，就可以得到天下人民的衷心爱戴和拥护，也即：

仁人无敌于天下。（《孟子·尽心下》）

在社会分工方面，孟子主张"劳心者治人，劳力者治于人"。他说：

子不通功易事，以子羡补不足，则农有余粟，女有余布。子如通之，则梓匠轮舆皆得食于子。（《孟子·滕文公下》）
且一人之身，而百工之所为备。如必自为而后用之，是率天下而路也。故曰：或劳心，或劳力；劳心者治人，劳力者治于人；治于人者食人，治人者食于人，天下之通义也。（《孟子·滕文公上》）

这里，孟子道出了一个朴素的真理。一个人，吃的除外，用的要百工提供，如果都要自己生产，只能使天下的人疲于奔命。孟子的这种主张，如果用阶级观点看，似乎会产生这样的歧义，即只要有脑力劳动和体力劳动分工就一定会对立，就是一种阶级剥削。当然，这或是极具贬义的"断章取义"。孟子的这种主张，历史辩证地看是对的，"何况他所讲的是尧舜时的那种理想政治"①。更何况，孟子主张施行"仁政"，主张"人心善"，这乃是其思想的基石。事实上，人类的文明也正是从社会分工开始的，在一定的历史时段里，农业、牧业、手工业、商业之间，乃至脑力劳动和体力劳动之间，都是不可或缺的。

在修身养性方面，孟子认为仁、义、礼、智是人生来就具备的四种品德，并要求人们重视内省的作用。因为人只有通过内省去恢复、保持和扩充它，才不至于丧失"良知""良能"这些善的品质，即可实现"仁政"理想。基于此，孟子不但提出了"仁政"的思想，还进一步意识到，统治者如何对待人民所带来的"民心向背"，是关系国家治乱兴亡、关乎得失天下的关键所在，进而提出了一个富有民主性精华的著名命题，这就是：民为贵，社稷次之，君为轻（《孟子·尽心章句下》）。意思是说，人民放在第一位，国家其次，君在最后。也可以这么说，因为有了人民，才需要建立国家；有了国家，才需要有个"君"。从这个意义上讲，施行"仁政"也可说是一国之君应该具备的"良知""良能"。

对待自然万物方面，孟子的"仁爱"极具生态道德的含义。他说：

虽有智慧，不如乘势；虽有镃基，不如待时。（《孟子·公孙丑上》）

牛山之木尝美矣，以其郊于大国也，斧斤伐之，可以为美乎？是其日夜之所息，雨露之所润，非无萌蘖之生焉，牛羊又从而牧之，是以若彼濯濯也。……苟得其养，无物不长；苟失其养，无物不消。（《孟子·告子上》）

意思是说，虽有智慧，不如借助形势；虽有锄头，不如等待时机。牛山上的树木曾经非常繁茂，但人们经常去砍伐，在此放牧，它怎能枝繁叶茂呢？假若得到养护，没有东西不生长；假若失去养护，没有东西不消亡。由此可以看

---

① 田昌五：《华夏文明的起源》，中国国际广播出版社，2010，第5页。

到，对于自然资源，孟子不仅主张以时养物，还主张以时取物，不要无节制地索取和掠夺，否则只会导致生态的破坏，只会万物俱消。这可说是对人们诚恳的生态劝告。

孟子是中国哲学史上第一个系统地提出并讨论人性问题的思想家。显然，孟子对人类道德生活的可能性与重要性做出肯定的"人性之善"的观点，使今天的人类在发展的进程中不断反省过去以开创未来成为了切切实实的可能。当然，孟子还认为，人不应只以物质利益为追求目标，不应苟且偷生，相反，道德原则更值得追求，因而主张讲仁义，少讲利益，以免人人争利，这样国家就危险了。事实上，孟子既承认客观规律，但又比孔子更重视人的主观能动性，这实则是因为他实实在在地看到了人性之善和人民的力量，所以他认为：

> 天时不如地利，地利不如人和。（《孟子·公孙丑下》）
>
> 天之高也，星辰之远也，苟求其故，千岁之日至，可坐而致也。（《孟子·离娄下》）

意思是说，天时、地利都不及人和的力量；天即使再高，星辰即使再远，但只要找到其规律，那么即使一千年以后的冬至，也可以坐而推算出来。

荀子

荀子（约前313—前238），深思博学，以孔子、仲弓的继承者自居，其思想学说以儒家为本，维护儒家的传统，但也兼采道、法、名、墨诸家之长。荀子继孔子中心思想"仁"、孟子中心思想"义"后，不但更加重视"礼"，也进而提出了"法"。在荀子看来，重视人的物质需求的同时，应该坚持礼治原则，发展经济要和礼治法治相结合。

荀子的礼法政治思想可说是建立在他性恶论的基础上。荀子同孟子，一方面皆尊崇孔子，亦维护周之礼制，但另一方面，同孟子的性善论相比，荀子则是批判地主张，人性有恶。荀子认为"人之性恶，其善者伪也"（《荀子·性恶》），即人的本性是恶的，那些善良的行为是人为的。当然，与此同时，荀子认为人的本性具有恶的道德价值，他说：

生之所以然者谓之性，不事而自然谓之性，性之好恶、喜怒、哀乐谓之情。（《荀子·正名》）

礼有三本：天地者，生之本也；先祖者，类之本也；君师者，治之本也。无天地恶生？无先祖恶出？无君师恶治？三者偏亡焉，无安人。故礼，上事天，下事地，尊先祖而隆君师，是礼之三本也。（《荀子·礼论》）

可以看出，荀子所论及的人性，其本质恰是无谓善恶的"本始材朴"之自然之性，所以，人性既有转化为恶的可能，也有发展为善的机会。进而言之，荀子在否认天赋道德观念的同时，强调后天环境和教育对人的影响，重视社会上人们行为的规范。这显然超出了孔子、孟子在修身与治国方面提出的竭力"克己""修身""为仁由己"，不断扩充"恻隐之心""羞恶之心""辞让之心""是非之心""求其放心"，以及恢复人之"良知""良能"的浓厚理想主义成分。故而，荀子反对神秘主义思想，重视人为的努力，主张从具体社会实践规范和原则出发，重视社会秩序，并由圣王及礼法教化，来"化性起伪"使人格提高。当然，他在重视礼义道德教育的同时，也强调了政法制度的惩罚作用。

荀子在主张"圣三之制"的同时，也极为重视天（自然）人关系。首先，荀子也承认自然界规律是不以人的意志为转移的，认为"人"的职能是配合管理天地万物和人自身。他说，"天行有常""明于天人之分""不与天争职"（《荀子·天论》）。其次，荀子认为，"圣王之制"对待和管理自然的理想方式应该是"山林泽梁，以时禁发而不税"（《荀子·王制》），"斩伐养长不失其时"（《荀子·王制》)。也就是说，在利用自然资源方面，应该"禁""伐""养"结合，而不只是单纯的掠夺，只有这样，才会"山林不童，而百姓有余材也"（《荀子·王制》）；同时，还应天时、地利、人和相结合，所谓"上不失天时，下不失地利，中得人和，而百事不废"（《荀子·王霸》）。再次，荀子主张物尽其用，节用御欲。他说："故天之所覆，地之所载，莫不尽其美，致其用，上以饰贤良，下以养百姓而乐安之。夫是之谓大神。"又说：

> 非不欲也，……于是又节用御欲、收敛蓄藏以继之也，是于己长虑顾后，几不甚善矣哉？……彼固天下之大虑也，将为天下生民之属长虑顾后而保万世也。（《荀子·荣辱》）

大意是，并不是不想要，而是节衣缩食，抑制欲望，收藏蓄积财物，以便继续维持将来困顿的生计；这也是天下的远大谋略，是为了长远考虑，顾及以后，而保世代长治久安。

如果说孔子是儒家仁德的初起和中心，孟子发展了儒家的仁政内圣思想，荀子则发展了儒家的礼法，并施外王思想。所以，从荀子的思想来说，他对儒家文化发展起到了承上启下作用及似向法家转变的趋势，后期法家代表人物韩非子、李斯都出其门下，就并非完全偶然。但不管如何，孔子仁民爱物是儒家的根本，即便后继"荀子言法后王，孟子言法先王"[①]，其实都是意在通过人文教化，以诚"化"物，最终实践着"赞天地之化育"（《中庸》）"治国安邦""天地同和"的自然与社会功效，即参与天地之化育，助成天地之化育，"其实一也"[②]。

---

① 冯友兰：《中国哲学史·上》，华东师范大学出版社，2013，第165页。
② 同上。

三、道家：道生万物，道法自然

　　道是中国哲学最基本的范畴之一，是关于宇宙人生的根本问题的解释，是哲学追求的最高智慧。殷周时期，"道"字首见于金文，其原始意义为道路，后来其涵意逐渐扩大，在《尚书》中被引伸为皇天之道、王道和具体的道理和方法，《诗经》中的道亦为道理和方法。到春秋战国，诸子蜂起，百家争鸣，而老子对道作出了全新意义的解说，进而道家也形成了，并成为其中一家。

　　老庄道家思想作为中国文化主流之一，不仅对人与自然的关系结构作出了阐释和规定，蕴含着深刻的生态智慧，而且还提供了人类感知与行为的一般原则和方法，具有普遍的指导意义。《老子·第二十五章》说："故道大，天大，地大，人亦大。域中有四大，而人居其一焉。人法地，地法天，天法道，道法自然。"这被西方许多现代艺术家和设计师认为是"最大的人本思想"和"最符合可持续发展的思想"。伊·普里戈金在他与伊·斯唐热合著的《从混沌到有序》一书中再一次强调了这种观点。普里高津在首次访华的演讲中指出："西方科学和中国文化对整体性、协同性理解的很好的结合，这将导致新的自然哲学和自然观。"总之，老庄哲学不是简单地从现实社会入手思考"礼崩乐坏"，而是试图从历史、政治、成败、存亡、祸福中，抽象出自然万物之"道"。而正是这样一种素朴、真诚的自然观，或许能让人类放眼更远。

老子

　　老子（约前580—前500），以道为其学说的最高范畴，一生修行道德。老子晚年才"著书言道德之意"，是为《老子》，又名《道德经》。《老子》所确立的哲学体系，包括世界本原说、朴素辩证法及认识论等，可谓是"中国古代目然主义哲学的大本营，对后世影响很大"。①

老子明确提出了"天"与"人"合一的"万物一体"思想。他认为，"道"先于世界万物存在，是产生世界万物的神秘本原和自然界的普遍规律，并且处于自发的不断运动之中的，而且亦是万物的归宿。他说：

老子像碑
采自苏州玄妙观

> 有物混成，先天地生。(《老子》第二十五章)
> 道生一，一生二，二生三，三生万物。(《老子》第四十二章)

这里老子讲述宇宙是如何形成的，即道创造万物的过程，可以说由"道"化生出元气，由元气产生阴阳二气，再由阴阳二气和合而产生天地万物。以"道"为基础，老子提出他的朴素辩证法思想，他认为无论自然界还是人类社会，无时无刻不处在运动变化之中。他说：

> 天长地久。天地之所以能长且久者，以其不自生，故能长生。(《老子》第七章)
> 迎之不见其首，随之不见其后。(《老子》第十四章)

---

① 王玉德、张全明：《中华五千年生态文化(上)》，华中师范大学出版社，1992，第102页。

人法地，地法天，天法道，道法自然。（《老子》第二十五章）

老子认为，天下万物，具有无限性，绵延不绝；天长地久的原因，是它们不为自己生存，这是天性之道，也是人要仿效和追求的目标。

老子还概括出万物运动变化之中一系列相互矛盾的范畴。如"有"与"无"、"无为"与"无不为"、"福"与"祸"、"美"与"恶"等，并指出每一矛盾范畴的两个对立面是相互依存和相互转化的。在承认矛盾双方互为存在条件的前提下，老子还认为对立面双方并非一成不变，而是无不向其反方面转化，提出"反者道之动"的朴素辩证法思想，作为事物矛盾转化的普遍法则。如老子说：

万物负阴而抱阳，冲气以为和。（《老子》第四十二章）

祸兮，福之所倚；福兮，祸之所伏。（《老子》第五十八章）

这里老子把"阴阳"概念进行提炼、抽象出来纯粹作为"道"所化生万事万物的两种属性被规定下来：阐述了福与祸二者相互依存不断循环转化的关系。不难看出，古人已经认识到了：事物的属性不是一成不变的，而事物变化成它事物的根本原因无疑是由于其内部阴阳属性的相互转化。如果说"阴阳相长"是一个量变过程的话，则阴阳转化往往表现为量变基础上的阴阳的消长变化超过一定阈值的质变，即"物极必反"。这种互为相应的认识形成了中国古人的一种因果逻辑观，并引申出了两种简单的理念。一是因果报应，如"种瓜得瓜，种豆得豆"是中国传统农业社会的经验与理论，喻示了"一份耕耘，一份收获"的道理；二是因果相续。既然耕耘的努力（原因）会直接影响收获（结果），那么收获的多寡（结果）也自然会影响往后耕作的部署（未来的原因），因果不单会往还相报，而且还会延连相续。

除了论"道"，老子还主张"小国寡民""无为"的乌托邦思想。老子认为，万物从"道"而生，最后又复归于"道"。他说：

　　夫物芸芸，各复归其根。归根曰静，是谓复命。（《老子》第十六章）

　　功成事遂，百姓皆谓"我自然"。（《老子》第十七章）

　　见素抱朴，少私寡欲。（《老子》第十九章）

　　我无为而民自化，我好静而民自正，我无事而民自富，我无欲而民自朴。（《老子》第五十七章）

　　这里，老子劝导人们要减少私心，降低奢望，不要对自然无节制地索取；要回归朴素的天性，重返纯朴的自然状态。显然，老子顺从自然、爱护自然、回归自然的哲学主张，对保护自然环境是有裨益的。这也理应是人类本该有的一种历史观。

庄子

　　庄子（约前369—前286）继承和发扬了老子的思想。自老子从天道自然深入到本体论，在道为"万物之宗"基础上开辟道家学说之先河以后，庄子进一步以道为其学说之核心，展开了他的思想体系。庄子的基本纲领是"天地与我并生，万物与我为一"。（《庄子·齐物论》）他的天人观念与老子的道为产生万物的实在本体说纠缠交织。他说：

　　夫道，有情有信，无为无形；可传而不可受，可得而不可见；自本自根，未有天地，自古以固存；神鬼神地，生天生地；在太极之上而不为高，在六极之下而不为深，先天地生而不为久，长于上古而不为老"。（《庄子·大宗师》）

　　通于天者，道也。（《庄子·天地》）

　　道者，万物之所由也，庶物失之者死，得之者生，为事逆之则败，顺之则

成。(《庄子·渔父》)

在庄子看来，道不仅是产生天地万物的实体，而且支配天地万物的运动变化，是天地万物生长、发展和变化所必须遵守的规律；是合乎于自然的法则；存在于万物的发展变化之中。

在此基础上，庄子还认为，天地万物都是彼产生于此，此依存于彼，这就是彼此同时产生、彼此互转的理论。故而，庄子说："彼出于是，是亦因彼，彼是方生之说也。"(《庄子·齐物论第二》)

庄子对自然现象、社会生活和人类认识中的矛盾有深刻细致的观察。他看到了矛盾的普遍存在，他更重视对立概念间的相互制约关系，他反复论及了许多对立面相互排斥又相互贯通的关系，如"彼此""是非""死生""有无""虚实""大小""成毁""然与不然""可与不可"等等。

此外庄子还认识到，天地万物的联系是无限多样的，如外界环境因素的多样性，如自然环境因素对人的机能的影响的多样性等等，所以要了解天地万物的多样性，必须先弄清每一个具体事物内部各要素之间的各种固有联系。因为，万物规律的信息都互存于事物个体中，事物内部的本质联系才是决定和支配事物发展的过程。所以庄子说：

万物皆种也，以不同形相禅，始卒若环，莫得其伦，是谓天均。天均者，天倪也。(《庄子·寓言》)

正因为如此，中国古人认为，人与外界环境又具有统一性：人与外界环境有着质的同一性，外界环境提供了人类赖以生存的必要条件，即所谓"人与天地相应"。既然万物相互感应维系，交感相错，人在天地间生存，便得与自然相持共生。中国先民的这种万物互维的意识也正是中国人"因时""因地""因人制宜""天人合一"和"天人相渗"等许多观念的由来之一。

庄子在进一步发展老子崇尚自然、自然无为思想的同时，还阐述了自然境界之"道"与人工之"技"之间的关系。《庄子》中"庖丁解牛"的故事，对真正的技艺能够达到最精湛的境界（道）作了最好的诠释。庖丁解牛完全达到的游刃有余的境地，就是基于天人合一观念上的人技融于自然，人巧于自然浑成的境地。

四、墨家：兼爱非攻，节俭不靡

墨子

墨子（前480—前420），名翟，鲁国（一说宋国）人，墨家学派的创始人，著《墨子》一书。墨家学说可归纳为十个方面，即兼爱、非攻、尚贤、尚同、非命、天志、明鬼、节用、节葬、非乐。

墨家论人生之道，与儒家不同。儒家所谓仁是由己推人，由近及远；墨家则主张"兼相爱，交相利"。兼爱的原则是"爱无差等""视人之国若视其国，视人之家若视其家，视人之身若视其身"（《墨子·兼爱中》）。这显然与儒家孟子主张的从血缘感情出发的"仁爱"之心有所不同。对墨子而言，兼爱的理想境界是：

> 天下之人皆相爱，强不执弱，众不劫寡，富不侮贫，贵不傲贱，诈不欺愚。（《墨子·兼爱中》）

当然，贫富贵贱的区别还是存在的，只是不相欺凌，和睦相处而已。同时，"交相利"是指关心着对人的利，只有有利于人者才是爱，是互助。

墨家虽然讲的是人类之间的交相利，但其思想的必然逻辑也包含了人与自然环境之间的交相利，人类通过劳动从自然界里获得了自己的利益。也因如此，

墨子像
采自中国邮政 2000-20 古代思想
家邮票

墨家关于人生的独特见解是肯定人类生活的特点在于"赖其力者生，不赖其力者不生"，禽兽糜鹿等"因其羽毛以为衣裘"，"因其水草以为饮食"（《墨子·非乐上》），人与此不同，农夫必须"耕稼树艺"，妇人必须"纺绩织维"（《墨子·非命》），才能获得"衣食之财"，"士君子"亦必须"竭股肱之力，直其思虑之智"，以"听狱治政"，才能保持国家的安宁，否则"国家乱而社稷危矣"（《墨子·非乐上》）。墨家可以说初步认识了劳动对于人类生活的重要意义，这也表现了高度的智慧。

墨子用"兼相爱，交相利"的原则作为拯救天下的药方，反对穷奢极欲，挥霍浪费的作风，这一原则还表现在墨子作为著名的工匠与学者对于科技作出伟大贡献的众多观点和设计制作之中。《墨子》一书中，有非常丰富的逻辑学、数学、自然科学和技术知识，它们紧密结合，有着科学的学风。例如，他对物体运动中力的运用、杠杆原理、光线直线、光影关系、针孔成像、点线面圆等概念和力学、光学、几何学方面的论证具有先驱意义；他还探究了关于知识和逻辑等问题，其中关于达、类、私三大种属和专名概念的分别以及谓（命、举、加）的逻辑语法等，就已经构成了概念逻辑的基本结构。在中国设计史上，墨子是最为多才多艺的人物之一，自称"上无君上之事，下无耕农之难"（《墨子·贵义》）之"贱人"。墨子的制作非常精巧，常能"巧至能使木鸢飞"（《韩非子·外诸说左上》），"须臾刘三寸之木，而任五十石之重"（《墨子·鲁问》）。

墨子还为古代设计行业提出了重设计功能反对无谓装饰的"质真而素朴"的评判标准，从而将其社会理想落实到极具实践色彩的层面上。如舟车制造方面，墨子非常讲究"用财少"，而得利多，只要能"全固轻利，可以任重致远"（《墨子·辞过》）就可以了。所以，墨子又认为：

> 饰车以文采，饰舟以刻缕。女子废其纺织而修文采，故民寒。男子离其耕稼而修刻缕，故民饥。（《墨子·辞过》

不难看出，墨子具有独到的节俭设计眼光和设计实践。他将设计方法论与功能观念结合起来考虑，并使作用、形式追随功能这一观念在其中得以体现，其著述中"利"的概念的提出使这一观念豁然醒目。

《庄子·天下》说墨者"多以裘褐为衣，以跂蹻为服，日夜不休，以自苦为极"，说明了墨家在生活上同样非常的节俭。事实上，墨子作为春秋战国期间著名的工匠与学者，努力地"独自苦而为义"（《墨子·贵义》），实践着自己的理想和人格。墨子不仅自己以大禹为榜样，还非常苛刻地要求弟子们把吃苦耐劳当作行为的最高准则，凡不能这样做的，"非禹之道也，不足谓墨"（《庄子·天下》）。《史记·孟子荀卿列传》也曰："盖墨翟，宋之大夫，善守御，为节用。"言虽简但意足，充分说明了墨子会用工具的同时，不滥用资源。

五、法家：好利恶害，既智且仁

法家倡导富国强兵、以法治国思想。其思想源头上至春秋管仲、子产，后经战国李悝、吴起、商鞅、慎到、申不害、韩非子等人予以大力发展。法家强调"秉权而立，垂法而治'（《商君书·壹言》）"不别亲疏，不殊贵贱，一断于法"（李悝《法经》），提出了一整套理论和方法，并为后来秦朝建立中央集权提供了有效理论依据，至今仍影响深远。尽管由于处在一个大变革时代，当时的法家不免有极力夸大法律的作用和不重视道德的作用之嫌，然而，毕竟作为其思想源头的被称为齐法家的管仲学派，吸收了道、儒思想，因而，其对于法律的起源、本质、作用以及其同社会经济和时代要求、国家政权的关系问题做出探讨的同时，也同样涉及到了法律司伦理道德、风俗习惯、自然环境以及人口、人性的关系等基本社会问题，并且它是建立在基于人性观的诚信观和义利观之上，是同样能给今天的人们带来关于社会可持续发展的思考和启示。

应该说，春秋战国时期的中国社会正处于土地制度变革、"民众而物寡"（《荀子·富国篇》）、"争于气力"（《韩非子·五蠹》）的时期，仁义道德退而居之，确实反映了当时一定的时代要求。尽管处在如此之时，在努力普及和大大提高铁制工具的生产效率，使个体家庭得以成为基本的生产单位的同时，《管子》突现出的农业经济及生态思想，以及以韩非子为代表的法家主张减轻人民的徭役和赋税，还是难能可贵的。

管子

管仲（前723—约前645），名夷吾，又名敬仲，字仲，春秋时期齐国著名的政治家、军事家，颍上（今安徽颍上）人，史称管子。管仲曾为齐国上卿，辅佐齐桓公成就了霸业。

管仲在辅佐齐桓公时，锐意改革。对外，采取"尊王攘夷"[1]的外交策略，

---

① 见《春秋公羊传》："尊勤君王，攘斥外夷。"

终使齐恒公"九合诸侯，一匡天下"①。对内，则让全民集权于皇权，让齐王运用法治的理念感受到了九五之尊的皇权威严；同时，把人分为"士、农、工、商"四类，认为只有合理使用不同类别的人才能合理良好地促进社会发展。实际上，这也体现了管仲"以人为本"②和"顺民"的思想。他不仅提出"一年之计，莫如树谷。十年之计，莫如树木。终身之计，莫如树人。一树一获者，谷也。一树十获者，木也。一树百获者，人也"（《管子·权修》），充分认识到人对国家兴亡起到的决定性作用；也提出"政之所兴，在顺民心。政之所废，在逆民心"（《管子·牧民·四顺》），强调了政权之所以能兴盛，在于顺乎民心民意，否则，政权就会废弛。不仅如此，还说对民众要"爱之，利之，益之，安之"（《管子·枢言》），使百姓安于本国、尽心劳作，并指出此"四者，道之出。帝王者用之，而天下治矣"（《管子·枢言》）。可以说，管仲用法家思想和规章制度来集中治理国家，其一系列措施和主张奠定了法家思想的早期雏形。

《管子》一书可谓管仲学派智慧的结晶。

管子像
采自（明）王圻 王思義《三才图会》

---

① 见曹操：《短歌行》。
② 见《管子·霸言》："夫霸王之所始也，以人为本。"

在这部古籍中，既有道、儒、法、名、阴阳等学派的哲学和政治思想，也有天文、历数、舆地、农业、经济等方面的思想和知识；既收集、追记和整理了管仲的遗说、佚闻，又汇集了齐地的特色思想文化，同时还托管仲之名来阐发他们自己对现实的主张和学术思想。《管子》的内容看似庞杂，后人对其"九流十家"的归属也莫衷一是。如有彰显华夏意识的"融通百家"说，有推动齐国强盛、配合齐国帝制运动的"稷下之学"说，有"农家的地利谋划"说，等等，但细察之下，也绝非杂凑。春秋战国大变革时代，变法图强是主旋律。《管子》以《任法》《明法》《法法》《君臣》《立政》《七法》《版法》《法禁》《重令》等篇为主体，不遗余力地宣扬法治思想，正是反映了时代的主流思潮。此外，《管子》中浓郁的法治思想也与齐文化注重法治的传统有关，《韩非子·五蠹》说："今境内之民皆言治，藏商、管之法者家有之。"也说明《管子》以法治为中心思想。

同时，《管子》也提出了很强的农业经济思想。在法治及强国富民思想的引领下，《管子》阐述了以农为本、重农抑商，以及有关农官、农地、农时、农税、农粮、农民、灾害等许多方面的观点。如谈到农时时，《管子》说：

地之生财有时，民之用力有倦，而人君之欲无穷。以有时与有倦，差无穷之君，而度量不生其间，则上、下相疾也。是以臣有杀其君，子有杀其父者矣。故取于民有度，用之有止，国虽小必安；取于民无度，用于不止，国虽大必危。

（《管子·权修第三》）

凡有地牧民者，务在四时，守在仓廪。（《管子·牧民·国颂》）

赐鳏寡，振孤独，贷无种，与无赋，所以劝弱民。发五正，赦薄罪，出拘民，解仇雠，所以建时功施生谷也。夏赏五德，满爵禄，迁官位，礼孝弟，复贤力，所以劝功也。秋行五刑，诛大罪，所以禁淫邪，止盗贼。冬收五藏，最万物，所以内作民也。四时事备，而民功百倍矣。故春仁、夏忠、秋急、冬闭，顺天之时，约地之宜，忠人之和，故风雨时，五谷实，草木美多，六畜蕃息，国富兵强，民材而令行，内无烦扰之政，外无强敌之患也。……夫动静顺然后和也，不失其时然后富，不失其法然后治。(《管子·禁藏》)

今夫农群萃而州处，审其四时，权其节用，备其械器，比耒耜谷芨。及寒击槁除田，以待时乃耕，深耕、均种、疾耰。先雨芸耨，以待时雨。时雨既至，挟其枪刈耨镈，以旦暮从事于田野，税衣就功，别苗莠，列疏遬。(《管子·匡君小匡》)

必国富而粟多也。夫富国多粟生于农，故先王贵之。……民事农则田垦，田垦则粟多，粟多则国富。国富者兵强，兵强者战胜，战胜者地广。(《管子·治国第四十八》)

这些都清晰地表明了，管仲学派认识到了农时的重要性，认识到了重视农时是农业丰收的基本前提，君主要满足人民的四时之需，要在农时动员充足的人力、物力、财力服务于农业，要颁布禁令，保证农时等等。

如谈到农业灾害问题时，提出"修饥馑，救灾害"。农家将水灾、旱灾、风雾雪霜、疾病、虫灾合称为"五害"，认为"五害"是危害百姓生活和生产的重大灾害，因此，贤明统治者的当务之急在于扫除"五害"，只有解除了百姓的痛苦，百姓才会服从统治。在《管子》的作者看来，水灾是最危险的自然灾害，尤应引起统治者的重视。

此外，《管子》一书强烈的阴阳五行思想，也可以说是法家思想的哲学基础和光环。其《四时》《幼官》《五行》《轻重己》四篇如实地记录了古人绞尽脑汁设计出来的以五行为构架以阴阳消长为动力的不同宇宙图式，并试图更全面、更精确地来认识和解释世界的本质、宇宙万物的生成和运动变化发展的规律，以及指导人类的社会生活特别是政治活动。可以说，这些宇宙图式标志着久存于宇宙天地中奇、偶数理的奥妙搭配与结合，也标志着来自南方的阴阳说与来自北方的五行说的真正相遇合流，标志着阴阳五行学派的正式出现。如此一来，《管子》对于农时的认识建立在对农业生产经验总结的基础上，也有了深厚的哲学基础。如《管子·四时》篇说道："阴阳者，天地之大理也；四时者，阴阳之大经也。"意思是说，阴阳的互相作用是自然规律，而春夏秋冬四时的变化则是阴阳互相作用的结果。《管子·形势解》篇具体分析了四时更替与阴阳变化的关系："春者，阳气始上，故万物生。夏者，阳气毕上，故万物长。秋者，阴气始下，故万物收。冬者，阴气毕下，故万物藏。故春夏生长，秋冬收藏，四时之节也。……古以至今，不更其道。"即阴阳之气的消长，推动着四时季节的变化，而万物就是按照四时季节的变化而生、长、收、藏，所以，安排农事必须遵循四时变化与万物生长的规律，不可盲目而行。故《管子》又提醒人们，春季最要紧的十天不误耕种，夏季最要紧的十天不误锄草，秋季最要紧的十天不误收获，冬季最要紧的二十天不误整治土地等。

最后值得一提的是，《管子》中《水地》《禁藏》《度地》《地员》《地数》等篇做出的生态学贡献。这里试举《地员》篇中的两点。

其一，《地员》篇中阐述了土壤生态因素与动植物及人的关系。如《地员》开篇就阐述了渎田①上的息土、赤垆、黄唐、斥埴、黑埴这五种土壤各自所适宜种植和生长的农作物与植物，以及地下泉水的深度和本地居民的相应体征。后续更是阐述了九州十八大类土壤与动植物及人的生态关联，其中又按土质优劣分为上土、中土、下土三个等级，共计九十种土壤。其中属上上等的"五粟""五沃""五位"之土，又论述最为详细。如阐述"五粟"说：

群土之长，是唯五粟。五粟之物，或赤或青或白或黑或黄，五粟五章。五粟之状，淖而不肕，刚而不觳，不泞车轮，不污手足。其种，大重细重，白茎白秀，无不宜也。

----

① 渎田，是指中国古称四渎（江、淮、河、济）上的田地。

五粟之土，若在陵在山，在隙在衍，其阴其阳，尽宜桐柞，莫不秀长。其榆其柳，其麋其桑，其柘其栎，其槐其杨，群木蕃滋数大，条直以长。其泽则多鱼，牧则宜牛羊。其地其樊，俱宜竹、箭、藻、龟、楛、檀。五臭生之：薜荔、白芷，麋芜、椒、连。五臭所校，寡疾难老，士女皆好，其民工巧。其泉黄白，其人夷姤。五粟之土，干而不格，湛而不泽，无高下，葆泽以处。是谓粟土。（《管子·地员》）

其二，《地员》篇中阐述了地势、地形、水文及日照等生态因素对动植物及人的影响。如《地员》中阐述了地势地形与地下泉水的对应关系，以及山地植物的垂直分布特点，接着列举了十二种植物的"草土之道"。如：

山之上，命之曰悬泉，其地不干，其草如茅与走，其木乃櫄，凿之二尺，乃至于泉。山之上，命曰复吕，其草鱼肠与菀，其木乃柳，凿之三尺而至于泉。山之上，命之曰泉英，其草蕲、白昌，其木乃杨，凿之五尺而至于泉。山之材，其草竞与蓄，其木乃格，凿之二七十四尺而至于泉。山之侧，其草菖与萎，其木乃品榆，凿之三七二十一尺而至于泉。

凡草土之道，各有穀造。或高或下，各有草土。叶下于蓲，蓲下于苋，苋下于蒲，蒲下于苇，苇下于雚，雚下于萎，萎下于荓，荓下于萧，萧下于薜（薛），薜下于萑（萑），萑下于茅。凡彼草物，有十二衰，各有所归。（《管子·地员》）

由此两点不难看出，《地员》篇的生态学意义。难怪卢嘉锡在《中国科学技术史》中曾称之为"最早的生态地植物学著作"。实际上，管子《地员》篇，论述了地势、地形、土壤、水文，并以五土配五音，后来发展成为了五音、五行的辨土观念。但不管怎样，在当时土地制度变革的历史潮流下，《管子》具有不可辩驳的生态学意义。它区别殷"神"周"天"，具有自然的唯物论思想；它初步确立了古代生态文明的理念，推进了中国生态文明进程。

韩非子

韩非（约前280—前233），战国末期著名思想家，韩王（战国末期韩国君主）之子，荀子的学生，后世尊称韩非子或韩子。著有《韩非子》一书，共五十五篇，十万余字，呈现了韩非唯物主义与效益主义思想及其积极倡导的君主专制主义理论。如果说管仲人称改革之父，是法家的先驱，那么，韩非子则集以大成，构成了法家思想的终极核心。

出于为专制君主提供富国强兵霸道思想的同样目的，韩非子提出了君主专制中央集权的理论。他说："事在四方，要在中央；圣人执要，四方来效。"（《韩非子·物权》）意即政事分给地方官员来做，国家大权归统在中央政府，圣明君主执掌大权，各地官员都来效力。他还说，"散其党，收其余，闭其门，夺其辅，国乃无虎"（《韩非子·主道》），"废先王之教"①"以法为教"②等等，主张改革和实行法治。

对于民众，韩非子等法家伦理思想中相关人性论的主张极具主题色彩。韩非子认为，古往今来人人固有的本性就是"好利恶害"（《韩非子·难二》），这种本性是不可改变的，所以才要以法来约束民众，施刑于民，才可"禁奸于未萌"（《韩非子·心度》）。尽管韩非子的这种人性论观念是对荀子人性恶思想的文化承续，但也毕竟，它是那个私有制和商品经济不断发展的时代产物。实际上，在韩非子看来，他认为对民众施以法治恰恰是爱民的表现。

法家伦理思想中的诚信观也是一脉相承。法家先行者管仲把诚信纳入德行的范畴，认为天下行为准则的关键就是讲诚信，即所谓："信之者，仁也。不可欺者，智也。既智且仁，是谓成人。"（《管子·枢言》）吴起和商鞅等改革派，则在改革措施中置入诚信，在注重诚信在倡导践行变法过程中的作用。而作为法

---

① 见《韩非子·问田》："然所以废先王之教，而行贱臣之所取者，窃以为立法术，设度数，所以利民萌便众庶之道也。"
② 见《韩非子·五蠹》："故明主之国，无书简之文，以法为教；……"

家集大成者的韩非，则更是崇尚信，宣扬信，为功利而信，并因而类推，他认为施刑法恰恰是爱民的表现。

法家伦理思想中的义利观强调了"利"对"义"的决定性意义。法家认为人们的道德水平与社会的物质基础有着直接且紧密的联系，当社会的物质财富足以满足人们的物质需求时，人们就会行仁义、讲道德。如管仲和韩非子就分别提出：

仓廪实，则知礼节；衣食足，则知荣辱。（《管子·牧民》）

古者，丈夫不耕，草木之实足食也；妇人不织，禽兽之皮足衣也。不事力而养足，人民少而财有余，故民不争。是以厚赏不行，重罚不用，而民自治。今人有五子不为多，子又有五子，大父未死而有二十五孙。是以人民众而货财寡，事力劳而供养薄，故民争，虽倍赏累罚而不免于乱。（《韩非子·五蠹》）

当然，除了君主专制中央集权的理论，韩非子还提出了矛盾学说、人口论等朴素辩证法思想。事实上，韩非子的法家思想被秦始皇所采纳，为秦统一中国、建立中央集权的专制国家奠定了基础，对后世也产生了极大地影响。即使在今天看来，韩非子的这些思想依然具有一定的生态现实意义。

六、农家：粟而后食，适时而作

许行

许行（约前372—前289），东周战国时期著名农学家、思想家，国郢都人。《汉书·艺文志·诸子略》曾这样描述以许行为代表的农家：

农家者流，盖出于农稷之官。播百谷，劝耕桑，以足衣食。故八政一曰食，二曰货。孔子曰："所重民食。"此其所长也。及鄙者为之，以为无所事圣王，

欲使君臣并耕，悖上下之序。(《汉书·艺文志·诸子略》)

许行思想的核心是反对不劳而获。他说："贤者与民并耕而食，饔飧而治。"(《孟子·滕文公上》)意思是说，贤德的国君与百姓一样参加耕种养活自己，自己做饭，并治理民众。许行依托远古神农氏"教民农耕"[①]之言，也实践着这样的主张。在楚国，他带领弟子数十人，穿粗麻短衣，没有土地，在江汉间打草编席为生。公元前332年，许行率门徒自楚抵滕国，请求滕文公划给自己一块可以耕种的土地，结果经营效果甚好。以至于当时，大儒家陈良之徒陈相及其弟陈辛摒弃儒学，带着农具从宋国来到滕国，拜许行为师。针对当时滕文公拥有粮食仓廪和府库钱财的现象，许行又说："今也滕有仓廪府库，则是厉民而以自养也，恶得贤？"(《孟子·滕文公上》)即反对国君设仓库储存米谷，有府库积聚财货，认为这就是损害民众来供养自己，称不上贤明。

许行提出的另一个重要主张是"市贾不二"的价格论。许行以农事为主业，同时也重视手工生产。尽管农本商末是中国传统社会的一项基本国策，也是普遍认同的价值观念，但许行还是意识到市场以物易物的重要作用。许行认为：

则市贾不贰，国中无伪：虽使五尺之童适市，莫之或欺。布帛长短同，则贾相若；麻缕丝絮轻重同，则贾相若；五谷多寡同，则贾相若；屦大小同，则贾相若。(《孟子·滕文公上》)

即主张依据商品长短、轻重、多寡、大小等规定价格，反对抬高物价和居中剥削，这样便没有欺诈，即使五尺小孩到集市上去买东西，也不会受到欺骗。

---

① (东汉)班固《白虎通德论》记载："至于神农，人民众多，禽兽不足，于是神农因天之时，分地之利，制耒耜，教民农耕。"

不难看出，农家看到了不可违背的民心和从事耕种的农民的辛苦，要求统治者要体恤百姓疾苦，"与民并耕而食"，不可巧取豪夺。显然，"忠爱民"是统治天下的基本方式，"顺民心"则是一切统治的基础。事实上，《管子·权修篇》提出"取于民有度，用之有止"，《管子·牧民篇》提到"政之所兴，在顺民心；政之所废，在逆民心"，等等，这些主张体现了农家的民本思想，是农家思想中最重要的一环。农家代表下层农民的民本思想，较之儒家代表君主的民本主义还是有它进步的一面。

农家要求人人共同劳动自食其力的主张，体现了当时劳动者反对剥削的淳朴愿望和对平均社会的美好憧憬。当然，这也存在绝对平均主义的缺陷。同时代的孟子就严斥讨伐了许行、陈相等人的农家主张，认为社会分工存在着必然性，国君贤否，也不在亲耕。或许在孟子看来，"有为神农之言者许行，自楚之滕"（《孟子·滕文公上》），也只是"南蛮鴃舌之人，非先王之道"（《孟子·滕文公上》），"或劳心，或劳力；劳心者治人，劳力者治于人；治于人者食人，治人者食于人"（《孟子·滕文公上》），才是"天下之通义也"（《孟子·滕文公上》）。想来，古时以农耕经济为主，也存在着手工业等生产方式，君民并耕体现了君子爱民的实践形式，但君子确实不一定就要时时下地耕田、事必躬亲。想必，许行君民并耕之说的提出，是由于战国时代战争频繁，严重影响农业生产，因此他强调国君必须重视农业并亲自耕作，以救时弊。何况，许行自己也主张社会分工互助。不过，在春秋战国这个社会大变革的时代，孟子所持的是维护封建统治阶级利益的立场，墨家是小手工业者的思想代表，杨朱学派代表小土地私有者的利益，而以许行为代表的农家，则是下层贫苦农民的代言人。

班固《汉书·艺文志》中著录的农家著作，能确定为先秦农家的，有《神农》二十篇、《野老》十七篇、《宰氏》十七篇，可惜早已失传。从《孟子·滕文公上》所言许行为"有为神农之言者"，且其君民并耕之说正与神农之言相合，可以推测《神农》一书当是许行一派所作。关于农家的记载，见于《吕氏春秋》

的《上农》《任地》《辩土》《审时》和《爱类》等篇，以及《淮南子·齐俗训》。

此外，尽管历史上，春秋时期管仲及其学派的核心思想著作《管子》在思想体系的性质、特点和学派归属上存在分歧，如《汉书·艺文志》将其列入道家，《隋书·经籍志》及后世历代官志将其列入法家，抑或还有近代严可均、吕思勉等认为其为杂家，但实际上，管子学作为一门安邦理民、富国强兵、平治天下的经世致用之学，也蕴藏了出类拔萃的农业经济思想。[①]

事实上，以许行为代表的农家，还其将"粟而后食"落实到了具体耕作层面。《汉书·艺文志》中对《神农》一书自注说："六国时，诸子疾时怠于农业，道耕农事，托之神农。"《淮南子》中也说："食者民之本也，民者国之本也，国者君之本也。是故人君者 上因天时，下尽地财，中用人力，是因群生逐长，五谷繁殖。"包罗万象的《吕氏春秋》亦认为，一年中的天时和农时是稍纵即逝的，必须牢牢把握，所以人们生活的节律也要服从于农业的季节节律。可以看到，国家以百姓为根，百姓以谷为命，天、地、人三者又构成了一个三维结构，它对于农业生产缺一不可，农家也确实认识到了这一点。故而，农家上应天时，把握农时，适时而作，认为只有在最适当的时候抓紧时间勤奋耕作，并用自己的辛苦劳动，才能将天时转化为实在的收成。这确实反映了农家农本商末的核心思想，以及早期平等、务实民本主义的思想光辉。

七、楚骚：民神同位，草木知情

楚国作为动人心魄的战国时代的强国之一，在自己独特的文化传统和北方中原文化的影响下，产生了以屈原为代表创作的一种文体——楚辞。如果说

[①] 由稷下学者们集体编撰的《管子》一书包含各家的思想学说，一般认为，其中《地员》一篇就是农家的著作，而《牧民》《权修》《五辅》《八观》等篇重点记述了农家思想。由于当时的平民绝大多数都从事农耕，所以，重农就是重民，重农倾向必然会发展为民本思想。

《诗经》较早地向人们展示了自然生态的优美景观，描绘了人与自然和谐相处的生动画卷，体现了黄河流域中原文化的质朴风貌"，那么作为中国古代南方文化的代表——"楚辞"，则犹如一座旷远阔大的自然与心灵交融的生态之园，它既充满着奇丽的幻想、激越的感情、民神同位的原始情愫，也草木知情，香花遍地，鸟兽虫鱼，各得其所。[①]

屈原

屈原（前340—前278），名平，字原，战国时代楚国诗人、政治家，楚武王熊通的后代。屈原、宋玉等人创作的《楚辞》[②]是中国浪漫主义文学的源头，代表了中华民族在审美领域中的一个高峰，并与《诗经》并称"风骚"。屈原的诗篇大多蕴含着深邃的哲学意识，表现了对人生、历史、自然的思考。

《离骚》是屈原的代表作，是一首长篇政治抒情诗，带有自传和浪漫主义性质。全诗共三百七十七句，近二千五百字。《离骚》反映了屈原对楚国政治昏庸、群小猖獗及朝政日非的愤慨，抒发了他自己屡遭不公的哀怨和愿为宗国效力而又不可得的悲痛，也表现了他不屈己从俗和九死不悔的忠贞爱国精神。

当然，在《离骚》中，屈原念念不忘君臣的"两美必合"、和谐共济，然而在当时的昏恶情境下，这种"美政"理想又自然不能在诗中全然言明。纵使在屈原看来，自己出身高贵，又呱呱降生在一个贞祥的吉日，具有天生"内美"气度，可以通过勤勉不懈地坚持自我修养，继而引导君王，兴盛宗国，实现"美政"理想。但终究，屈原也只能在苦闷彷徨中借美人、香草象征性的行为，

---

① 卢政等著：《中国古典美学的生态智慧》，人民出版社，2016，第204-206页。
② 《楚辞》是中国文学史上第一部浪漫主义诗歌总集，自西汉刘向将屈原、宋玉等人的作品选辑成集，乃以此命名。全书以屈原作品为主，有《离骚》《九歌》《九章》《天问》等。另"楚辞"，一般也解释为是以屈原为代表的战国诗人所创作的一种新诗体；亦或是汉人对楚地文学作品的泛称。

来表示将用生命殉道他自己的"美政"理想。对于何去何从的选择，屈原在《离骚》中这样艰难地感慨道：

屈原像
采自（明） 王圻 王思義《三才图会》

　　既莫足与为美政兮，吾将从彭咸之所居。（《离骚》）

　　进不入以离尤兮，退将复修吾初服。制芰荷以为衣兮，集芙蓉以为裳。不吾知其亦已兮，苟余情其信芳。高余冠之岌岌兮，长余佩之陆离。芳与泽其杂糅兮，唯昭质其犹未亏。……佩缤纷其繁饰兮，芳菲其弥章。民生各有所乐兮，余独好修以为常。虽体解吾犹未变兮，岂余心之可惩！（《离骚》）

　　在《离骚》中，屈原没有直陈事实，而是大量采用象征意象。诗篇中，用美人的意象来比喻君王，或是自喻，用秋兰、江离、蕙茝、杜衡、芳芷、薜荔等多种香草来象征自己的忠贞与洁身之好，用椒、茅、萧、艾等贱草来比喻谗佞、变节小人。并且，在很大程度上以夫妇喻君臣，通过自喻弃妇而浓浓地抒情、规劝，不仅形象生动，也深契当时的情境。可以说，《离骚》中的美人、香草等构成了一个现实与理想相互交织的意象群，使得诗歌蕴藉而且浪漫。

诗以自然"香草美人"作为诗歌象征手法，是屈原的创造，也是楚文化孕育下的文化精灵。《汉书·地理志》里有言说，楚地"信巫术，重淫祀"，《史记·项羽本纪》里有说"楚虽三户，亡秦必楚"。显然，楚文化独具神秘性和创生性，崇尚创新求变，这也为屈原楚骚的萌发提供了肥沃土壤。

《九歌》是一组祭祀神祇的巫术祭歌，反映了楚地"信巫术，重淫祀"的文化习俗，亦表明了"楚民与众神之间亲和、挚密的依恋关系"[①]。不过，其"驾龙骖螭"的飞升情节和"人神恋爱"的诗意憩园，似又超越了宗教乐神祀曲的实际情境，似是暗含了政治寓意上人神交接的艰难，因而又充满了悲欢离合的悲剧色彩。《九歌》中的人神恋爱，与《离骚》中比兴的"求女"情节颇有类似，至于飞升和香草的细节，也很相似。事实上，无论人神、群巫，抑或香佩、求女，都反映了楚民质朴、热情、重祀的原始情怀。从《离骚》《九歌》等动人心魄的楚辞中不难看出，屈原的爱国之情，实则离不开楚地民间浓浓弥漫的宗族感情，就如他对祖先的深情追认，是祈求民神同位的灵魂乐歌。

中国香文化起源于春秋战国时期，历史悠久。《诗经》《尚书》《礼记》《周礼》及《山海经》等典籍中均有关于人类使用香料植物的记载。屈原在《离骚》一诗中描写的本草也有 22 种之多，涉及的芳香佳句更是不少。试举如下：

扈江离与辟芷兮，纫秋兰以为佩。

昔三后之纯粹兮，固众芳之所在。杂申椒与菌桂兮，岂维纫夫蕙茝？

余既滋兰之九畹兮，又树蕙之百亩。畦留夷与揭车兮，杂杜蘅与芳芷。……
朝饮木兰之坠露兮，夕餐秋菊之落英。

制芰荷以为衣兮，集芙蓉以为裳。

……户服艾以盈要兮，谓幽兰其不可佩。……苏粪壤以充帏兮，谓申椒其

---

① 林家骊译注：《楚辞》，中华书局，2015，第34页。

不芳。……兰芷变而不芳兮，荃蕙化而为茅。何昔日之芳草兮，今直为此萧艾也。……余以兰为可恃兮，羌无实而容长。委厥美以从俗兮，苟得列乎众芳。椒专佞以慢慆兮，樧又欲充夫佩帏。既干进而务入兮，又何芳之能祗。……览椒兰其若兹兮，又况揭车与江离？惟兹佩之可贵兮，委厥美而历兹。芳菲菲而难亏兮，芬至今犹未沬……（《离骚》）

按理说，《离骚》如此形象生动地着力于对本草的内美描写，自有其近乎功利主义的比兴之义和审美影响。然细究之下，也不难发现其参差错落的骚体中表现出的一种浓烈的自然生命意识。在屈原笔下，草木芳香不仅可以避秽，也能知情。当然，其生命也是有限的，一如"日月忽其不淹兮，春与秋其代序。唯草木之零落兮，恐美人之迟暮"（《楚辞·离骚》），抑或"微霜降而下沦兮，悼芳草之先零"（《楚辞·远游》）。确实，"日月穿梭，草木由盛到衰，人不可避免地由壮到老"[1]，这实则是个体生命不可抗拒的自然之定律。然在屈原看来，"泊余若将不及兮，恐年岁之不吾与"（《楚辞·离骚》），在自己有生之年自己的理想和抱负不能实现，故对他而言，生命更是尤为可贵。

除对本草的描写之外，比如还有《楚辞》中所说：

开春发岁兮，白日出之悠悠。（《九章·思美人》）
吾将从彭咸之所居。（《离骚》）
路漫漫其修远兮，吾将上下而求索。（《离骚》）

还包括对祖先的深情追认，对人神交感的曲祀，对天地古今及古国的"天

---

① 李金善：《论屈原的生命意识》，载自中国屈原学会：《中国楚辞学（第五辑）》，学苑出版社，2004，第376页。

问"，等等，这些都可以看成是屈原在奋发自励和追求独立人格过程之中，对生命的循环运动、时间节律、自然归属及自我价值的深层求索。只是相对于庄子逍遥豁达的生命生死观而言，屈原的生命生死观更多的是舍生取义。

总之，从华茂、动人的楚辞中，我们看到了屈原既是诗人又是哲人。他的出现，不仅标志着中国诗歌由集体歌唱进入到到个人独创的新时代，也预示了与爱国主义、理想主义强韧相伴的生命自主意识的真正觉醒。

八、禅宗：自然本性，万物融通

禅宗是中国佛教宗派之一，主张用一种以心传心式的直接交流来获取佛陀觉悟的"灵光"，即"不立文字，教外别传；直指人心，见性成佛"。传说菩提达摩为创始人，下传慧可、僧璨、道信，至五祖弘忍下分为南宗惠能和北宗神秀，时称"南能北秀"。

禅宗是佛教在中国思想土壤上发展、与中国文化相结合的产物。禅宗思想以真如缘起论、众生平等说、中道观、无我说作为理论基石，其中含蕴着人与自然同源共生、万

佛教禅宗五祖弘忍画像
采自（明）王圻 王思義《三才图会》

物圆融无碍的生态观念。①

弘忍

弘忍（601—674），开创了东山法门，被尊为禅宗五祖。

中国的禅学，以南北朝时自印度来中国传教的菩提达摩为始祖，以《楞伽》印心②，以"二入四行"③为禅法核心思想所在。至四祖道信，乃补充"一相三昧"④的修习之法。之后或因"佛性（姓）"之缘，弘忍继承了道信的禅学传统，但他又增加了以《金刚经》印心的新内容。

弘忍提倡农禅并重，创新持戒生活，在中国佛教史上影响更深远。在道信、弘忍之前，从达摩至僧璨，沿袭印度僧侣乞食为主的清规，零星散居，一衣一钵，行头陀行，不参农事，随缘而往，似是禅者历来不出左右的生活方式。但至道信、弘忍时代，禅风为之一变。禅者聚而定居，努力劳作，自食其力，他们寓禅山居生活，远离嚣尘，"缄口于是非之场，融心于色空之境"⑤，把搬柴运水，都当作佛事。这些，自然为发展门徒开创东山法门奠定了基础。

可以想到，菩提达摩来中国传教，靠施主的大量布施和乞食为生的持戒似乎不易融入中国传统文化之境地，也绝非长久之计。而弘忍则倡导僧众一边参禅一边如小农经济般劳作，这种"农禅双修"的修行方式，显然在开始凸显人靠自我劳力生存的自然本性，较之之前的入道方式，更具融通性，并也能使聚众讲学变

---

① 卢政，等:《中国古典美学的生态智慧》，人民出版社，2016，第220-221页。
② 印心，佛家谓印证于心而顿悟。宋代苏轼《书〈楞伽经〉后》曰:"吾观震旦所有经教，唯《楞伽》四卷可以印心。"
③ "二入四行"是菩提达摩禅法的核心内容。所谓"二入"是指理入和行入，即禅法的理论和实践相结合的教义。"四行"则指报怨行、随缘行、无所求行和称法行，其主旨在于以清净本性了悟佛法以至觉悟之境。
④ 一相三昧，出自《文殊师利所说摩诃般若波罗蜜经》。一行，即无论行住坐卧，都保持实相的、智慧的心。三昧，即正定:有智慧的定、真正解脱的定，不是外道的强迫与压抑的定。
⑤ 见(唐)净觉撰《楞伽师资记》。

得更加持久。这恐怕也是禅宗能在唐初兴起发展成为一大宗派的重要原因。

惠能

惠能（638—713），被尊为禅宗六祖。他继承了五祖弘忍东山法脉并建立了南宗，弘扬"直指人心，见性成佛"的顿教法门。中国佛教源自以"佛"为本的印度佛教，经过惠能的继续革新，实现了由"佛本"到"人本"的转变，并宣告了佛教中国化历程的完成。

佛教禅宗六祖惠能画像
采自（明） 王圻 王思義《三才图会》

首先，惠能禅学思想中的人本主义倾向，突出了人的地位，肯定人的现实生活方式。中国人从来没有停止过对于人与自然、人物、心物等关系的思考，从先秦子学，再汉起经学，无数先哲都试图给出答案。无疑，人在宇宙中的地位、人与万法的关系、人与佛的关系等问题，也是惠能禅学探讨的理论重心之一。惠能有一句名偈："佛法在世间，不离世间觉。"[①] 言下之意，真正的修行道场离不开现实的世俗生活。可见，惠能思考这些问题的起点是人而不是法或佛。事实上，惠能禅学的核心答案就是以人为本，以人心人

---

① 见《六祖坛经》无相颂。

性为成佛之本，即认为人在宇宙中和宗教实践中居于主体地位，肯定人的现实生活方式，而非对现实生活方式的改造和自然人性的束缚。这大概也是惠能一直坚持将传统佛教的修行法门改造成天真自然的生活方式，并在生活及实践中参禅悟道的思想本源。

其次，惠能禅学尊重人的自然本性。惠能主张在生活上要顺心随俗，常行直心，认为"直心是道场，直心是净土"。"直心"即是自然真心和本然真性，只要有一颗真实无伪的菩提心，以心的自然状态立身行事，就自然能成就佛道。或许正是因为这种自然本性的觉悟智慧，惠能最终得到了五祖弘忍的衣钵传授。惠能当时被指责是文盲，但其身上的自然本性，恰恰是最真切的，故而对心性的体悟似乎更为充分，正如"菩提本无树，明镜亦非台，本来无一物，何处惹尘埃"。这显然不同于神秀的体悟："身是菩提树，心如明镜台，时时勤拂拭，勿使惹尘埃。"所以也难怪，面对仍在本性门外的神秀，五祖弘忍只能是给予谆谆的教诲和明确的提点："无上菩提，须得言下识自本心，见自本性，不生不灭。与一切时中，念念自见，万法无滞。一真一切真，万境自如如。如如之心，即是真实，若如是见，即无上菩提之自性也。"[①] 显然，最终与以神秀为代表忠实地继承东山法门的北宗禅学不同，六祖惠能嫡传了佛陀的宗法，还原出了"不立文字，教外别传"的禅宗本色。

再次，惠能禅学倡导圆融无碍，万物融通。"变"既是世间万物的自然规律，也是世间万物唯一不变的定律。先秦诸子几乎都无一例外地认识到了这一点，如儒家《易经》中的易包含变易、简易、容易之义。不仅如此，道家庄子

---

① "一真"，独一无二的真实，指佛教所认识的绝对真理。这里特指人的自我本性。如果从佛教绝对真理的方面着眼，就能发现一切虚妄的现象中有不虚妄的真实性，如果人们念念自见本性的真实，那么一切就不是虚妄的了，就都是真实的。这就是"一真即一切真"。"万境自如如"，意即万事万物都真实平等，没有分别。禅宗常借用月亮和月影来比喻真如和万境的关系。天空中有一个月亮，那如同人们唯一的真如本性，千条江河和万众湖泊里的影印的月影，则如万事万物（万境），月影有变化，然而变化之中又蕴含着不变的月亮。

认为"方生方死，方死方生，方可方不可，方不可方可"，《老子》中也说"祸兮福所倚，福兮祸所伏"，都阐明了世间万物没有绝对的界限，祸福只在转换之间。这一点在佛家也较为突出。但在具体的修行中如何才能悟通和把握这一点呢？佛家认为，那就是要破除妄执，懂得一切事物和现象都是相互融通的，都不会相互滞碍而格格不入，要与万物和谐相处。如《五灯会元》中有一段达摩与梁武帝的对话，当梁武帝问"如何才是真功德"？达摩回答："净智妙圆，体自空寂。如是功德，不以世求。"[①] 对于这一点，六组惠能也自然自始至终予以坚持。《六祖坛经》中说："内外不住，去来自由，能除执心，通达无碍。"又说："不落边见，直取中道，圆融无碍。"还说："无持戒，无犯戒，无禅定，无散乱。"禅宗六祖惠能更指出："若欲修行，在家亦得，不由在寺。"这又与道家提倡的"道"无所不在，同出一理。

事实上，对于佛家而言，圆融就是一种境界，一种"觉悟"的境界。惠能通过融摄般若学将佛性、真心改造为人们的当下之心而把禅修、悟境与日常生活完全结合到了一起，使得讲出世的佛教实实在在地立足于现实的土地上，变成了"人间佛教"。当然，圆融还不仅仅只是表现在禅者个人的修为上，它还反映在禅宗教理圆融、内外圆融、僧俗圆融等等层面。即所谓圆融无碍，万物融通。

总之，六祖惠能把佛性拉向人心本性的同时，实际上也把佛拉回了人自然自身。其意义也在于，在中国佛教发展历程中实现了由佛本到人本的变革，并力求天地及人世间的圆融无碍，万物融通。

----

① 见（宋）普济《五灯会元·东土祖师·初祖菩提达摩大师》。

第三章

中国传统生态行为践行

深深地植根于中国传统文化各个层面的对天、地、人等世界万物的思想认识，渗进日常认知中，开启了古人重视复用、节用，讲求蓄藏，追求和谐、恒道等一系列中国古代"可持续"生态行为践行。可以说，这些行为认知的衍生，构成了古代中国特有的"可持续"生态基本概念体系。它们之间有着紧密的联系并各具本质，即以追求和谐为总体的理念背景，因着重视复用、节用和讲求蓄储这三种行为连续的推及，最后便能自然地达至追求恒道永久的这种"可持续"的必然结果。它们以"和"为承载与有序的支持，以"数量""时间"的积累以达至"质量"的"恢复"，从而达至追求"恒道永久"的目标。因而可以看出，中国古代"可持续"生态行为和认知，因自然而孕育而发展，同时又极重视系统的持续和返本归原的原则，尊重时间以悠久的历练而慢慢显露出的存在与力量，依重人的主动自觉性和内在道德的培育。显然，古代中国特有的"可持续"生态概念，与当今西方因生态受到威胁从而着重寻求依靠外在制度为制约为措施的往前发展的动机，以及急迫追求收效的可持续观念，有着很大的本质上的不同。①

---

① 梁町:《"可持续设计"本土化的探讨及对中国工业设计教育的启示》,长沙:中国国家工业设计教育会议,2002.10.09。

一、复用：再造再生，循环互利

中国先民认为，环回循环是主宰天地间万事万物运动变化的自然规律，它包含了往返的运动和在交替中进行的波律式阶段性运动这两种循环法则。《周易》云"无往不复，天地际也"[①]，"无平不陂"[②]，即没有只往不返的，没有平坦而不起伏的，这是天地间的自然法则。进而言之，不仅"万物都囿于生死枯荣的自然时序规律和一定的生命极限"[③]，而且万物要"生序井然、繁华茂盛，就要顺从自然法则和配合地利天时"[④]。由此，令中国先民产生了一系列生态复用意识和行为践行。具体来说，所谓复用就是指利用现成的东西，不断加以利用、改进或创新，它包括再造、再生、循环互利三个方面。当然，被复用的对象可以是有形的物体，也可以是无形的经验智慧。

再造

再造，主要是指把废弃物质重组利用，即对废弃物进行分门别类的收集，集中处理，使其能够再次得以新生，从而达到物尽其用的目的。

中国古人很早就十分重视废弃物再利用。在旧石器时代，先民多是因地制宜，就地取材，从住地就近的河滩上捡拾砾石制作石器，可谓是对自然物利用再造的最早先例。之后，最典型的实例又莫过于对生活垃圾、粪肥的物尽其用。由于古代中国长达数千年以农耕经济为主，除了人类自身的聚落群居方式外，舍饲圈养也是长期的传统养畜方式，因而，也使得对生活垃圾、粪肥的处理变

---

① 《易传·象传》
② 《易传·泰卦》
③ 梁町:《"可持续设计"本土化的探讨及对中国工业设计教育的启示》,长沙:中国国家工业设计教育会议,2002.10.09。
④ 梁町:《"可持续设计"本土化的探讨及对中国工业设计教育的启示》,长沙:中国国家工业设计教育会议,2002.10.09。

得相对便利。

古人对施粪肥的重视，从西汉重要的农学著作《氾胜之书》中的记载可窥见一斑。《氾胜之书》（一般认为是中国最早的一部农书）记载："汤有旱灾，伊尹作为区田，教民粪种，负水浇稼。区田以粪气为美，非必良田也。"从这个记载来看，至少从商周开始，中国古人就对生活中看似毫无用处之物——粪便，进行收集并施肥于田间，从而使之变成了农耕生产中具有很高使用价值的原始肥料。《氾胜之书》中记述了著名的两种"溲种法"：

> 又薄田不能粪者，以原蚕矢杂禾种种之，则禾不虫。
>
> 又取马骨，锉一石，以水三石，煮之三沸；漉去滓，以汁渍附子五枚；三四日，去附子，以汁和蚕矢羊矢各等分，挠令洞洞如稠粥。先种二十日时，以溲种如麦饭状。常天旱燥时溲之，立干；薄布数挠，令易干。明日复溲。天阴雨则勿溲。六七溲而止。辄曝谨藏，勿令复湿。至可种时，以余汁溲而种之。则禾不蝗虫。无马骨，亦可用雪汁，雪汁者，五谷之精也，使稼耐旱。常以冬藏雪汁，器盛埋于地中。治种如此，则收常倍。
>
> 验美田至十九石，中田十三石，薄田一十石，尹择取减法，神农复加之骨汁粪汁溲种。锉马骨牛羊猪麋鹿骨一斗，以雪汁三斗，煮之三沸。以汁渍附子，率汁一斗，附子五枚，渍之五日，去附子。捣麋鹿羊矢等分，置汁中熟挠和之。候晏温，又溲曝，状如后稷法，皆溲汁干乃止。若无骨，煮缲蛹汁和溲。如此则以区种，大旱浇之，其收至亩百石以上，十倍于后稷。此言马蚕皆虫之先也，及附子令稼不蝗虫；骨汁及缲蛹汁皆肥，使稼耐旱，使稼耐旱，终岁不失于获。

（西汉·氾胜之《氾胜之书》）

从以上记述中可以看出，"溲种法"的原理在于：经溲过的种子，包上一层有机质肥料和药物的外衣，起种肥作用，然后播种，能起到耐旱、防虫、倍

造纸图　斩竹漂塘　采自（明）宋应星《天工开物》

产的效果。其肥料主要为蚕矢（蚕屎）、雪汁、缲蛹汁，以及马牛羊猪麋鹿诸畜之骨之矢，皆为日常废弃物。

北魏贾思勰《齐民要术》中记载的一些肥料及施肥方法，也是传统生态施肥的典范。这里简要列举几种。一是各种人畜粪便，特别是"蚕矢、熟粪"。二是牛踏粪法，即把秸秆、壳秕等经牛践踏后堆聚沤肥处理而变为肥料。三是利用植物的特性，巧施绿肥，如将绿豆、小豆、胡麻等作为肥料。依据现代生物科学的证实，这相当于给农田施加了难得的有机氮肥。四是注重利用天然植物作绿肥，如把田地杂草耕埋腐烂作肥料。这既除掉了杂草，翻新了土地，也给农田施加了绿肥，可谓一举两得。

关于生态施肥，古代还有许多农书文献有叙述。如《陈敷农书》《王祯农书》《天工开物》《补农书》等等，在此不再一一列举。

可以说，施用农家肥是中国传统农耕文明的精华。它利用生活食用剩余物、排泄物、农业废弃物等制作肥料，维护作物生长的养分，"使地力常新"，不仅提高了农产，克服了自然资源的有限性，也减少了环境污染，有利于保护人居环境卫生。这也充分体现了中国古人朴素的生态保护及物质"循环利用"的思想，促进了中国古代社会的可持续发展。

其他物质生产方面，如两千多年前的东汉蔡伦造纸之前，历代用来书写记事的实际上是笨重的竹简、昂贵的缣帛（质地细薄的丝织物）、表面粗糙有碎物的麻纸。它们制造工艺较繁琐，成本昂贵，浪费自然资源，而且使用不便，亦不能满足普通人家的需求。蔡伦用废弃的树皮、麻头、破布、鱼网，经过挫、捣、抄、烘等一系列的工艺加工，制造出植物纤维纸，一种真正意义上的纸。[1]再如南北朝北齐綦母怀文在制作宿铁刀时，"浴以五牲之溺，淬以五牲之脂"，即使用当时常常废弃不用的油淬和尿淬等作为不同冷却速度的淬火介质，从而成功地改进了金属热处理工艺。[2]

再生

再生，主要是指利用机制，即利用事物的构造、功能和相互关系，或一个

---

[1] 戴逸、龚书铎：《中国通史（第一卷）》，海燕出版社，2000，第177、220页。
[2] 戴逸、龚书铎：《中国通史（第二卷）》，海燕出版社，2000，第99页。

工作系统的组织或部分之间相互作用的过程或方式，或机器本身的构造和工作原理等等来延续造物的生命、增加造物的效能。

中国传统造物层面，几乎所有的设计类型中，最基本的技术因素和形式法则是尺度和比例。中国是世界上最早并真正在设计领域实现过标准化和模数化的国度，所谓"寸有所长、尺有所短"的计算哲理，体现了中国先民在造物过程中坚持的技术尺度和标准，"懂得按照任何事物的尺度来进行生产，并且随时随地都用内在的尺度来衡量对象"。①

也正是利用了事物的机制，中国古代的许多器具和机械的制造大大增加了其功效。如中国农业用具耧犁、条播机和培土器具的功效结合起来，一人一畜，比一个人用手锄干的活多几倍。中国原始社会就是在锄农业向耒耜农业的转变过程中逐渐瓦解的，后又不断将耒耜改进为耕犁、耕耧，进而提高了农业生产效率，极大地促进了社会大分工，进入到文明社会。欧洲正是在18世纪引进和发展了这一刺激农业革命的关键性技术因素，继而发生了19世纪的工业革命。② 又如东汉时期杜诗经过实际考察，发明的利用水力鼓风冶铁铸造农具的水排工具，正是利用轮、轴、弦索、拨子、连杆、曲柄、动杆、排囊等一系列构造，克服了之前人力或马力鼓动风箱的耗时费力且事倍功半的弊端，做到了"用力少而建功多，百姓便之"（《后汉书·杜诗传》）。凡此种种，不胜枚举。

此外，尤其是在传统建筑领域，中国传统木建筑早已实行构件制，再加上宋代的"材契"制度与明清的"斗口制度"，开创了世界最早的标准组件系统（即现今西方的"modular system"），从而可以节省建材、建筑支出，加快设计施工的进度，方便建筑物损坏部分的更替修复。从先秦的《周礼·考工记》《墨经》，西汉的《淮南子》，至《唐六典》再至宋代《营造法式》，元《鲁班营造法式》和清

---

① 〔德〕马克思：《1884年经济学哲学手稿》，人民出版社，1979。
② 尹定邦：《设计学概论》，湖南科学技术出版社，2000，第36页。

耕犁　采自（明）宋应星《天工开物》1637年（明崇祯十年）

工部《工程做法则例》，这些著作中一脉相承的礼制观念和经验定律就是证明：

圆者中规，方者中矩，立者中县，衡者见水。（《周礼·冬官考工记·舆人为车》）

百工从事者皆有法，百工为方以矩，为圆以规，直以绳，正以县，平以水，无巧工不巧工，皆以此五者为法。（《墨子·墨经·法仪》）

制度阴阳，大制有六度：天为绳，地为准，春为规，夏为衡，秋为矩，冬为权。（西汉·刘安《淮南子·时则》）

王公以下屋舍不得重拱藻井，……又庶人所造堂舍，不得过三间五架，门

卧轮式水排　采自(元)王祯《王祯农书》

屋一间两架，仍不得辄施装饰。(唐·李林甫等《唐六典》)

凡构物之制，皆以材为祖，材有八等，度物之大小，因而用之。(北宋·李诫《营造法式》)

显而易见，中国古代设计中采取的模数系统，不仅基于人体尺度与活动空间尺度的规律，而且象征天德与神明的广大而公正、万物正宗的周全而细密，是对自然规则的膜拜，是天人观念的具体体现和阐释。①

―――――――――

① 尹定邦：《设计学概论》，湖南科学技术出版社，2000，第27–28页。

循环互利

循环互利，就是指仿效生态处理生产，以收物能循环以用之。中国传统种植业和养殖业模式中有不少是符合循环生产生态原则的。其中，"果基鱼塘""桑基鱼塘""稻田养鱼""养家畜——种植业"等，都是典型的例子。以下试说两例。

早在明代，闻名的太湖、珠江三角洲两地就形成了农林牧副鱼综合经营生产方式——桑基鱼塘。这种模式是在更古老的用地方式"果基鱼塘"（在鱼塘堤岸上种树植蔬果树）的基础上，形成的一种典型的"种桑养蚕、蚕沙喂鱼、鱼粪肥塘、塘泥肥桑"的生物能多次利用的生态系统。其操作及循环生产的原理是：先深挖洼田取泥，倾斜覆盖周边筑基埂，中间凹下为池塘，一般基六塘四。在基埂上种桑、塘浮植物，再塘蓄鱼虾，桑叶饲蚕，蚕矢浮植饲鱼。这个系统主要以桑为基础，桑叶养蚕，蚕沙（蚕粪）、蚕蛹喂鱼，塘泥肥基种桑，形成一个桑、蚕、鱼、泥互相依存、互相促进的良性循环的生产结构或生产链条。这样一来，桑多养蚕，蚕沙就多，喂养的鱼更多，则塘泥也多，泥肥再回基埂，又促进了桑树的种植，多者互相利用，互相促进，达到栽桑、养蚕、养

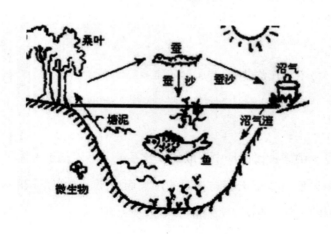

桑基鱼塘图

鱼兼取、十倍禾稼的效果。

同其他农业生产方式比较，"桑基鱼塘"的优点就在于：通过发挥生态系统中物质能量循环转化和生物之间的共生、相养规律的作用，达到了集约经营生产的效果，并促进动植物资源的循环利用，维持了局部生态的体量平衡；同时避免了水涝，减少了环境污染，营造了十分理想的生态环境，因而实现了理想的经济效益和生态效益。

"稻田养鱼"也是一种"循环利用"的生态农业生产典范方式。在它"稻鱼共生系统"内，通过内部自然生态协调机制，稻与鱼共生，完美地实现了稻鱼双收的生态系统功能。中国浙、闽、赣、黔、湘、鄂、蜀等地山区具有悠久的稻田养鱼历史，1700多年前的《魏武四时食制》有载"郫县子鱼，黄鳞赤尾，出稻田，可以为酱"。从现代出土的汉魏水塘水田明器，也可清楚地推测到。唐代刘恂《岭表录异》也载"新泷等州，山田拣荒平处锄为町畦。伺春雨，丘中聚水，即先买鲩鱼子，散于田内。一二年后，鱼儿长大，食草根并尽。既为熟田，又收鱼利：及种稻，且无稗草。乃养民之上术"。这一系统以水稻为

商代晚期妇好三联尊
1976 年河南省安阳殷墟妇好墓出土　中国社会科学院考古研究所藏

左图：水车 采自(明)宋应星《天工开物》
右图：高转筒车 采自(明)宋应星《天工开物》

主并利用稻田水面养殖草鱼、鲤鱼及鲫、鲢、鳙、鲮等，不仅获得鱼物，又能利用鱼吃掉稻田里的各种有害生物、昆虫和杂草等，排泄粪肥，翻动田泥促进肥料分解，为水稻生长创造良好条件，从而使水稻丰产。

此外，中国古代的设计家和能工巧匠，还设计创造了许多利用自然生态、物能循环的生产与生活工具。如古代作为烹饪器的鼎、鬲和甗等青铜器，除了深腹以多装食物，三足利于火烧煮外，用以蒸饭的甗还设计成上下两部分，上半部分用以盛米，称为甑，下半部分为鬲，用以煮水，中间设计有箅，用以通汽以蒸熟甑中之米。又如中国最早的灌溉方式是陶罐"负水灌溉"；到东汉末年，大抵出现了比较粗糙的翻车；再到三国时期大机械设计师马钧正式设计发明了翻车，又叫龙骨水车，其结构设计精巧，所谓"灌水自覆，更入更出"，可以连续提水，大大提高了灌溉效率。唐代开始，长江流域常用形似纺车的利用水流冲击轮子旋转，把水从底处提高到高处，达到灌溉目的的筒车。[①] 到明末又有了利用风力的风转翻车。

二、节用：安分知足，节约俭省

中国先民从万物周期性往复环回的自然规律中，也体悟出恒定的重要性。所谓自然万物其实亦维系于一种"相反相成"的对立统一中，矛盾会令事物失衡，会影响事物的恒定安泰的发展，所以中国先民总是首先主张对立面的和谐统一，讲求消融矛盾，以求得事物的"恒定"与"恒动"。如儒家"中庸"折衷哲学，主张以"不偏不倚"而持中的态度去平衡事物；道家以"此消彼长""有余者损之，不足者补之"的方法来中和强弱大小，令事物得以均衡。[②] 具体而言，中国先民在追求社会文化的恒定发展中，懂得安分知足，悟出了节约俭省的节用之理。

安分知足

中国先民倡导安分，即让人要懂得"守本""知足"，亦如孔子的"乐天自得""知足要命"。孔子认为，人们在居、食、衣、物各方面，满足于"庇风雨""慰饥渴""御寒暑""利日用"，就是守本、知足，这是正当的；过此而追求，作非分之想，就是物欲，就是不知足，就会走向反面。亦如"成由俭起败

① 尹定邦：《设计学概论》，湖南科学技术出版社，2000，第104页。
② 梁町：《"可持续设计"本土化的探讨及对中国工业设计教育的启示》，长沙：中国国家工业设计教育会议，2002.10.09。

由奢"①。

不仅如此，孔子还认为，人总有贫富，生活的好差应与个人的经济状况和地位匹配。所以，他又说，贫、富要做到的就是，"食无求饱，居无求安"（《论语·学而》），"富而无骄，……富而有礼"（《论语·学而》）。意思是说，穷人但求有吃的而不要要求饱足，但求有住的而不要要求舒适，要"安贫乐道"②；富人虽然富裕但不要骄淫，富裕了还要讲礼讲仁。当然，从某种意义上讲，安贫乐道是一种带有阶级性的经济思想，尽管它"没有十全大补的功效"，但纵观儒家在中国传统社会备受推崇的历史，人们还是有理由说，儒家圣人开出的这剂"方子"，也算是"古今治国平天下的大经络"③。

值得一提的是，古人同时还提倡寡欲，即是人对无穷欲望予以节制。中国古人认为这也是一种修养。老子除了将"道"作为世界万物的本原外，还将之作为万物的归宿。万物从"道"而生，最后又复归于"道"，"夫物芸芸，各复归其根。归根曰静，是谓复命。"（《道德经·第十六章》）这些反映了老子认为人类应重返纯朴的自然状态的思想。因而老子倡导"少利寡欲"和那种"持而不有"的美德。

当然，古人倡导"寡欲"，倒并不是让人断绝一切物质欲望。因为他们也看到了欲望无穷与物质有限的矛盾，并认为无穷的欲望是祸乱和国家危亡的根源。这正如先秦儒家荀子和法家管子说的：

人生而有欲，欲而不得，则不能无求，求而无度量分界，则不能不争。争则乱，乱则穷。（战国·荀子《荀子·礼论》）

地之生财有时，民之用力有倦，而人君之欲无穷。以有时与有倦，差无穷之君，而度量不生其间，则上、下相疾也。是以臣有杀其君，子有杀其父者矣。

---

① 见（唐）李商隐《咏史》中"历览前贤国与家，成由勤俭败由奢。"
② 见（南朝刘宋）范晔《后汉书·杨彪传》："安贫乐道，恬于进趣，三辅诸儒莫不慕仰之。"
③ 见鲁迅《花边文学·安贫乐道法》。

故取于民有度，用之有止，国虽小必安；取于民无度，用于不止，国虽大必危。（《管子·权修第三》）

总之，"吉莫吉于知足"。（《素书》）中国先民认为，人人安分守己知足，家家安居乐业，人就会平安无事，社会就会太平兴盛。

节俭

中国先民认为节约俭省是一种讲求节约，对物质珍视的美德。

从词源词义来说，节、约、俭、省，在古代汉语中最初都有单音之义。节，本义为竹节，因竹子形如捆绑、缠束之貌，故有引申义：节制、礼节。约，从"糸"，本义即为捆绑、约束、缠束，喻义为不敢放纵。俭，本义是指在思想行为等方面对自己加以约束，特指生活朴素、不浪费；也引申为贫乏、歉收之义。省（shěng），为减少、节俭的意思，古时也指皇宫中的禁地，亦可看作是省（xǐng）的本义察视的引申。事实上，由于它们在表达上有相同或相近之义，故古时人们常会用它们互为释义。如《说文解字注》中用"约"释"节"；《说文》中用"约"注"俭"；《篇海类编》用"节""省"为"俭"作释；《康熙字典》中用"约"注"省"，用"俭""省"释"约"；等等。不过，时至今天我们可以看到，它们已经逐渐互为融合，形成了诸如"节约""节俭""节省""俭约""省约""俭省"等双音词。由此不难看出，不管它们如何融合，也不管是客观因素形成的限制，还是主观原因引起的自我克制与不放纵，它们都突出了对人行为的管控、节制。[1] 这里，可以用汉字演化过程中形成的最常用的"节俭"一词以概之。

中国先民很早就把节俭当成是一种克己的文化信仰和准则。这也可说是中

---

[1] 褚海萍：《节俭文化与消费转型研究》，人民出版社，2018，第2-8页。

国古人"安分知足"思想在行动层面上的一种实践操守。中国先民因为认识到了自然物质的有限，故而常以老子说的"常善救物，故无弃物"[1]为标准，时时处处珍爱万物，没有遗弃，做一个有德行的人。就拿满足人们基本生存需要的粮食而言，其"生产不是短时间内可以完成的，大致要经过播种、发芽、出苗、成长、成熟、加工等一系列过程，要依靠日光、温度、水分等一系列条件"[2]。所以，在衣食住行方面，中国古人把"节俭者，不竭之源"[3]奉为座右铭，认为只有节约俭省，衣食住行之物才能不致耗尽，人的生存需要才能足够满足。故而"思前顾后""精打细算""细水长流""饱时省一口""会吃吃千顿"等等节俭意识及行为、习俗，便成为再平常不过的日常之事。

当然，除了珍物惜物的自我克制、节制外，中国先民也常把节俭同勤劳、孝顺、赈民救困、防灾等联系在一起，当成是治生、修身、齐家、治国之道的最高境界，"德之共也"[4]。所以与此同时，节俭与浪费相对，不节、奢侈便成为众矢之的，成为"恶之大也"[5]。因为浪费意味着随意的消费，它会破坏日常的合理规划；如果不节、奢侈，不重视防止灾祸，将会"大物不产、大鱼不游、大禽不栖、大兽不居"（《素书》）。即使再丰足的物用，最终也会消耗殆尽。正所谓："不节则虽盈必竭。"[6]

基于这种信仰，古人在审视农业、建造、手工等生产实践与自然环境的效

---

[1] 见《老子·二十七章》："是以，圣人常善救人，故无弃人；常善救物，故无弃物；是谓袭明。"。

[2] 褚海萍：《节俭文化与消费转型研究》，人民出版社，2018，第25页。

[3] 见（东汉）严遵《座右铭》：口舌者，祸福之门，灭身之斧。言语者，天命之属，形骸之部。出失则患入，言失则亡身。是以圣人当言而怀，发言而忧，如赴水火，履危临深，有不得已，当而后言。嗜欲者，溃腹之矛。货利者，丧身之仇。嫉妒者，亡躯之害。谗佞者，刎颈之兵。残酷者，绝世之殃。陷害者，灭嗣之场。淫戏者，殚家之堑。嗜酒者，穷馁之薮。忠孝者，富贵之门。节俭者，不竭之源。吾日三省，传告后嗣，万世勿遗。

[4] 见（春秋）左丘明《左传·庄公二十四年》》："俭，德之共也；侈，恶之大也。"

[5] 同上。

[6] 见（唐）陆贽《均节赋税恤百姓六条疏》："不节则虽盈必竭，能节则虽虚必盈。"

应关系的同时，对于厚葬、开凿山石冶金取玉、砍伐树木修筑楼台、任意掘断河水等等现象所造成的自然资源大量消耗、环境污染与万物繁衍的生存危机，早已表示了深深的忧虑：

逮至衰世，镌山石，锲金玉，摘蚌蜃，消铜铁，而万物不滋，刳胎杀夭，麒麟不游，覆巢毁卵，凤凰不翔，钻燧取火，构木为台，焚林而田，竭泽而渔。人械不足，畜藏有余，而万物不繁兆，萌牙卵胎而不成者，处之太半矣。积壤而丘处，粪田而种谷，掘地而井饮，疏川而为利，筑城而为固，拘兽以为畜，则阴 阳缪戾，四时失叙，雷霆毁折，雹霰降虐，氛雾霜雪不霁，而万物燋夭。䂮榛秽，聚埒亩，芟野菼，长苗秀，草木之句萌、衔华、戴实而死者，不可胜数。乃至夏屋宫驾，县联房植，檫橡欀题，雕琢刻镂，乔枝菱阿，夫容芰荷，五采争胜，流漫陆离，修掞曲校，夭矫曾桡，芒繁纷挐，以相交持，公输、王尔无所错其剞劂削锯，然犹未能澹人主之欲也。（西汉·刘安《淮南子·本经训》）

也因此，除了前面提到的倡导、教化关于节俭的人生信念、礼制意识外，那时国家通过颁布相关法规法令来控制社会消费也是一项重要的措施。尽管在今天看来，古代社会的资源浪费及环境污染等现象不及今天严重，但还是因为生产生活、天灾、战乱等带来了不少的生态破坏及问题。故古代政府对生态及资源的管理和控制也一直重视，提出了许多控制社会消费的法规和举措，并付诸实施。

远古夏商周时期就有保护生态的禁令。那时，因人们频繁迁徙、"桀伐蒙山"、烧铸青铜等毁坏了生态。于是，夏代颁布"禹之禁"①，有大辟、膑、宫、

---

① 见（先秦或西汉）《逸周书·大聚解》："禹之禁，春三月，山林不登斧，以成草木之长；夏三月，川泽不入网罟，以成鱼鳖之长。"

剕、墨五刑；商代"弃灰于公道者断其手"[①]；周朝，设立专门掌管生态的官员，颁布保护生态的"伐崇令"[②] 等。按《周礼注疏》卷十六所讲，周朝掌管山林川泽生态资源的官员及其下属，其主要职责大致包括这几个方面：一是按照时令开放或者禁止田猎采伐；二是禁止不当的田猎采伐方法；三是当国君或官员前来田猎等，负责接洽；四是收获、管理、上缴他们在山林川泽出产而上级需要的财物；五是负责对当地山川的祭祀；六是负责防火等事宜。[③]

春秋战国时期，社会急剧动荡，人口稠密、城镇林立。为扩大农耕，常大兴土木，砍伐和烧毁大量树林和草地，挖堤决口；战争、厚葬制度也极其严重地破坏了生态。尤其盛行厚葬之风，如"齐国好厚葬，布帛尽于衣裘，材木尽于棺椁"[④]，木材、布匹消耗严重，"桓公患之""布帛尽则无以为蔽，材木尽则无以为守备，而人厚葬之不休"[⑤]。怎么办呢？于是管仲就建议下令重罚，乃下令曰："棺椁过度者戮其尸，罪夫当丧者。"[⑥] 最终，没过多时，齐国的"厚葬之风休矣"[⑦]。当然，那时以酷刑酷政来控制社会消费、厉行节俭的方式，在今天看来，或许还有待商榷。战国后期，人们注意到生态平衡发展和生态链，如通过遵行《月令》、《王制》、《秦律·田律》、齐国"禁止厚葬"令、封山禁令（"山泽各致其时"、设置水官）等较好地保护了生态。

秦汉时期，气候温暖，竹林遍布，疆域空前辽阔，各种地貌形态俱全，但洪患、边患、战乱，以及过度的"戍边郡"移民与屯田垦荒等危及生态的现象也不容忽视。故这一时期设置了保护生态的官职，实行了"定水令"、"四时之

---

① 见《韩非子·内储说上七术》："一曰：殷之法，弃灰于公道者，断其手。"
② 西周时期的《伐崇令》规定："毋坏屋，毋填井，毋伐树木，毋动六畜，有不如令者，死无赦。"
③ 赵杏根：《中国古代生态思想史》，东南大学出版社，2014，第20页。
④ 见《韩非子·内储说上》。
⑤ 同上。
⑥ 同上。
⑦ 同上。

禁"劝民种树"令、《田律》等系列生态法令与措施。[①]

魏晋南北朝时期，疆域频繁扩缩变迁。灾荒、战乱及随意的掘山断水，使北方塞外和黄河流域生态环境受到较大破坏；大量人口南迁亦使南方生态也遭一定程度的破坏。但为发展农业生产，亦重视保护生态，兴修水利，并时有诏书令百姓遵时守禁，保护自然资源。如曹魏"屯田农桑""薄葬令""禁猎"、蜀国"务农殖谷，闭关息民"、南朝"鼓励蚕桑""遵时守禁""祭祀制"、北朝"禁捕禁伐"令等，都是保护自然资源之举。[②]

隋唐疆域一度"东南皆至海，西至且末，北至五原"[③]，农业有较好发展。但黄土高原生态恶化，沙漠化加重，草原带南界明显向南，耐旱植物分布范围扩大；黄河流域植被继续缩小，水体含沙量增加，泛滥改道渐趋频繁。这一时期的"劝课种桑""植树令""禁止翦伐田间树""凡采捕畋猎必以其时""均田令"等，是实行生态及资源保护的有效措施。[④]

宋代行政区单元以肥沃农业区为中心，具备生存和发展的生态环境基础和经济基础；元代为中国史上统一王朝中疆域最大的时期，农耕、游牧文化区相融，经济重心区南移。这一时期，气候冷暖交替变化；大部分地区天然植被覆盖茂密，发育良好。但这期间由于毁林垦荒及战争等，北方天然森林植被受到一定破坏，土地沙化现象扩大。黄河沉积河沙继续向泛滥区和东出海口推进；长江河道左右摆动变弯与沙洲形成、推移或冲毁等也常有发生。宋元时期，为保护生态，颁布了"课民种树""劝民种桑"，禁止"毁伐树木"和非时滥捕禽

---

① 王玉德、张全明：《中华五千年生态文化（上）》，华中师范大学出版社，1992，第164-200页。

② 王玉德、张全明：《中华五千年生态文化（上）》，华中师范大学出版社，1992，第287-290、305-309、330-331页。

③ 见（明）顾祖禹：《读史方舆纪要》卷四，《历代州域形势四》。

④ 王玉德、张全明：《中华五千年生态文化（上）》，华中师范大学出版社，1992，第336-337、337-339、342、349-352页。

兽，保护野生动物等诏令，取得了一定成效。①

明代疆域"东起辽海，南至琼、崖，北抵云、朔，东西万余里，南北万里"②，但人口增长和掠夺性资源破坏，使森林面积大幅减少，沙漠化不断扩大，江河水土加剧流失，湖泊资源衰减，野生动物明显减少，灾荒频繁发生。为此，明亦颁布大规模移民屯田和山泽采捕禁令、植树造林政令、《大明律》《水规》、地方禁规民约《三院禁约》等一系列相关政令、规约，以缓解生态矛盾。③

清代辽阔的疆域上，保存着农业和游牧业两种生态经济生活方式。但"江西填湖广""湖广填四川"等大规模流民垦荒，砍伐树木，开山围湖等，加剧了水土流失、灾害频发等；此外，民族资本工矿业的发展，也造成了一定的污染。清代《大清律》等律文在自然环境保护方面发挥了一定效用。

值得指出的是，节俭也不能单纯理解为少吃少用。它也是指能从人类社会的长远持久着眼，按照自然规律来谋求发展生产之道。西周《易经》就提出了"财成辅相""范围曲成""先天后天"等，基本意思是一个，即在适应自然并掌握自然规律的前提下，发挥人的能动性去节制、辅助、引导、开发自然，调整自然以符合人类的要求，从而达到人类与自然界的相互协调。所以也是基于这种信仰，古人在造物设计方面重设计功能反对无谓装饰，以追求"器完而不饰""质真而素朴"。墨家学派创始人墨子在对于服装、建筑、车船等设计之"道"的评述里就说：

其为衣裘者何以为？冬以围寒，夏以围暑。……其为舟车何以为？车以行

① 王玉德、张全明：《中华五千年生态文化（上）》，华中师范大学出版社，1992，第408、416-418、428、555-564页。
② 见《明史》卷四十，《地理志》。
③ 王玉德、张全明：《中华五千年生态文化（上）》，华中师范大学出版社，1992，第572-606页。

陵陆，舟以行川谷，以通四方之利。凡为舟车之道，加轻以利者，芊缦不加者，去之。（《墨子·节用上》）

基于这些信仰，古代中国的节俭造物范例可算不少。中国古代传统服装设计制作中对布料经常采用的"零浪费"裁剪、以折代剪、剩料拼接利用等节约工艺就是例证。[①] 如古代常见的合裆夹裤，主要由前片、后片、裤腰、系带四部分构成，造型中通过剪、折、裁、补、缝等过程"实现了面料的零浪费剪裁，使材料得到了最大程度的使用，裁剪、缝合工艺亦最大程度的节省"[②]。再如独树一帜的中国旗装，也是以节省用料、简便制作和方便穿着等特点突破了古代衣冠的飘逸特点而受到人们的欢迎。此外，中国数千年来传承下来的，所谓"新三年，旧三年，缝缝补补又三年"的给破旧衣服打补丁的"勤俭节约"的传统美德和"艰苦朴素"的优良传统，更是例证。

在社会文化及手工制作方面，北宋毕昇活字印刷术的发明也是极好例证。同时代的学者沈括在其《梦溪笔谈》中这样记载毕昇发明的活字印刷术：

板印书籍，唐人尚未盛为之。自冯瀛王始印五经，已后典籍皆为板本。庆历中，有布衣毕昇，又为活板。其法用胶泥刻字，薄如钱唇，每字为一印，火烧令坚。先设一铁板，其上以松脂、蜡和纸灰之类冒之。欲印则以一铁范置铁板上，乃密布字印。满铁范为一板，持就火炀之，药稍熔，则以一平板按其面，则字平如砥。若止印三、二本，未为简易；若印数十百千本，则极为神速。常作二铁板，一板印刷，一板已自布字，此印者才毕，则第二板已具。更互用之，

① 祖倚丹、申凯旋、王瑾：《中国古代服装节约工艺研究》，《丝绸》2015年第11期，第42–46页。
② 高丹丹、贾荣林：《浅谈"敬天惜物"造物思想在中国传统服饰中的应用》，《文物鉴定与鉴赏》2017年第11期，第70–72页。

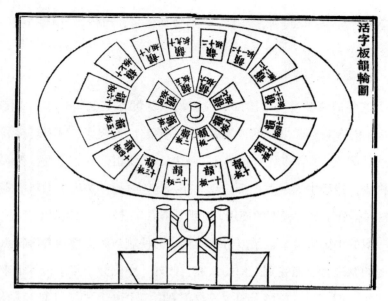

活字板韵轮图　采自(元)王祯《王祯农书》

瞬息可就。每一字皆有数印，如"之""也"等字，每字有二十余印，以备一板内有重复者。不用则以纸帖之，每韵为一帖，木格贮之。有奇字素无备者，旋刻之，以草火烧，瞬息可成。不以木为之者，文理有疏密，沾水则高下不平，兼与药相粘，不可取。不若燔土，用讫再火令药熔，以手拂之，其印自落，殊不沾污。昇死，其印为群从所得，至宝藏之。[①]

可以看出，毕昇发明的活字印刷术可一字多用，重复使用，尤其是当印数多时，更显快捷灵活、省时省力和节约材料。在此之前，只有摹印、拓印和雕版印刷等，尤其是自五代后普遍采用的雕版印刷，既笨重费力、存放不便，又耗料耗时，有错字亦不易更正；且所雕刻版一旦印刷完毕就大多废弃无用，造

① （北宋）沈括：《梦溪笔谈》卷十八，《技艺》，文物出版社，1975，第15页。

成了物资和人力成本的极大浪费。显然，活字印刷术较之之前有质的飞跃，这也是印刷史上一次伟大革命，实不愧为中国古代的四大发明之一。继毕昇之后，元代王祯又发明木活字和转轮排字盘。这一改革提高了印刷拣字效率，进一步减轻了劳动强度。[①]

总之，以上种种"节俭"及"节物致用"的思想及行为体现在中国古代包括传统衣食住行、农业生产及文化传播等在内的方方面面，其不仅追求的是一种在"和谐"基础上投入和产出之间的最优比率及造物艺术，也体现了一种可持续发展的节俭生活方式和行为方式。[②]正如朱柏庐《朱子治家格言》里所言："一粥一饭，当思来处不易；半丝半缕，恒念物力维艰。"

三、积蓄：尚力尚勤，积渐蓄储

中国古人从万物变化循环的自然规律中不仅体悟出了恒定的重要性，也看到了一种质量互变的因果逻辑。《周易》讲天地万物的生成过程说：

> 有天地然后万物生焉，盈天地之间者唯万物，故受之以屯。（《易经·序卦传》）
> 易有太极，是生两仪，两仪生四象，四象生八卦。（《易传·系辞上》）

可以看到，古人以代表天地的乾坤二卦为起始，进而推衍出象征万事万物的八卦、六十四卦，呈现了一个或相因、或相反的因果联系序列。所谓"种瓜得瓜种豆得豆"，正是数千年中国传统农业社会得出的因果报应的经验，喻示着"一分耕耘一分收获"的道理。进而言之，因果相续，"既然耕耘的努力（原

---

① 戴逸、龚书铎：《中国通史（第三卷）》，海燕出版社，2000，第220页。
② 高丹丹、贾荣林：《浅谈"敬天惜物"造物思想在中国传统服饰中的应用》，《文物鉴定与鉴赏》2017年第11期，第70—72页。

因）会直接影响收获（结果），那么收获的多寡（结果）也自然会影响往后耕作的部署（未来的原因），因果不单会往返还会相报，而且还会延续相续"①。也因如此，具体在日常生活生产及为人处世等方面，也随着古代中国农业社会那种积谷（因）以防饥（果）思维的不断推动，古人极为重视尚力尚勤，积渐蓄储，因为这实在是对于那种波幅不定的农耕经济的最佳策略。②

力勤

谈到积蓄，中国古人认为，首先必须尚"力"尚"勤"，即努力劳作，因为"民生在勤，勤则不匮"③，个人的富贵、国家的治乱安危，都取决于"力"与"勤"。所谓"富贵本无根，尽从勤里得"④，富贵是不能生根的，也不是天定的，不是由于什么预先的命运决定的，而是要靠力勤获得。如《易经》说："劳谦，君子有终，吉。"⑤意思是说，劳苦功高而又谦逊，君子终生如此，吉祥。尤其是对于中国传统农耕社会而言，

"力能胜贫"⑥，力勤于耕作，才能获得粮食、衣物等生存必需品。否则，只会像《论语·微子篇》中说的"四体不勤，五谷不分"，像《论积贮疏》中说的"一夫不耕，或受之饥；一女不织，或受之寒"，像朱熹说的"不勤则寡入"⑦，或如《道德经》所言"不道早已"，最终必然导致贫穷的结果。也不妨再说，人与动物的区别就在于，人要通过力勤才能获得衣食之需，才能生存，正如《墨子·非乐上》中说的"不赖其力者不生"。进而言之，人生每天都在劳

---

① 梁町：《"可持续设计"本土化的探讨及对中国工业设计教育的启示》，长沙：中国国家工业设计教育会议，2002.10.09。
② 同上。
③ （春秋）左丘明《左传·宣公十二年》："民生在勤，勤则不匮，不可谓骄。"
④ 见（明）冯梦龙《醒世恒言·卷三十五》。
⑤ 见《易经·谦卦第十五》："九三，劳谦，君子有终，吉。"
⑥ 见（北魏）贾思勰《齐民要术·序》："力能胜贫，谨能胜祸。"
⑦ 见（宋）黎靖德《朱子语类》："勤与俭，治生之道也，不勤则寡入，不俭则妄费。"

耘 采自(明)宋应星《天工开物》

作，既是播种大地的种子，与节俭等美德并行而获得生计，也是在播种人生心性的种子而修身潜行。所谓广种广收，不种不收，其天道酬勤的道理自古都是一以贯之的。

其次，还要注意"积"和"渐"，要懂得循序渐进的道理。一来，劳动预示着要付出艰辛和汗水，方能知晓粮食衣物的来之不易，一如众人熟知的《悯农》："锄禾日当午，汗滴禾下土。谁知盘中餐，粒粒皆辛苦。"二来，一家人的生计，靠的不是一时一年的获得和权宜之计，而是要经年劳作，要懂得时时累积果实和积攒财富，方能持久地得以维持。这对于修身、治国亦然。所谓"积薄而为厚，聚少而为多"①"聚少成多，积小致巨"②"故不积跬步，无以至千里；不积小流，无以成江海"③等等，都是这个基本道理。再者，自然界万事万物本身都有其生长周期，要懂得积谷防饥的道理。譬如拿早期农业来说，它是从采集经济发展而来，那时地广人稀，也无能力精耕细作，播种和收获之间还需较长时间的守望。不妨还说，"人有旦夕祸福，月有阴晴圆缺"④，古代灾难凶险的年景更是常有的事，故而经过力勤而积渐储蓄起来的物资才有可能给家庭提供衣食供给，渡过难关⑤。概而言之，对于中国先民而言，积渐和循序渐进是社会与人生的大道理，这也正如古人所说：

积善之家，必有余庆；积不善之家，必有余殃。(《易经·坤卦第二》)

善不积，不足以成名。恶不积，不足以灭身。(《易传·系辞下》)

积土成山，风雨兴焉；积水成渊，蛟龙生焉；积善成德，而神明自得，圣心备焉。(荀子《劝学》)

蓄存

中国的"蓄"字，含义丰富。其本义为积聚、储藏、蓄存等，如《说文》《广雅》中分别以"积""聚"注"蓄"。引申义有蓄集、蓄养、蕴藏、积蓄、

---

① 见(西汉)刘向《战国策·秦四或为六国说秦王》："于是夫积薄而为厚，聚少而为多，以同言郢威王于侧纣之间。"
② 见(东汉)班固《汉书·董仲舒传》。
③ 见《荀子·劝学》。
④ 见(宋)苏轼《水调歌头·明月几时有》。
⑤ 褚海萍：《节俭文化与消费转型研究》，人民出版社，2018，第33页。

蓄志等等，如《美芹十论》中说的，"使得植桑麻、蓄鸡豚，以为岁时伏腊婚嫁之资"，"蓄"为蓄养之意；《礼记》中说的，"国无九年之蓄曰不足，无六年之蓄曰急"，"蓄"为积蓄之意；等等。

这里先说蓄存。"中国农业文化里很早就有储存物资的需求和习惯。在《周易》古经中有'屯'这一卦象，'屯'在字义上既有囤积之意，也有防患于未然的策略性意义。"① 中国自古以农为本，在相当长的历史时期内，农业及其副业占据社会主导地位。随着原始农业的发展，人们的物质产品有了剩余，吃不完的粮食需要储存，水也需要储备，还包括其他物品，于是就出现了篮、壶、罐、盂、鼎、桶、盒、箱、囤等各类储存器物，以及装、封、浸、腌、冷藏、窖藏、仓储、水储等各类储存方式，大小繁简，丰富异常。

储存器物方面，拿原始陶器为例。关于陶器的起源，吴仁敬、辛安潮《中国陶瓷史》中是这样说的：

> 上古之民，……其对于一切之努力，大都以饮食为中心耳。食物既为当时努力之中心，则凡对于饮食有关系者，初民必当竭尽精力以求之，于是釜瓮之属，因需要之急迫，渐有发明矣。初民，因生食之致病也，乃求熟食之方，因食物之易腐败也，乃思久藏之法。其初，则抟土为坯，日晒干之，成为土器，及神农伏羲时，则掘土为穴灶，以火烧土，使成为素烧之陶瓷，用于烹饪，用以贮藏。（吴仁敬、辛安潮《中国陶瓷史》）

不难看出，陶器确"使民得以贮藏食物，免腐败之患，其福利于人民"②。这里，陶瓷的制成手法自不必细说，但"农业经济和定居生活的发展，谷物的

---

① 梁町:《"可持续设计"本二化的探讨及对中国工业设计教育的启示》，长沙:中国国家工业设计教育会议，2002.10.09。
② 吴仁敬、辛安潮:《中国陶瓷史》，湖南大学出版社，2014，第1页。

贮藏和饮水的搬运"①,应该是促进了陶器这种新容器的大量出现。就原始陶器的器型种类而言,常见有碗、钵、盆、罐、壶、杯、盘、瓶、鼎等,也可谓多样。当然,为了取得最大限度的容量,无论是壶、罐,还是瓮、瓶等,这些储藏器物的基本造型形态都近乎是球形或半球形。不过有趣的是,许多新石器时代文化遗址中发现的尖底瓶,除了中部呈现偏椭圆的长腹外,也呈现小口、尖底,并腹部两侧有一对环耳的特点。目前人们揣测,其要么是古代盛贮器,用以从河水中取水;要么是一种礼器,尖底插入陶琮的中孔,瓶内盛放酒水,用于祭祀天地。总之,这些都应该是古人为了尽力满足在各种场所及条件下,蓄存各种各样物质的需要。

裴李岗文化红陶三足壶
1977 年河南新郑裴李岗遗址出土
河南省博物馆藏

　　事实上,在人类从采集、渔猎时代到农业、畜牧业时代过渡的漫长发展历程中,"陶瓷的发明,标志着新石器时代或野蛮时代的开始",它是"人类日常生活中不可缺少的用具",它"促进了人类定居生活的更加稳定"②。直到今天,陶器依然同人类的生活和

---

① 中国硅酸盐学会主编:《中国陶瓷史》,文物出版社,1982,第1-2页。

② 中国硅酸盐学会主编:《中国陶瓷史》,文物出版社,1982,第1页。

生产息息相关。

储存方式方面，先拿早期窖存来说。据考古资料信息，距今约10300年的磁山文化遗址"第一文化层发现了一百五十七个窖穴，其中六十二个有粟类粮食堆积。有人对现已发现的八十八个存粮窖穴进行统计，全部粮食体积约一百零九立方米，所存粮食足够二百五十人一年之用"①。这么多的存粮，一来说明了那时粮食有了富余，二来也说明早期古人就极为重视农产品的蓄存。

苗族水上粮仓也是一例。具体说，它是建在水塘中央，为木质吊脚楼结构，仓顶多用杉木皮盖顶。采用这种方式储藏的主要目的是防火灾、防鼠、防潮。它是苗族地区人民储藏粮食智慧的结晶，据考证至今已有600多年的历史。

再拿古时蓄菜御冬为例。民以食为天。除了五谷或九谷杂粮外，古人也早知道蔬菜的重要性。所谓"饥馑"中的"馑"，除了有谷物欠收之意，也有蔬菜歉收之意，如《说文》中说"馑，蔬不熟曰馑"，《尔雅·释天》中说"可食之菜，皆不熟为馑"。但古时物质生活贫乏，蔬菜种类很少。先秦时期的《诗经》中提及了132种植物，其中也只有20余种可用作蔬菜。即使渐至后世，蔬菜的品种有所扩展和从外来引入，也重视果木栽培，但仍不能和今天相比。不仅如此，蔬菜同粮食一样，一般都要熟加工才便于餐用。尽管同有限的几种主食相比，菜肴的烹饪可以变化，但早期在烹、濡这两种主要做菜方法的影响下，菜品的形式不多，主要是羹。更何况，普通百姓日常难得享用肉羹，就像《急就篇·卷二》颜师古注："麦饭豆羹，皆野人农夫之食耳。"这就是说，除了有限的主食，古人的副食主要是蔬菜，但其实也很有限。因而，为了预防冬天的饥馑，需要蓄存蔬菜，任怎样使蔬菜能留存下来又不致腐败呢？于是聪慧的古人发明了加工泡菜的方法。

制作泡菜除了利用湿态发酵或通过乳酸杆菌在缺氧情况下发酵的原理外，

---

① 田昌五：《华夏文明的起源》，中国国际广播出版社，2010，第41页。

用来盛装蔬菜的菜罐也是关键。据一些考古发现，古时制作泡菜所用的菜罐就是一种有双领的陶罐，或就是古时的菹罂，即今天所称的泡菜坛子。利用双领罐加工泡菜的要领就在于，双领罐的双领能够将罐内蔬菜与外界空气隔绝。关于这一要领，《释名》里也说得比较清楚："菹，阻也。生酿之，遂使阻于寒温之间，不得烂也。"以上利用双领罐和相关原理加工泡菜御冬的方式一直沿用至今，足见中国人数千年来根深蒂固的蓄存意识。[①]

蓄养

要有储存也要懂得蓄养。养殖禽畜是古中国农作社会的重要经济生产方式之一。中国自古就有屋前屋后种植果树蔬菜和饲养家畜家禽的传统，即所谓"庭院经济"。先秦管子认为：

> 故授有德，则国安；务五谷，则食足；养桑麻，育六畜，则民富。（《管子·牧民·十一经》）
>
> 一树一获者，谷也；一树十获者，木也；一树百获者，人也。（《管子·牧民·六亲五法》）
>
> 桑麻植于野，五谷宜其地，国之富也。六畜育于家，瓜瓠荤菜百果备具，国之富也。（《管子·立政·五事》）

很显然，管仲已把庭院经济纳入他治齐的经济政策之中。儒家孟子，将堂室、栏厩、宅院为结构的家庭居住模式称作"五亩之宅"[②]，他在回答梁惠王向他请教"怎样发展生产，达到国富民安的目的"时说：

---

① 孙机：《中国古代物质文化》，中华书局，2015，第3-34页。
② 见《孟子·梁惠王上》："五亩之宅，树之以桑，五十者可以衣帛矣。鸡豚狗彘之畜，无失其时，七十者可以食肉矣。百亩之田，勿夺其时，数口之家可以无饥矣。"

不违农时，谷不可胜食也；数罟不入洿池，鱼鳖不可胜食也；斧斤以时入山林，林不可胜用也。谷与鱼鳖不可胜食，树木不可胜用，是使民养生丧死无憾也。养生丧死无憾，王道之始也。……（孟子《孟子·梁惠王上》）

孟子的意思是说，进行农业生产既要按照最适宜的时间，要懂得节俭，还要懂得蓄（畜）养，这样才能富国安民。

事实上，庭院农业历来在中国自给自足的家庭经济中占有相当大的成分。就庭院种植来说，如北方齐鲁大地常有种植桑麻、漆树及瓜桃李枣，吊瓜和葫芦，更是数千年来一直生长在庭院，至今也没移植到田间。就饲养来讲，中国早期新石器时代即有鸡、狗、猪、羊等家畜家禽。之后又逐渐驯化了一些动物，如马、牛、猫等。不过，这些自然经历了从拘禁驯养到野牧，再到家养或人工放牧的漫长过程。

饲养家畜，不仅能为人们提供食用、毛皮等生活物品的来源，也能满足人们农耕生产劳役的需要。如自春秋时代发明牛耕后，六畜之一的牛自然也是和农家结下了不解之缘。原始耕地就是把土一块一块地挨次掘起来，耕作的人需要掘一块，退一步。这种后退间歇的耕地方法，用力多而效果差。而正是有了牛耕，耕地才用力少而效果好。这无疑是耕作技术的一次重要改革，也是人类社会进入一定文明时代的一个标志。所以，牛在古代也实乃至尊之物。古人认为："牛，大畜，祭天尊物也。"[①]

再如传统谷物加工器具中的石碓、石磨。较原始的碓、磨，就分别只是一个石臼，用杵捣米；用一大一小两块平坦的石头，碾磨谷物脱壳取粒。当然比石碓更早的是木杆地臼，《周易·系辞下》有曰"断木为杵，掘地为臼；臼杵

---

① 见（东汉）班固《汉书·五行志中上》："故于郊祭而见戒云。鼠，小虫，性盗窃；黩，又其小者也。牛，大畜，祭天尊物也。"

左图：碓 采自（明）宋应星《天工开物》
右图：水碓 采自（明）宋应星《天工开物》

之利，万民以济，盖取诸小过"。后来演进为踏碓、石转磨盘，不过依然靠人力加工，即使利用了杠杆原理，省却了一些人力，但人加工久了，依然手脚腰背酸痛。故而，又渐渐发明了用畜力和水力驱动的牛碓、水碓、牛磨、驴磨、水磨、牛碾、水碾、畜力连磨等。东汉桓谭《桓子新论》也有记载："宓牺之制杵臼，万民以济，及后人加巧，因延力借身重以践碓，而利十倍，杵舂又复设机关，用驴、骡、牛、马及役水而舂，其利乃且百倍。"

　　以上这些都说明，早期无论是植养，还是饲养，它们都成为了人们生活的

左图：水磨　采自（明）宋应星《天工开物》
右图：木砻　采自（明）宋应星《天工开物》

一个重要来源，这也是农耕社会定居的必要条件。①《周易》古经"大畜"和"小畜"的卦象中也有不少关于畜的记载，其中涉及马、牛、猪等，也谈及了蓄养的多种含义及重要性。在《周易》看来，蓄也是一种勤、爱护和培养，其范围还可延伸至道德学问、爱护与使用贤才、行为方面的畜（蓄）止等。正所谓所畜至大，"不家食吉，利涉大川"②。

① 田昌五：《华夏文明的起源》，中国国际广播出版社，2010，第42页。
② 见《易经·大畜卦第二十六》："大畜。利贞。不家食吉，利涉大川。"意思是，《大畜》卦象所蓄至大；利于坚持正道；不在家吃闲饭才是吉祥，利于渡过大江大河。

蓄集

中国以仅有的全球 7% 的土地而养活世界五分之一的人口，其中所依赖的是一套"精耕细作"的农耕哲学，即提高单位的面积产量，以集中式的耕作及技术去节省人力、时间的消耗。中国古代农书《齐民要术》中就说："凡人家营田，须量自己力，宁可少好，不可多恶。"意思是说，凡是家家户户种田，宁可地少一些而耕作精细些，不要地多了粗种。再如元代《农书》一书贯穿了"天时不如地利，地利不如人事"的思想，认为只要注意耕作方法，"不违农时"，是可以克服天灾而夺取丰收的。正所谓："多种田不如多治地也。"（张履祥《补农书》）

中国许多传统农业蓄水灌溉工程，是蓄集的典型，亦表现了非凡的生态智慧。中国古人常常善于利用可靠水源，通过引、输、配水渠道系统和相应排水沟道的灌溉系统，进行卓有成效的农业生产，极大地促进了古代社会经济的发展。如春秋楚国淮水流域的芍陂，"陂径百里，灌田万顷"[1]；秦国成都平原的都江堰，"水竭不至足,盛不没肩"[2]，"沃野千里"[3]；秦汉内蒙古西部的河套灌区,引黄灌溉八百里河套平原；秦汉新疆喀什叶尔羌河灌区，沿河两岸堵水灌溉；等等。

众所周知，传统灌水方法多是重力灌水法，即水从地表进入田间并借重力和毛细管作用浸润土壤。这种办法古老，但目前仍是应用最广泛、最主要的一种灌水方法。按其湿润土壤方式的不同，又可分为畦灌、沟灌、淹灌，引水至局部田间进行蓄集与灌溉尤为关键。从古代农业灌溉工具的发展历史来看，中国古人先后发明了利用杠杆原理的桔槔取水、利用转轮的辘轳汲水、利用链轮

---

① 见（南朝刘宋）范晔《后汉书·循吏传·王景》："郡界有楚相孙叔敖所起芍陂稻田。"李贤注："陂在今寿州安丰县东。陂径百里，灌田万顷。"
② 见（北魏）郦道元《水经注·江水》："李冰作大堰于此，……水竭不至足,盛不没肩。……沃野千里,世称陆海,谓之天府也。"
③ 同上。

传动的龙骨翻车引水、利用水流冲击水轮转动的筒车引水灌溉等。这真可谓是绝妙的生态灌溉工具。当然，筒车需借助激流冲击来实现蓄水灌溉，故其使用确也受到一定地形限制。

水井，是中国古代的发明，也值得一提。华夏中原龙山文化遗址中发现了水井，说明它起源很早。至于早期水井是否用于灌溉虽无定论，但"凿井而饮，耕田而食"乃是事实。尤其是发明凿井之后，井田制才有可能大范围实施，因为此时，人们可以在远离河水的平原沃野上，利用凿井来进行农业生产和生活了。[①] 这方面，维吾尔族创造的"坎儿井"就是一种节水蓄水灌溉的好例子。坎儿井一般由四部分组成，即暗渠、明渠、竖井和涝坝（蓄水池），其水源是雪山的雪水经过渗漏流入砾石层里的潜水或伏流。由于深藏地下和由高向低的串联等特点，故其具有四个优点：一是不受阳光暴晒，减少强烈的水分蒸发，节约水资源；二是不受地表污染，保证优良水质；三是水温较低，是极佳的"清凉剂"；四是自流灌溉，不需外加动力。[②]

传统农业撒种、农作物收集的一些工具及方式，也有蓄集的生态意味。如中国原始点播工具——窍瓠，它是用瓠子硬壳制成，中间穿一中空竹子或木棍，瓠壳内可贮集种子。要播种时，用手持竹棍将下部尖头插入土层，瓠壳内流下的种子下地。这种利用蓄集意识和重力原理的点播方式，比单纯用手播种要均匀、轻便，也节约了种子，提高了功效。[③] 北魏贾思勰《齐民要术·种葱》这样记载："两耧重耩，窍瓠下之，以批契系腰曳之。"元代王祯《农书·耒耜门》也载："瓠种，窍瓠贮种，量可斗许，用穿瓠两头，以木箅贯之，后用手执为柄，前用作觜，泻种于耕过垄畔。随耕随泻，务使均匀……燕赵及辽以东多用之。"至今，河北及东北地区还见使用窍瓠。

---

① 田昌五：《华夏文明的起源》，中国国际广播出版社，2010，第103页。
② 廖国强、何明、袁国友：《中国少数民族生态文化研究》，云南人民出版社，2006，第40页。
③ 都贻杰编著/绘画：《遗落的中国古代器具文明》，中国社会出版社，2007，第123~128页。

四、和谐：和合共生，万物亲和

"和"是中国传统文化中极其重要的一种生态概念。在中国古代，由于自然经济的农业长期成为文明发展之本，孕育了关于人与自然、人与社会求"和"的基本关系的认识体系，并数千年来一以贯之。早在西周末时就建立了一套"以他平他"的求"和"之法（《国语·郑语》）。它是对万事万物间的矛盾加以调解和制约，使矛盾以一定的分别来相互调节，而使整体达至相互补足协调的统一状态，是万物的"共生"守则。中国文化的中庸和平的性格是由儒、道两家的中道观互补而成的，都强调"中"，它既是思想方法又是道德行为、生活规范，皆重内在精神的和谐，表现为与人、物、自然等等方面的和平共处、圆融无碍与相持互应。在《周礼·考工记》中，贯穿着"和合"思想，涉物关人。"和合"连用，不仅代表不同质的要素联系构成的整体系统，更体现为是中国古代文化的一种思想理念，并且广泛影响于技术、艺术、行为方式、社会心理等领域，成为中国传统文化与思想体系的重要组成部分。不妨说，在世界古代各文化系统中，没有哪一种系统的文化，人与人、与物、与自然，甚或物与物、与自然，曾发生过像中国古代那样的亲和关系。

与人和

与人和，就是以倡导伦常、仁德和礼仪的培养，"求同存异"的配合，去达至人际间的"和"谐关系。实际上，追求一统，强调范式也是古代中国农耕文化的特点之一。由于农耕需要水利，需要抗御灾害，这些仅靠独家单干，无济于事，需要形成合力。

中国人极其重视"与人为善""与人和谐相处"的做人原则。孔子提出的最高原则"仁"，不但肯定别人也是人，还要求协助别人共同提高生活，显然兼顾了人我两个方面，有利于调节人与人之间的关系。中国近代伟大的民主革

文成公主入藏壁画（清代）
采自西藏大昭寺

命先行者孙中山也说："人类则以互助为原则"（孙中山《孙文学说》），可以说，如何"固吾群，善吾群，进吾群"（梁启超《新民说·论公德》），乃是中国人做人的头等大事。

深入探究，与人和其实反映在与个人、与群体、与民族、与国家间的很多方面。如民族与民族之间，西汉汉高祖刘邦对匈奴采取"和亲"政策，唐文成公主入藏，为的都是力求边境地区的缓和与安宁，建立和好关系等。如政权与政权之间，秦汉王朝与北方匈奴和西域各族开展了交流，初步建立了友好关系，又通过西域与中亚、西亚开展了艺术和文化的交流，开辟了充满传奇色彩的丝绸之路。

人与人之间要融洽、祥和是中华民族传统的观念。不用说一家人"正家而天下定矣"（《易经·家人卦第三十七》），即使是反映在人居建筑方面，如北京的四合院及胡同，南方的民居和村落，江南的石库门和里弄……尽管有的不是至亲眷属，但人与人之间的这种相互交往、满怀情谊与敬老爱幼，仍就无不蕴育着人间的美德——互敬、互爱、互助。民谚"远亲不如近邻""一个好汉三个帮"，也正是反映了这个特征。在传统居住空间中，这种往往散发着"人人皆有家，可勿忧而吉"的亲切的"家"的氛围，这样一种特定氛围的场所的形成，成为了人们进行更广泛的人际交往的基础，也最终促成社会交往会形成一种约定俗成的社会规范，以促成个体与个体、个体与群体、群体与群体之间相互的作用（人情交往），进而促成整个社会的整体协调。

与物和

基于儒家推己及人的"仁"学思想，"和"也是以"仁民而爱物"，达至人欲与物质生产两者长持而长的双赢局面。

中国先民认为，一方面，宇宙系统中，人有与天相似的意志、意识和情感，所以人和天一起有决定万物生存的"万物之本"；另一方面，人又和物一样，都是"阴阳"与"天地"交参而生的，因而人在阴阳之气中就如同鱼儿在水中一样。鱼在水中运动会引起水的振动，人的治乱之气也可以使阴阳之气发生变化，从而影响他物；而阴阳之气向坏的方面变化，可以导致各种各样的自然灾害，向好的方面变化，则可以使人与物和谐发展。儒家圣人孔子虽很少谈论"天道"，但其所谓：

> 子在川上曰：逝者如斯夫，不舍昼夜。（《论语·子罕》）
> 子曰：岁寒，然后知松柏之后凋也。（《论语·子罕》）
> 天降时雨，山川出云。（西汉·戴圣《礼记·孔子闲居》）

之类，使昼夜、松柏、山川、云雨与人，也开始了"亲和"关系。尤其是自然中的草木鸟兽，与人的亲和关系更为密切。苗族先民，居住在幽深密林中，多着青黑色的服装以防虎豹危害；依水居住，多着青绿色为主的服装以避水蛇之害；而居高寒山区则多着白色调服装，这种以服装色彩作为环境保护色的行为，从某种意义上讲，正体现了古人希望与自然万物保持相安无事的亲和关系。

此外，中国先民在日常造物中，也尤其注重对物质材料之间关系的认识。在古人看来，自然万物是在同一生命水平之上的，各物质之间，相融相生，生命形成之间可以相互转化。各种自然材料之间是相互存在着特殊的关系的。对于一种材料的获取或刳作，必须同时考虑到和它相关的一些材料特性。这种考虑一方面可以借助其他材料的自然属性来强化应用材料的特性，一方面则注意到各种材料之间的和谐关系，不致使它们之间的自然秩序被破坏。一如《春秋繁露》所说：

> 今平地注水，去燥就湿，均薪施火，去湿就燥。百物去其所与异，而从其所与同，故气同则会、声比则应，其验暾然也。（西汉·董仲舒《春秋繁露》）

这种万物关联式的思想，在今天看来也正是一种自然的材料保护观。[1]

与自然和

中国农业是奉行"天人合一"这套传统中国哲学思维的最明显的实证。它极讲求"与四时合其序"，配合地形环境、土质及栽种管理，而少以人为科技劳役生态。

中国是最早进入农耕生活的国家之一。中国古代对自然物候和日月星辰的运动规律的观察，常常以历法的形式记录推衍，指导人们的生产活动。如起源于黄河流域的"二十四节气"，无需借助抽象数字，仅以气候、物候划分时间，将天文、物候、农事和民俗完美结合，其反映出的气候变化、雨水多寡和霜期长短等四季轮回的客观规律，成为农耕时代社会生产生活的时间指南，对农业耕作具有重要的指导意义和深远的影响。如东汉崔寔的《四民月令》中，记

---

[1] 邓福星：《中国民间美术学导论》，黑龙江美术出版社，2003，第158页。

载了地宜、物宜、时宜与合理密植有机结合的经验及实例："二月……可种植禾，美田欲稠，薄田欲稀。"[1] "三月……时雨降，可种秔稻，稻，美田欲稀，薄田欲稠。"[2] "四月……时雨降，可种黍、禾——谓之上时——及大小豆，美田欲稀，薄田欲稠。"[3] 从中可以看出，一块农田上种植作物的密度是与时季、降雨、作物种类及土地贫瘠程度等多个因素相关，需要有机综合地予以考虑。[4] 再如元代王祯首创《周岁农时授时尺图》，意图用来准确掌握正确的农时。王祯在《王祯农书·授时篇第一》中说："北斗旋于中，以为准则。"此图突出了传统"二十四节气"的核心地位，亦体现了传统农业"天、地、人、稼"合一的"四才观"。当然，王祯还认为，此图是一般的参考，不同地域的实际农时还要相机考虑。

古代的手工业生产与农业生产相似，需要掌握和利用天时，依循天时。《考工记》以"天有时，地有气，材有美，工有巧"四者和谐的面貌出现，重天时地利对技艺的影响，强调它们的制约作用，书中说：

天有时以生，有时以杀；草木有时以生，有时以死；石有时以泐；水有时以凝，有时以泽；此天时也。(《周礼·考工记》)

《淮南子》也直接阐述说明了技艺尊重客观规律的重要性，《泰族训》曰：

夫物有以自然，而后人事有治也。故良匠不能斲金，巧冶不能铄木，金之势不可斲，而木之性不可铄也。埏埴而为器，窬木而为舟，铄铁而为刃，铸金

---

① （东汉）崔寔：《四民月令辑释》，缪启愉辑释，农业出版社，1981，第25页。
② （东汉）崔寔：《四民月令辑释》，缪启愉辑释，农业出版社，1981，第37页。
③ （东汉）崔寔：《四民月令辑释》，缪启愉辑释，农业出版社，1981，第47页。
④ 罗顺元：《中国传统生态思想史略》，中国社会科学出版社，2015，第102页。

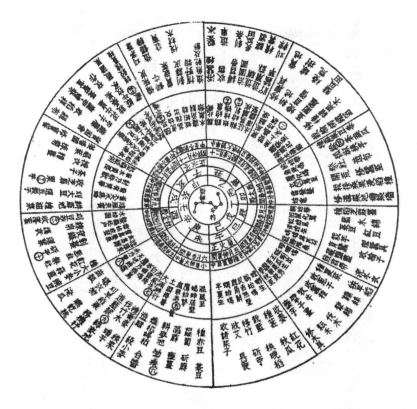

《周岁农时授时尺图》 采自(元)王祯撰，缪启愉、缪桂龙译注《东鲁王氏农书译注》

而为钟，因其可也。(西汉·刘安《淮南子·泰族训》)

　　这段话清楚地表明，天下百工之作无不因循万物之质材特性和自然规律，方可功成事遂。正是在这种思想的指导下，中国古代技艺，无论是器物，还是器械，都基本上没有发生悖于自然规律以及材料制约、功能要求的现象。如中国古典文献《农书》《天工开物》和《齐民要术》中所展示的农具耕犁的结构、形制、功能和形式极其多样化，其设计就是根据不同地域的气候、地质而有所不同。再如中国汉魏至三国时期盛行的一种当时极经济又应用广泛的交通运输

南方独推车　采自（明）宋应星《天工开物》

工具——独轮车，它的设计就是适应山地崎岖山路的地形环境，而达到快捷运输物资的目的，适合在半山区和农村田间使用。①

　　这里，谈到中国古代的交通工具——车舆，尤其是作为车上最重要的部件——车轮的发明，还可以再稍作探究。众所周知，车，一般而言即是指陆

---

① 戴逸、龚书铎：《中国通史（第一卷）》，海燕出版社，2000，第174页。

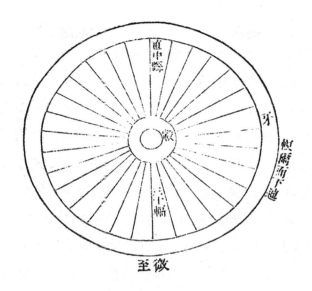

轮三对 采自《周礼·考工记》

地上用轮子转动的交通工具，今天这看似再平常不过的车及车轮，人们或许不以为然。车相传是远古夏禹时代的工匠奚仲创制的，《左传》《荀子》《说文解字》《通志·氏族》及《纲鉴易知录》等史书均多有记载。据《山海经·海内经》记载："帝俊生禹号，号生淫梁，淫梁生番禺，是始为舟。番禺生奚仲，奚仲生吉光，吉光是始以木为车。"当然，也还一直有轩辕氏黄帝造车的说法。《太平御览》曰："黄帝造车，故号轩辕氏。"《古史考》云："黄帝作车，引重致远。"当然古人还将制弓、舟船、弓矢、乐器、井田、鼎、文字、医经、数学度量衡等等发明与创造都归于黄帝，以彰显人文初祖的巨大功绩。故也可以断定，车的发明必然经过了无数先民的努力。

　　刨根问底，除了舆、轴、毂、辕、衡、轭及马具等基本构造和装置外，轮的出现和使用应是车行的先决条件。《考工记》曰："察车自轮始。"《淮南子·说山训》曰："圣人见飞蓬转而知为车。"《续汉书·舆服志》曰："上见圣人，见转蓬始知为轮。"想必，这些自然现象都给了先民以制轮的启示和灵感，故始有纺车、陶车、马车、独轮车等的发明与使用。就运载交通而言，它们逐渐跨越了肩挑背扛及拖拉、橇等较为原始和朴拙的方式。概而言之，"以木为车"，是利用了车器"方圆曲直皆中规矩钩绳"（《管子·形势解》）的再生机制，而车轮的发明，则更多的是考虑了与自然的亲和之道，是利用了车轮的滚动而行，减少了车与地面的摩擦，既省人力，又可多载辎重和长途涉行。[1]

由上还可以看出，中国远古时代，车舆的制造其实也是比较困难的。它经历了漫长的萌芽和完善过程，这也与当时人们科技制造水平有关。也正因为如此，从夏禹及至周代，也渐渐兴起了尚舆的社会风尚，它不仅成为衡量"千乘之国"科技水准和国力的标志[2]，也成为贵族身份的象征和表达礼俗的重要场所和工具。[3] 如《考工记》中说："周人尚舆。"儒家孔子说："朋友之馈，虽车马，非祭肉，不拜。"（《论语·乡党》）《礼记·曲礼》中说："国君抚式，大夫下之；大夫抚式，士下之。"不仅如此，车舆还常用来喻以说明日常行事之道。如孟子曰："梓匠轮舆能与人规矩，不能使人巧。"（《孟子·尽心下》）荀子也曰："假舆者，非利足也，而致千里。"（《荀子·劝学》）

古代的手工业生产，取用的木质材料，皮、鱼、石等材料也都直接与季节时令相关。气候变化在当时技术条件下对金属冶炼、陶器烧成都会产生影响。就陶瓷业来讲，水和泥土是自然的组成部分，火是自然"有机"的生命，而制作的各类人用来维系日常生存的锅、碗、瓢、盆等必要用具，其造型、装饰、色彩和采料的自然观形成就是必然的了，都是在与自然和谐的观念下产生，而绝没有一点生硬的成分。如中国古代的许多尖底瓶涉水器，其小口、尖底、腹部置双耳的造型，正是因为考虑和配合了水的环境特性，才达到了便于下垂入水、易于注满又不易溢出，且双耳可系绳、可平衡重心使注满水后能自动在水中直立的目的，可

---

① 都贻杰编著/绘画：《遗落的中国古代器具文明》，中国社会出版社，2007，第1-2页。
② 孙机：《中国古代物质文化》，中华书局，2015，第177页。
③ 逢金一：《中国风尚史·先秦卷》，山东友谊出版社，2015，第321-327页。

谓造型设计轻巧实用，循天而造。① 又如明清时期的紫砂陶器，使用的是一种具有天然柔和内敛光泽的泥料，这种"天工"与人工完美结合的设计，也正是充分认识和顺应了紫砂泥的天然物性和特质。

在水利工程设计方面，中国古人渐渐懂得运用科学的方法来治理水患，而不再是单纯无措的敬拜河神。如古代，成都平原与岷江地区水旱灾害十分严重，于是战国后期秦国蜀郡太守李冰父子奉命率众，在前人鳖灵开凿的基础上，主持修建了都江堰。都江堰渠首工程，位于岷江干流出山口和成都扇形平原顶端交接处，它包括鱼嘴分水堤、飞沙堰溢洪道和宝瓶口三个主体工程。其中，鱼嘴分水堤把岷江分为内外二江，内江以引水灌溉为主，外江为岷江干流，用于排洪泄沙；飞沙堰自动调控内江水位，自动排除泥沙卵石；宝瓶口是将江水导入成都平原的进水口，既能分洪减灾，又能引水灌田，变害为利。这三个工程相辅相成、有机结合，形成自动分流、溢洪排沙、自动灌溉的综合效能，做到了枯水时不竭、洪水时不淹，最终

仰韶文化小口双耳尖底瓶
1958 年陕西临潼姜寨遗址出土
陕西省历史博物馆藏

---

① 尹定邦：《设计学概论》，湖南科学技术出版社，2000，第70页。

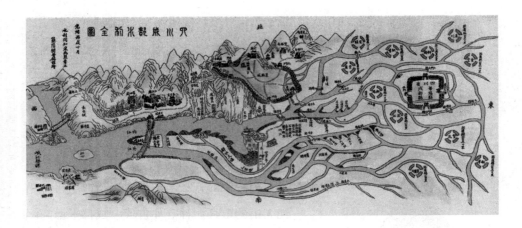

都江堰 采自《四川成都水利全图》（清光绪年间绘制）

将水源旺盛而又奔流不羁的岷江水流一分为二，使成都平原成为了水旱从人、沃野千里的"天府之国"。

　　都江堰是全世界迄今为止，年代最久且唯一留存的宏大水利工程。它采用无坝引水，没有破坏自然，维护了生态平衡，至今仍然在焕发着防洪灌溉的活力。司马迁在《史记·河渠书》中说："于蜀，蜀守冰，凿离碓，辟沫水之害，穿二江成都之中。此渠皆可行舟，有余，则用溉浸，百姓飨其利。至于所过，往往引其水益用，溉田畴之渠以万亿计，然莫足数也。"这也表明了，在和自然相处的过程中，人类的设计建造是可以"乘势利导，因时制宜"①的，也完全能够与环境和谐结合。

　　在建筑设计方面，中国古代的风水堪舆术正是作为这种"天人合一"与自然"亲和"的思想之滥觞，而逐渐形成自己独特的文化体系并影响中国几千年的民间营造设计以及室内外装饰、布局等诸多方面。如秦朝在建筑设计时，就

---

① 都江堰"二王庙"的砖墙上刻着 "乘势利导，因时制宜"八个大字，其本意为"根据地地势地貌，水势水量、水文流向、季节变化等基本规律开凿河道，科学合理引导河水，得其水利"。

长信宫灯
1968 年河北满城汉墓出土
河北博物院藏

已很注意污水的排放处理，其使用的下水道，对保护环境卫生有重要的意义。东汉时设计制造的一种叫作"翻车渴乌"的洒水车，在长安南北大道洒扫清洁路面，既减轻了人民洒扫的劳累，又净化了环境和改善了卫生状况。[①]

在其他设计方面，又如汉代的铜灯设计，不仅具有置上卸下使用方便的巧妙构思，而且同样具有对环境保护的功能方面的独创。由于绝大多数是燃油灯，因此一些落地灯都设计有导烟管。灯管的一端连接中空的灯体，另一端连着灯盖，当灯盘中的灯火点燃时，烟尘通过灯罩上方的灯盖被吸入导烟管，再由导烟管使烟尘溶于体腔内的清水，从而防止了灯烟污染空气。另外，装有导烟管的铜灯还带有灯罩，其作用除了与导烟管配套控制灯烟的污染，还起到了挡风和调节光亮度以及光照方向的作用。有的灯罩屏板上还有镂空的菱形格状孔，可以散热透光。[②]长信宫灯是西汉工艺的结晶，除了十分巧妙地将右手袖设计成烟道，烟灰可以通过右臂纳入

① 戴逸、龚书铎：《中国通史（第一卷）》，海燕出版社，2000，第156、226页。
② 高丰：《汉代的工业设计》，《装饰》1996年第6期，第51～54页。

体内，同样减少了油烟污染之外，灯座、灯罩、屏板及宫女头部和右臂还都可拆卸，罩下屏板又能转动开合，用以调整烛光照度；灯盘有一柄，便于转动和调整照射方向。①

还有一个值得注意的现象是，中国古代工匠善于从自然中吸取营养，受动植物造型的启发，从而做出许多优秀的仿生设计。如钥匙的造型，取"鱼目之常醒"的功能，是单纯的器械牢固所难以得到的；鲁班从树叶锋利的齿中得到启发而发明锯子；周公因飞蓬草的随风转动而创造了车；武氏祠大力士石刻柱仿照人的手部和头部来设计以承托整个屋顶的结构与重量等等。这些均是优秀设计思想的典型，暗藏并印证了一个原来固有的思想：中国古代技艺的一切都隐含在天道里，因而与自然的天道的和谐，是天经地义的事情。②

五、恒道：天地之道，恒久不已

古人认为自然界本就是持久延续的，故而追求终极的悠久发展。老子认为，天长地久，绵延不绝，且它们不为自己生存，这正是天性之道，也是人要仿效和追求的目标。一来，中国古人相信天地长久能化育无限的力量，正所谓"悠久，所以成物也"。③亦如《易传》所云："可久可大。"二来，中国古人认为"可久则贤人之德"④，能够持之以恒是贤人的品德，"所以在中国历史中无论是一家或是一国之主，也总爱追求长治久安、延绵永续的发展"⑤。

概括来说，"永久"既是中国先民追求平治天下的目标理念，也是造物和

---

① 戴逸、龚书铎：《中国通史（第一卷）》，海燕出版社，2000，第184页。
② 杭间：《手艺的思想》，山东画报出版社，2001，第279页。
③ 见《中庸·第二十六章》："博厚，所以载物也；高明，所以覆物也；悠久，所以成物也。"
④ 见《周易·系辞上》："可久则贤人之德，可大则贤人之业。"
⑤ 梁町、〔意〕曼梓尼：《持续之道：中国可持续生活模式的设计与探讨》，岭南美术出版社2006年版，第33-34页。

处理人事的法则。具体而言，它又表现在四个方面。

政治

除了农业，政治文化上，中国历史具有漫长的跨度，它表现为一个以国家统一为主流的理想不断变为现实，中间虽然不时被一些分裂和混乱的局面所打断，但这种"间断时代"为时短暂。

中国文化中的"大一统"政治传统可一直追溯到夏商周。这三代在中国远古史上相启相承、相袭相革，至春秋列国之间旷日持久的痛苦与战争之后，秦汉完成了中国古代政治的一体化。实际上在公元前221年政治统一之前，中国早已实现了文化统一。"中国国家的政治形式和构架，始终是以血缘关系、君、臣、民的层递封建承袭为主，就好像是悬于空间里的一种政治文化一样。"①

中国的政治模式自秦汉起基本没有发生根本性的大变化。当然，其间的变动，随着中原与周边的分分合合，也明显地表现在社会经济方面。特别是表现在历代王朝社会经济"核心区"的变动方面。如秦汉时期从关中逐渐转移到"三河"②等，隋唐前期在关陇、河东与河洛，中晚唐与北宋在汴洛与河北，南宋在宁镇与江淮，辽金元三朝从草原转移至燕地，明清在南北直隶与畿辅。③

但显然，随着统一国家的形成、疆域的扩大和经济文化的发展，人们心中深层的"中国意识"也在不断得到扩大和强化。发展到今天，中国人心中的"中国"概念，已经不再等同于历史上中原王朝，而是包括历史上历次大一统朝代"所达到的稳定的最大疆域"④为"地理范围内的一切政权和民族"⑤。需要

---

① 梁町：《"可持续设计"本土化的探讨及对中国工业设计教育的启示》，长沙：中国国家工业设计教育会议，2002.10.09。
② "三河"，是指东汉帝国当时的河南郡、河内郡、河东郡。
③ 鲁西奇：《中国历史的空间结构》，广西师范大学出版社，2014，第175–213页。
④ 葛剑雄：《统一与分裂：中国历史的启示》，商务印书馆，2013，第28页。
⑤ 葛剑雄：《统一与分裂：中国历史的启示》，商务印书馆，2013，第27页。

强调的是，这种意识不能简单地理解为一种"怀旧""屈辱"或"优越"，乃至"大一统企图"的心理；更不能理解为是意指世界的"'普天之下'的地理空间，没有界限。"①

或许还有人说，天下大势，无非是"分久必合，合久必分"的循环。但深思其实不然。这"绝不是简单的重复和循环，而是一个否定之否定的过程。'分'是为更高层次意义上的'合'作必要的铺垫和准备，'合'则是事物发展的必然结果。"②对于中国而言，中国所承担的"天命"概念及其在维护中华民族政治统一方面所带来的和平与秩序等实际作用，通过从公元前221年至今近两千多年的历史经验，在中国人的意识中打下了深刻的烙印。从中国历史发展大趋势看，治国安邦，追求统一，维护统一，始终是中华文化的本质属性与价值取向，是人们衡量政治有序、天下有道的主要标志。无数过往或至今还在发生的事实都无不证明，分裂、动荡乃至战争，只会给国家、民族、人民带来深重的灾难。

经济

中国向以农业和家庭手工业为主体经济，这种经济模式一直延续至二十世纪初。

自古以来，"农业被誉为中华文明之母。中国古代习惯上以社稷作为国家的代称，社即土地神，稷为粮食，代表农业之神。有了土地和农业的发展，即有了国家。商周以农业立国，战国'尽地力之教'，列国重本抑末，奖励耕战，确立一家一户为单位男耕女织的传统模式。秦汉以来，小农经济进一步发展"③。黄河中下游地区从农村牧副兼营林渔的经济格局转变为单一的农耕经济格局后，农耕作为社会稳定的唯一产业的观念便在人们思想里变得根深蒂固。当

---

① 陈来：《中华文明的核心价值：国学流变与传统价值观》，生活·读书·新知三联书店，2015。
② 黄朴民：《论中华文化与国家统一》，《光明日报》，2003年5月27日，B3版理论周刊·历史。
③ 房列曙、木华：《中国文化史纲》，科学出版社，2001，第4—5页。

然，其间农耕经济与游牧经济也不断融合互补。但最终，"无论是汉族地主阶级建立的政权，还是如元朝、清朝游牧民族建立的大一统帝国，都把农业立国作为国策。修建水利工程，刊行农书，推广农业新技术是国家的大事，有专门的机构来管理。朝廷还把劝课农桑、祈天求雨、祭祀社稷作为国家正常运转的象征。农业的支配地位牢不可破"。① 即使是当战争、饥荒、灾害、人口等因素引起社会动荡时，发展单一农耕经济都被认为是解决所有矛盾的唯一路径。"在近代商品经济得到充分发育以前，中国生产方式的主体是农业自然经济。"② 直到二十世纪七十年代，中国的生产人口中，还有超过 70% 以务农为生。

另一方面，随着社会的发展，有一部分人从农业生产中分离出来，专门从事手工生产。中国的早期阶级社会商周时期，便已铸造青铜器。之后，古中国又不断以"瓷国""丝国""漆国"等等而闻名于世，这些足以说明中国手工业经济的悠久，以及手工技术的发达。中国文化扎根于以自给自足的农业和手工业为主的经济土壤，这对民族心理、思维方式的形成产生了深远的影响。

几千年的中国传统经济模式，蕴含了丰富、深刻的生态智慧。这其实也可以从"经济"二字的汉语内涵析而得之。所谓"经济"，其本身实有"贯穿始终和不断绝地以常道、常理、常义来治理""以水之善德来普惠恩泽民众与国家"之意，亦是人们期望"由贫穷走向富强，由迷惘转向觉知"③的过程，是"含融觉悟、关爱、慈悲、力行和扶助"④的文化觉醒过程。可以说，中国传统经济"志于道，据于德"⑤"利天下"⑥，一定程度上具有普世与利世的永续性。

---

① 同上。
② 同上。
③ 钟永圣：《中国传统经济学智慧》，世界知识出版社，2015，第X页。
④ 钟永圣：《中国传统经济学智慧》，世界知识出版社，2015，第XI页。
⑤ 见（春秋）孔子《论语·述而篇》中："志于道，据于德，依于仁，游于艺。"
⑥ 见（秦汉）黄石公《六韬·武韬·虎启》"利天下者，天下启之；害天下者，天下闭之。"

造物

中国的造物理想除了形式设计，其他理念多是一脉相承，就如中国木建筑自殷商以来的四千多年中，始终保持其基本风格特征，造物的结构、用料乃至手段、功能设计也一向都是考虑其经久耐用的。如《考工记》中就甚为强调能坚久，即坚固、耐用的准则。《考工记》里说：

凡居材，大与小无异，大倚小则摧，引之则绝。（《周礼·考工记·舆人为车》）
良盖弗冒弗纮，殷亩而驰，不坠，谓之国工。（《周礼·考工记·舆人为车》）

前一句意思是说，材料大小要装配合一，否则就易于摧毁；后一句是说，好的车盖即使不蒙幕不辍绳，随车架于垄上，盖弓也不会脱落，堪称国工。

再如中国古代家具主要以竹、木为材料，但由于竹、木易于毁坏和腐烂，迄今出土的古代家具甚少，多是青铜器中雕饰精美的俎、禁之类的用具。所以，后世家具一方面注重形式美，另一方面还特别注重采用致密巧妙的榫卯结构和性坚质细的木材。如驰名中外的明式家具便是最典型的例子，常采用紫檀、红木、花梨木、鸡翅木、楠木、铁梨木、乌木、黄杨木等优质硬木。[1]

中国古代的设计，除了经久耐用的石器工具、青铜器等许多设计之外，另一个重要的设计领域就是"火为精灵土为胎"的陶器用具的设计。陶瓷的发明"是人类最早通过化学变化将一种物质改变成另一种物质的创造性活动"，"把柔软的黏土，变成坚固的陶器，是一种质的变化"[2]。它们的设计发明共同反映了中国古人依顺自然，以及追求器物经久耐用的设计理念。

此外，中国古人考虑造物的经久耐用还体现在对自然灾害抵抗的能力方面。

---

① 尹定邦：《设计学概论》，湖南科学技术出版社，2000，第89~92页。
② 中国硅酸盐学会主编：《中国陶瓷史》，文物出版社，1982，第1页。

明代黄花梨矮条桌　采自（明）文震亨《长物志》

如西周初期陶瓦的发明，既是在制陶工业进一步发展的条件下建筑材料的一个重大改革，也是中华文明发展的必然产物。它的出现，解决了屋顶的防水问题，提高了人们抵御自然灾害的能力，也促使中国建筑脱离了"茅茨土阶"的原始简陋状态而进入了比较高级的阶段。①

英国牛津大学柯律格在《长物：早期中国的物质文化与社会状况》中说："我们依然持有这样的观念，中国文化的特质正在于那种无处不在的对'往昔'的崇敬与遵从。"②确实，中国数千年的造物文化，又何尝不是这样。"重新审视我们并不遥远的物质文化系统，也许具有巨大的现实意义，当代的物质的发展并未带来精神提升的同步，我们有理由重新探索过去生活的意义。"③

---

① 戴逸、龚书铎：《中国通史（第一卷）》，海燕出版社，2000，第73页。
② 〔英〕柯律格：《长物：早期中国的物质文化与社会状况》，高昕丹、陈恒译，洪再新校，生活·读书·新知三联书店，2015，第86页。
③ （明）文震亨著，海军、田君注释：《长物志图说》，山东画报出版社，2004。

人伦

中国伦理思想（道德哲学）源远流长，博大精深，至今也仍以不同的形式和程度存活于人们心中，成为中华民族迎接新的时代挑战，进行新的历史创造所特有的文化心理背景和历史资源。

中国古代伦理思想发源于先秦时代。这一时期，诸侯争霸，社会秩序混乱。诸子百家反思社会动乱的根源及社会危害，反映到伦理思想领域，就形成了各种不同的伦理思想。如孔子提出"克己复礼"，强调"礼之用，和为贵"，孟子提出"仁义治国"，荀子主张"隆礼重法"，而道家则提出"人法自然"，墨家提倡"兼爱""非攻"等。此后，佛教自印度传入中国，并逐步和中国本土文化相结合，在中国扎下根来。至汉唐时期，这一发展状况已经预示着宋代理学、儒家改良等中国伦理思想的新形态的产生。鸦片战争以后，中国传统伦理思想在现实的冲击和西方文化的挤压下，呈现出新的突破。

中国古代伦理思想主要是通过人、体用、心物、知行之间的契合来沟通和连接天、地、人、我的关系，天人之间、形上形下之间、价值理想与现实人生之间没有不可逾越的鸿沟。事实上，纵观中国历史，通过贯彻道德理想确实给人们行为注入了美好的动力，通过实施道德规范确实使人们"能够在一种合乎道义的相互关系中和谐相处"[1]。总之，中国伦理思想的悠久，以及其天人合一的思想框架中既内在又超越的亲和与家园的理想之路，对于克服现代文明中人的家园荒芜与荡无所归的处境具有一定的积极意义。[2]

---

[1] 强以华：《论〈伦理妥协〉》，《光明日报》，2003年6月3日，B4版理论周刊·学术。

[2] 邓名瑛：《论中国古代伦理思想的逻辑进程及其特点》，《道德与文明》，2002年第4期，第46-50页。

第四章

中国传统人居生态营造

众所周知，人居环境与人类关系十分密切。当下，人类正在重新审视人与自然的关系，这必然也要触及到人居建筑文化。中国传统人居建筑历经数千年不辍的发展，形成了成就辉煌、风格独具的体系，是"我们文化的表现，艺术的大宗遗产"①。中国传统人居建筑营造的主导思想主要体现在这两大方面："第一，体现一种伦理道德观念，让人尊德守序，去恶从善；第二，体现一种'天人合一'，与自然和谐相处的意蕴。"②可以说，中国传统人居建筑不仅是中国古代文化遗产中的瑰宝，也构成了中华民族世代安居乐业的物质与精神的生态环境。

一、观念：天人合一，天地同构

有机的宇宙观

中国传统建筑在空间环境的整体营造上，有着与西方传统建筑异趣的思维传统和造诣成就。"在西方，人与环境间的交互感应是抽象的；在东方，人

---

① 梁思成著，林洙编：《中国建筑艺术》，北京出版社，2016，第30页。
② 聂鑫森：《触摸古建筑》，湖南美术出版社，2002，第2页。

与环境间的关系是具体的、直接的，是以彼此之间的关系作基础的。"①中国传统人居建筑中，无论是城邑、村落、宅院、园囿、寺观，还是道路、桥梁等等，从选址、规划、设计到营造，几乎无不关切到人与自然的关系。参天营居，法天作城，力图达到天人合一至善境界的追求，形成了世界建筑文明中尤显独特的"中国建筑的精神"。当代杰出的科学史家、英国学者李约瑟（Joseph Needham）博士在论及"中国建筑的精神"时就认为："再没有其他地方表现得像中国人那样热心体现他们伟大的设想'人不能离开自然'的原则。"②

中国传统人居表达了不尽相同的意志和观念，创造了不同的建筑艺术形象及空间环境。中国原始文化的许多文化遗址，带有鲜明的与天同构的痕迹。如仰韶文化遗址布局，其村落围成圆形，表明圆以法天思想；所有房屋的大门都朝向中心广场，表现对群星拱北极的认同与模仿；村落只朝东方，留出道路，反映了东方主生，祝愿部落生机勃勃、繁荣昌盛的思想。这种布局显然是暗含意味的形式，一种"在日常住宅的特定结构中都可以看到宇宙的象征符号"③，它也显示出与后代中国人居建筑总体上的一致性。如故宫是以"基本法式"的中轴线对称形式的"空间"格局而展开的，反映了"天人合一""天地同和""亲近自然"的世俗精神。④

再说"天圆地方"。如言代伏羲先天卦的方圆图，其中的"圆"意指宇宙的时间，代表宇宙的自然运行法则或原理，"方"意指空间，代表地理方位。不过，对于中国古人来讲，"天圆地方"也不仅仅只是指向地理上"以身为度"

---

① 冯建逵、王其亨：《关于风水理论的探索与研究（代前言）》，《风水理论研究》，天津大学出版社，1992，第2页。
② 参见Joseph Needham. Science & Civilisation in China. Vol IV: 3. Cambridge University press.
③ 〔美〕米尔希·埃利亚德著：《神秘主义、巫术与文化风尚》，宋立道、鲁奇译，光明日报社，1990，第32页。
④ 陈江风：《天人合一/观念与华夏文化传统》，生活·读书·新知三联书，1996，第124-143页。

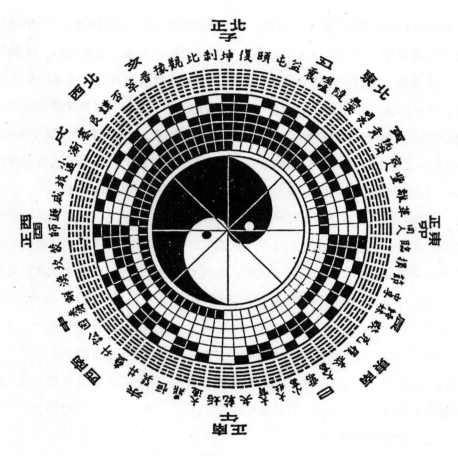

伏羲太极六十四卦时刻方位图

的"物理空间"。它既包含了古人对自然的漫长认知，也伴随着"政治空间"，成就了古代中国人心目中的天地格局，也即自居天地中央的格局，并且也一再主观凸显到包括人居建筑在内的物象叙事中。当然，也或许是这种固执观念和格局，也一度使自我面临着巨大的、隐性的危机。①

中国古人信奉一个永恒的原则：不以规矩，不成方圆。中国宇宙观的特色

---

① 葛兆光：《宅兹中国——重建有关"中国"的历史论述》，中华书局，2011，第103-111页。

集中表现在有机整体上，不仅认为人是自然的组成部分，自然界与人是平等的，而且认为"万物能够和谐并作，……因为它们都属于一个等级分明的整体，各个部分形成了一种有机的宇宙样式，它们服从的乃是自身本性的内在命令"。① 简单地说，就是"天人合一"的哲学思想。追求与天同源同构，与自然和谐统一的中国古建筑精神是通过采用象征的方法来实现的。英国学者李约瑟博士又说："在希腊人和印度发展机械原子论的时候，中国人则发展了有机的宇宙哲学。"② 对于中国传统建筑，李约瑟博士还说："也都经常地呈现一种对'宇宙图案'的感觉，以及作为方向、节令、风向和星宿的象征主义。"③

理想的环境观

宅求其安，是终极目的。"安"字包括安定、安全、安稳、安适、安乐。一个"安"字，代表着中国民居的全部寄托。但如何才能做到居安呢？环境自然是首先必须考虑的。故而，中国古人在不断向大地索取和选择实际居住环境的过程中，其理想便逐渐变成一种观念，这就是风水观念。它的原形与构成，是对中国人理想环境观的总结和发展。所以，就改造和利用自然环境层面而言，也可以说传统风水观念就是中国本土的环境文化。

风水观念是中国古代用于指导环境规划的总体思想，对城市、村落和住宅选址、营造都有很大影响。风水，又称堪舆，或称卜宅、相宅、图宅、形法、地理、阴阳、山水之术，等等。其宗旨即基本追求就是顺应自然，寻找或创造天时、地利、人和诸吉咸备的良好生态和至善至美的人居境界。风水理论最初

---

① 〔英〕李约瑟：《文明的滴定：东西方的科学与社会》，张卜天译，商务印书馆，2018，第24页。
② 〔英〕李约瑟：《中国科学技术史（第三卷 数学）》，《中国科学技术史》翻译小组译，科学出版社，1978，第337页。
③ 〔英〕李约瑟：《中国科学技术史（第三卷 数学）》，《中国科学技术史》翻译小组译，科学出版社，1978，第337-338页。

肇源于《山海经》《堪舆至匮》《宫宅地形》《葬经》等，它们把堪舆、道、气、阴阳、五行、八卦等学说纳入其中，形成了与中国传统哲学范畴的对应，其理论及实践具有一定的科学性。风水理论中讲求"龙、穴、砂、水"等，实际上是对自然环境和人为景观的合理分析。如"穴"，常指三面或四周山峦环绕，呈北高南低、背阴向阳的内敛型盆地或台地，这种模式被认为是最佳风水格局。在古代国家机构中，也有专门职守风水的官员，名为"钦天监正（副）"。

风水观念及实践主张根据理想模式，在顺应自然的同时，对并不理想的地形地貌进行积极的改造。如理水和植树就是主要的手段。也许正是由于风水观念对水的意义的升华，才给了人们规划城镇、村落和屋舍时理水的强大精神动力；也许正是由于"风水树""不可擅伐"这样的风水观念，才产生强大的文化禁忌作用，使中国的国土上至今尚能见到根深叶茂的老树；也许正是由于风水观念的相土偿水、地形地貌、水文地质等选址标准，才有关于地方病与地理构成关系的丰富经验和理智；另外，也许正是由于体国经野、辨证方位这样的风水观念，才有了惠及整个人类文明进程的指南针的发现和磁偏角的发现。

风水强调人与自然和谐。这正是传统"天人合一"宇宙观的具体体现。风水主张"人之属处，宜以大地，山河为主。"[1]即是说，人宜以自然为本。在风水理论看来，人是自然的一部分，故应遵循"人道"，亦顺应"天道"，不可逆天而为，但可参与自然的演化，最终达到天人合一的境界。此外，古人还"巧妙处理每一处组群建筑的体量、尺度、造型、肌理及光影色彩，使其产生大小高低、主从虚实、远近疏密、动静阴阳等空间变化，从而给人以完美的视觉体验和心理感受"。[2]事实上，今天看来，这种美学感和精神境界依然是现代文明所追求的基调，它能与现代科学兼容并济。

---

① 张超：《藏风聚气 得水为上》，中国财富出版社，2012。
② 刘彤彤：《中国传统建筑之美》，《学习时报》，2020年1月3日。

风水观念也可说是一种整体的思维方式。风水观念重视将人为建筑形体和周围的地形地貌、山水植被等自然生态环境做统一考虑，这类同中医对人的辨证施治，注重从整体角度去分析认识和把握环境的各种构成要素及其同人的有机联系。它是中国传统宇宙观、自然观、环境观、审美观的一种的反映，它在科学上的价值，不仅涉及古代中国，而且惠及整个人类文明。①

当然，风水理论也和其他传统文化一样，不乏糟粕，不可全信。由于众说纷纭的解读，古之风水有时可谓玄之又玄。从中国数千年的建筑历史来看，无论在民间，还是在朝廷，由于当时科学发展水平和社会生产力等条件限制，风水理论在传播过程中必然有神秘的色彩和迷信的桎梏。不过，英国学者李约瑟认为："中国风水理论实际是地理学、气象学、景观学、生态学、城市建筑学等等一种综合的自然科学。"②"风水对于中国人民是有益的。……虽然在其他一些方面，当然十分迷信，但它总是包含着一种美学成分，遍及中国的田园、住宅、村镇之美，不可胜收，都可由此得到说明。"③所以，重要的是，应当以科学的眼光来看；应当尊重古人而不苛求古人，以今天的科学认识论为武器，去挖掘和揭示传统建筑文化的奥秘，去粗取精，去伪存真，古为今用。如风水中的陵墓，即阴宅等，在今天，其占用耕地等弊端就值得注意。

其实，探讨风水观念中人为的人是自然生态链上的一环，即所谓："万物不能越土而生，人亦万物中一物"④等，不难看出其根植于传统文化中"天人合一""天人感应"的文化实质。所以，尽管风水理论毁誉不一，但若发扬其生态智慧之精华，它仍然能为人类文明带来宝贵的启示。

中国古人对居住环境有着独特的见解和要求，还表现在许多文学、艺术

---

① 王其亨：《风水理论研究》，天津大学出版社，1992。
② 〔英〕李约瑟：《中国科学技术史》，《中国科学技术史》翻译小组译，科学出版社，1978。
③ 同上。
④ 见（战国）管辂《管氏地理指蒙·配祭》。

千里江山图卷（局部）　（宋）王希孟　北京故宫博物院藏

作品对理想环境的描述中。《诗经》里庆祝王宫落成的《小雅·斯干》，开始两句便写出了王宫的所处："秩秩斯干，幽幽南山"，描述出前有潺潺溪涧，后有幽幽南山的建筑环境，显示了古人在选址时对水源和景观的注重。晋代陶渊明《桃花源记》中"林尽水源，便得一山，山有小口，仿佛若有光，便舍船从口入，初极狭，方通入，复行数十步，豁然开朗，土地平旷，屋舍俨然……"，描绘的就是由群山围合的要塞型———一种出入口很小、利于防卫的理想居住环境形态。此外，历史上还有许多绘画作品也都表现出古代聚落周围的环境特征：前临水面，周围有山林围合。[1] "在中国人看来，廊前屋檐下洒落的一缕阳光，风火山墙上升起的袅袅炊烟，都是宁静美丽的风景；曲墙花窗间看竹影摇曳，

---

① 王其亨：《风水理论研究》，天津大学出版社，1992，第34—35页。

古刹塔影里听暮鼓晨钟，自是中国特有的诗意。"①

总之，中国传统人居建筑文化中对人与自然和谐的关注，应该说也是"可持续"生态思维的另一种具体表现，重新从中国传统人居建筑文化中去看这种人与自然和谐的"环境观"，对于人居环境"可持续设计"，也将是很有益的。

二、选址：藏风聚气，阴阳相济

藏风聚气，得水为上

在中国传统哲学观念中，自然的基本要素是"气"。中国古代圣贤，在天地人合一的状态下体悟到宇宙中万物皆有"气"的存在。如《易传·说卦传》中说"天地定位，山泽通气"，意指天和地确定上下位置，山和泽二气相通。天有天之气，地有地之气，日月山川、花草树木，各有各的气。不仅有生命之体有气，就是无生命的物体，如泥土川流等，都有气。"气"就是环境中一切有利于生命成长的要素的总和，是一种力，一

---

① 刘彤彤：《中国传统建筑之美》，《学习时报》，2020年01月03日。

种场。气的存在是不断流动着的，重浊的气属阴，轻清的气属阳，阴阳相对，生成万物。战国管辂《管氏地理指蒙》中就说："一元已判，五气乘虚。虚变而运，五运交通。其气而神明已居。"意为世间万物的变化是"气"和"运"运行的结果。不仅如此，万物互维，环境中的一草一木，一人一物，都在用自身的气场（能量场）相互产生影响。只是，这些气场的力量相对于宇宙大自然的能量场来说，显得有些微不足道。

"气"亦是中国风水的精髓。古人有言"风水以气为主"。居住环境经营是人类生存的基本行为之一，中国古代概称之为"宅"。晋代郭璞在《葬书》里开宗明义："顺阴阳之气以尊民居。"还说："夫阴阳之气，噫而为风，升而为云，降而为雨，行乎地中为生气；生气行乎地中，发而生乎万物。"可以看出，中国传统风水观念认为，阴阳二气运行地下则为生气，喷发出去，则为风；当生气露出地面，升入空中，就变为风云，降落地面，就变为雨水。此外，风水观念中的"望气"及"气形、气行、气势、气会"等对"气"的深层认识，也显示了环境和"气"的紧密关系。在中国古人看来，"生气"实则是自然中一种能让万物生长发育的强大力量，它能够焕发生命力，风水的核心要求就是在人的停留之处要有生气。也因此，用什么样的手段在固定的地理环境中，在固定的地点能够得到山与水的"气"，乃是风水中重点考虑的问题。

深入察究，中国传统"风水"也不仅只是指向山水之"气"，亦指向吉利之"水"。因为，中国古人还认为，生气固然是化生万物的根本，然一旦生气散失，也意味着穴场环境生机的丧失；所以人要想在充满生气的地方更好地生存，还要寻找能让生气不荡散的方法。故而，晋代郭璞在《葬书》里还说："气乘风则散，界水则止。……古人聚之使之不散，行之使之有止，故谓之风水。风水之法，得水为上，藏风次之。"意思是说，生气随着风吹而四散，遇到水就会停止了。如果没有水，生气就很容易被风吹散，聚不起来。生气随支垅流行，滔滔而去，非水界则莫之能及。显然，郭璞在这里明确指出了让生气汇聚而不扩散、运行而不停止的方法。所以说风水的首要原则就是"得水为上"。

当然，对于选址而言，"藏风"也起着非常重要的作用。中国古人认为，生气因水而聚，因风而散。故风水之法，得水固然重要，但若穴不避风，生气随之散逸，不能聚止于穴地，那得犹如不得。所以，有了水还不够，穴场必须垣城完整，拱护周密，不使外风荡刮穴场而生气飘散；还得靠大大小小的山岭环抱和曲折回环，这样才能避免风吹而使生气四散。因为，山直风即直不易聚气，同时水直，容易冲走泥沙、削弱山形；相反，山迂、水曲，风势缓慢自然可以藏风聚气，亦能保持水土，减少对山体宅体的冲击。实际上，在中国先民的思维中，直中含曲，曲中寓直也确是最佳的意境。所谓"曲以其柔，直以其刚"[1]；刚柔相济，阴阳互动；曲直和谐，实乃最佳的配合，最美的形势。[2]

基于以上，古人在选择聚居位置时往往注意环境中各要素的相互组合，认为蕴藏山水之"气"的最理想的状态是：周围山峦要由远及近迂回宛转盘绕，层层拱卫，构成环抱紧簇的山川形势，这样能挡住劲风，使气不散失，谓之藏风聚气；在限定的范围内，要求山坡平缓，有弯曲舒缓的水流（说明气的运动）；并强调环绕区域外部环境的临界处比较狭窄，利于藏气和防护。显然，这样的自然环境山水交汇，动静相乘，阴阳相济，是吉利的山水。民居择基于此，背有依托，前有屏障，左辅右弼，犹如摇篮和太师椅，安全、安妥、安适，可为久居之计。[3]这其实就是人与周围自然环境的和谐。也不难想象，在如此自然幽静和充分的聚气之所，人自然会顺应自然，充分纳气，受到宇宙正能量场的加持，进而对人的身体产生正面的影响——神清气爽、思维活跃、判断精准、精力充沛等等。即使延至宫殿、院落门前户后置放的"风水缸""吉祥

---

① 见《尚书·洪范》：'木曰曲直'。曲以其柔，直以其刚。柔属阴、刚属阳，肝属脏为阴，性柔而为乙木；胆属腑，为阳，性刚而为甲木。"
② 何跃青：《堪舆文化》，外文出版社，2011，第191页。
③ 王鲁湘：《中国乡土建筑》，浙江人民美术出版社，2006，第8-13页。

缸""太平缸"①之类，也是当自然条件无法满足依山傍水需求下的变通，或是满足皇家向来讲究尊卑的特殊需求，或因灭火之需等等。

中国人对心理空间即"气"在人居环境上的运用和对风对水的依存，可谓是先人之声。不管是阴阳八卦、占卜五行，还是风水中的选穴，多少都夹杂着些许生活经验、社会道德、经济乃至防御等多方面的因素，亦可谓殊途同归。藏风、得水、聚气，是古人调理风水的重中之重，也是选址至理。

负阴抱阳，背山面水

负阴抱阳，背山面水，是中国传统人居建筑及营造观念中宅、村、城镇等基址选择的基本原则。

老子说："万物负阴而抱阳，冲气以为和。"这即是中国人居理想空间模式的经典描述。山属于静态的也就是属阴，水属于动态的也就是属阳，因此建筑一定要负阴抱阳，背山面水。郭璞《葬书》也阐明风水的基本评价准则："来积止聚，冲阴和阳。土厚水深，郁草茂林。"并认为符合"藏风聚气"的环境形势应该是"以左为青龙，右为白虎，前为朱雀，后为玄武"，也就是：基址背面要有主峰龙山为靠，左右两侧护山环抱，有次峰或岗阜的左辅右弼山，或称背龙、白虎砂山，山上要保持丰茂植被；前面有月牙形的池塘（宅、村的情况下）或弯曲的水流（村镇、城市）；水的对面还要有一个低伏的对景山案山；轴线方向最好是坐北朝南。基址正好处于这个山水环抱的中央，地势平坦开阔并具有一定的坡度，视野宽阔，充满生气活力。这样，就形成了一个背山面水

---

① 这三种缸还有一个共用的名字，那就是"门海"。 在古代人们经常把门口摆放的大缸称作"海"，这样称呼的原因有三。一是，海字不单是指大海，它还借指那些体量较大的器皿，国宝"渎山大玉海"其实就是一尊硕大无朋的玉缸；二来是，古人期盼在门前有了大海房屋就不会再有火灾的发生；三则是因为这些体积较大的大缸可以储存大量的水，关键的时候可以用来灭火，而且就在门前可以随时取用，所以因之整个功效，才有了门前之海——门海的称呼。

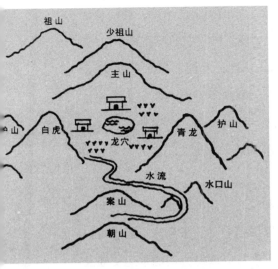

传统宅、村、城的最佳选址
采自（明）午荣《鲁班经》

基址上的所谓负阴抱阳的基本格局形势。风水里，气就是脉，脉就是龙，龙就是山水，山川、河流的走势称之以龙脉。龙脉灵气环抱之地自然被认为是风水宝地。

实际上，能够藏风聚气的好住宅须具备三个基本条件。一是环境位置好，二是建设格局好，三是有气势。《黄帝宅经》中说："夫宅者，乃是阴阳之枢纽，人伦之轨模。非夫博物明贤，无能悟斯道也。"当然，如果这种选址处在山脊当中主峰山的山脚下，周围呈现了马蹄形的隐蔽地形，即后有马蹄形山丘靠背，前有临水开阔地形，那自然是最吉祥的选址格局了。

由于中国独特的地理位置，且在"负阴抱阳，背山面水"的统照下，中国传统人居方位一般坐北朝南。即"南朱雀，北玄武"，一来得水、向阳，二来北边为帝位，因此要坐在北边、面向南边。事实上，早在原始社会，先民居住点的位置及方位，因生产及生活的要求，就有一定的选择，一般位于土壤肥沃松软和较为高爽的地段。如在山坡时，一般靠近河湖水面，这不仅因为水是生命不可缺少的条件，吉祥地本身也必须是干燥的，而且也因为靠近水面最利于农业及渔牧业。从河南安阳小屯村殷墟宫殿遗址可以看出早期古人聚落的选址模式和环境特征。此聚落采取了靠山面水的格局，使河流环绕聚落。这里洹水自西北折而向南，又转而向东；商王国宫室的所在地小屯村，就紧靠洹水曲折处，西面、南面有制骨、冶铜作坊区，北面、东面有墓葬区，居民则散布在西南、东南与洹水以东的地段。在6000多年前的西安半坡遗址中，保存较为完整的46座房屋遗址，门都朝南。可以看到，早期先民居住点选址的这种一致性，都充分说明了中国先民聚落基址采取坐北朝南的向阳方位格局。

不难想象，具备这样条件的一种自然环境和较为封闭的空间，是很有利于形成良好的生态和局部小气候的。因为背山可以屏挡冬日北来寒流；面水可以迎接夏日南来凉风；朝阳可以争取良好日照；近水可以取得方便的水运交通及生活、灌溉用水，且适于水中养殖；缓坡可以避免淹涝之灾；植被可以保持水土，调整小气候，果林或经济林还可取得经济效益和部分的燃料能源。总之，好的选址容易在农、林、牧、副、渔的多种经营中形成良性的生态环境，自然也变成了一块舒适安逸的吉利祥和之地。

人心巧契于天心

值得一提的是，对于聚落的选址，古人也不只是绝对简单的顺从自然。中国古人认为，人虽不能同自然对抗，却可以而且必须认识、把握和顺应天道并以之为楷模而巧加运作，从而达到和天人的至善境界，满足人生需要。所以，在宅的经营中，古人还倡言对其所选择的自然环境或并不理想的地形地貌进行积极的、有节制的改造，以"趋全避缺，增高益下"[1]。如前面说到的，理水和植树就是比较重要的积极与有节制的改造手段。

---

[1] 见（晋）郭璞《葬经》："经曰：目力之功，工力之具，趋全避缺，增高益下，微妙在智，触类而长，玄通阴阳，功夺造化。"

太保相宅图 采自《书经图说》

　　故而，在"负阴抱阳"的基本原则下，也可因地制宜、因时而需。只要符合这套格局，轴线不是坐北朝南而是其他方向有时也是可以的。另外，如在平原地区只要形成背靠依托，面临全局和处于主动有利地位的内向空间也属于这种格局，不一定要有山有水。

　　古人在遵照基本原则因地制宜地经营宅居环境的同时，还主张以"人心巧契于天心""以人之意逆山水之意，以人之情逆山水之情"。人与自然两情相洽的审美观照，很早便成为古代中国人现实生活的重要内容，亦是中国传统建筑艺术哲学的重要构成。而且，倡言"而乃怡情山水，发其所蕴，以广仁孝于天下后世"[①]，在事实上也成为人居山水艺术的先声。古人结合自然环境，包括山川胜景，因地制宜，细心审辨选择，"如画工丹青妙手，须是几处浓，几处淡，彼此掩映，方成佳境"[②]般巧加人工裁成，并"通显一邦，延袤一邦之仰止，丰饶一邑，彰扬一邑之观瞻"[③]。也正是在这一意象下，遍布古代中国的城市、村落、宫宅、园囿、寺庙，乃至陵墓等等，深深根植并融冶于各地文化中，无不鲜明显现出人居环境及建筑人文美与山川自然美的有机结合的隽永意象，成为中国传统建筑文化的显著特色。[④]

三、格局：聚族而居，尚中致和

宇宙图式

中国先民对宇宙有自己独特的解读。古有三易，《山海经》中说："伏羲得河图，夏人因之，曰《连山》；黄帝得河图，商人因之，曰《归藏》；烈山氏得河图，周人因之，曰《周易》。"《周礼·春官》中有说："太卜[⑤]掌三易之法，一曰连山，二曰归藏，三曰周易。其经卦皆八，其别皆有六十有四。"东汉郑玄在《易赞》中说："《连山》者，象山之出云，连连不绝。《归藏》者，万物莫不归藏于其中。《周易》者，言易道周普，无所不备。"不难看出，古人先是认为世界万物皆由山而出，是谓《连山》，以艮象为首；后又转而认为万物应

① 见(明)徐试可《地理天机会元》。
② (晋)郭璞《青囊海角经》论及"结穴"："如画工丹青妙手，须是几处浓，几处淡，彼此掩映，方成佳景。"这显示了风水学除自身的发展以外，也汲取借鉴了中国传统文化中画论和文论的智慧。
③ 见(战国)管辂《管氏地理指蒙》。
④ 王其亨：《风水理论研究》，天津大学出版社，1992。
⑤ 太卜，周朝叫大卜，官阶下大夫，掌阴阳卜筮之法，通过卜筮蓍龟，帮助天子决定诸疑，观国家之吉凶。

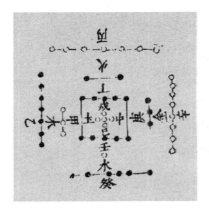

河图生十天干图
采自(明) 王圻 王思義《三才图会》

洛书生十二地支图
采自(明) 王圻 王思義《三才图会》

出自于地，是谓《归藏》，以坤象为首；再又认为天地交感才是万物的本源，于是又排出了以乾坤开宗的六十四卦的《周易》。《周易》认为，按卦象，上有天，下有地，人在其中，故"天、地、人"三才是宇宙的模式。

及至道家，在黄老看来，道是宇宙万物的本源与最高主宰。《老子》说："有物混成，先天地生，寂兮寥兮，独立而不改，周行而不殆，可以为天下母，吾不知其名，字之曰道。"又说，"道冲而用之或不盈，渊兮，似万物之宗。进而：道生一，一生二，二生三，三生万物，万物负阴而抱阳，冲气以为和。"根本意思就是说，道是生成天地万物的本源。不仅如此，道家黄老还特别强调人在宇宙中的独特的高贵地位。《老子》说："道大、天大、地大、人亦大。域中有四大，而人居其一焉。"由此看到，道家黄老的由道到天、地、人，再到万物四时的这一完整宇宙图式。

后来，董仲舒"天"为元本的宇宙论，则指向包涵十端的"天"[①]。董仲舒的宇宙图式，形式上是"天的哲学"，而实质上则是

---

① （西汉）董仲舒《春秋繁露》曰："天有十端，十端而止已。天为一端，地为一端。阴为一端，阳为一端。火为一端，金为一端，木为一端，水为一端，土为一端，人为一端。凡十端，而毕天之数也。"

人的哲学，是把天封建人伦化。或许，在董仲舒看来，宇宙从来就是这样一个复杂体，不存在那么一个单纯的、唯一的本原。故而，天在保持自然基础本性和神秘性的同时，就有了自然物质性和封建社会的纲常伦理性。[①]

故而，日常生活中宇宙图式比比皆是。如原始彩陶、古铜镜、古玉器等器物上满布的通连四面八方的八角花纹、应合天上九宫的四瓣四叶莲花纹等等图式。中国传统建筑中的宇宙图式，通常有井字图式、九宫图式、八卦图式、天圆地方图式、亚字图式等。同时，亦渗入了人世间的纲常伦理。

中轴对称

轴线极具控制力，是群体空间组织中最古老最有约束力的手段，是指向目的地的指南，使建筑群具有了秩序，有了起点和终点。梁思成说过："中国建筑，其所最注重者，乃主要中线之成立。无论东方、西方，再没有一个民族对中轴对称线如此钟爱与恪守。从皇家宫殿、公共官署、佛道庙观以及一般民宅，都依严格的中轴线分布：从群体组合到一室布局都呈现出中轴线的特征。"[②]

这里，不妨就中国传统建筑中轴对称的具体特征作逐一分析。

其一，对称之格局。这是中国传统建筑构成的主要方式。从皇城宫苑到普通民宅，从群体建筑的规划到一户一室的布局，从亭台楼阁，到轩榭廊舫，再到厅堂馆斋……中国古建筑中轴对称、方正严整的群体组合与布局，遵循了主次内外、高低层进、内向含蓄等原则。

中国古典中轴对称建筑最早发端于商周时期。在北京、西安、洛阳等古代都城规划中，都以宫殿、宫室、礼仪建筑或衙署建筑群为主体沿中轴线依次排列，次要建筑沿轴线两侧对称布局，街道东西、南北，呈棋盘格子状，"面朝

---

① 王永祥：《董仲舒评传》，南京大学出版社1995年版。
② 梁思成：《梁思成文集（四）》，中国建筑工业出版社，2001，第13页。

后市""左祖右社"等。寺庙建筑亦然，主殿大雄宝殿及配殿沿中轴线前后高低左右布局，再"左阁右藏""左钟右鼓"等。这种关于中轴线的建筑空间意识，也体现在北京四合院等民居住宅中。

其二，对称之礼序。一方面，对称是以一个点或一条线为中心，两边同形同量同距，色彩、影调、结构等统一和谐，给人一种"安静"的严肃感，也蕴含着平衡、稳定、平和之美。中轴对称的建筑亦然，力求均衡对称，能承托起"整齐严肃、有条不紊"的视觉感受。另一方面，"中也者，天下之大本也；和也者，天下之达道也。致中和，天地位焉，万物育焉"（《礼记·中庸》），这种天人合一的中庸思想，体现在古代建筑上就是建筑的平面作对称均齐布置，布局上必须有一条庄重的南北中轴主线，起着中枢神经作用。

由于早期中国封建社会"周礼"思想的影响，"尊者居其中"的方位意识由来已久。《周礼·天官·序官》曰："惟王建国，辨方正位。"意思是说，体察国家四方的国境，辨正方向，这实"乃是天下太平时的礼仪典册"①。及至后世几千年的中国传统文化氛围中，讲究中庸和谐，并逐渐演绎为不偏不倚、允当适度和经久不渝之意，造就了中国传统建筑文化骨子里一脉相承的强烈的中轴线意识。故而，中国传统建筑布局多中正，所谓"不中则不正，不正则不尊"。尤其高等级、高规格的中国传统建筑更加强调中轴对称，以中轴对称彰显、强化儒家文化宗法礼制的精神，创造一个等级分明、伦常有序的人造环境。

这一格局终究成为了中国各类传统建筑形式的一个缩影，如宫殿、王府、衙署、庙宇、祠堂、会馆、书院等，只有亭、廊、榭等园林建筑布局有一些较大自由度。而一般民间宅院，更多反映的是人伦关系，尊卑有分，长辈住上房，哥东弟西，女眷居后院不迈二门等等。反过来说，中国传统建筑只有充分满足这些要求，才能匹配重伦守礼、维护有序社会人际关系的文化传统。

---

① 李诫撰：《营造法式》，方木鱼译注，重庆出版社，2018，第11—12页。

其三，对称之理性。从力学的角度来看，对称性的结构形式，在建筑物的重力感，力的传递与支撑的关系中表达出建筑结构的作用。对称性与空间艺术形式合理地融合，使建筑结构本身既富有美学表现力，又顺应力学规律，完成建筑适用、安全、经济和美观的目的。从这一点上来讲，中国传统建筑的对称之格局、之礼序，并不单纯是感性的空中楼阁。

其四，对称之变通。中国古代建筑群体组合常取中轴对称的严谨构图方式，但在给人以中轴对称、不偏不倚的固有印象的同时，不完全教条化和概念化，也会有因时因地因事因功能的变通而以不完全对称的布局示人。如宫殿建筑故宫养心殿、坛庙建筑天坛皇乾殿、陵寝建筑明孝陵宝城、祠堂建筑诸葛村祠堂、民居堂屋建筑江南民居堂屋等等，皆打破了左右完全对称布局，出现了建筑局部的不对称。具体而言，宫殿、坛庙、陵寝是国家工程，祠堂是族中大计，少有用地局限，多因建筑功能和趋利避害风水原因变通中轴对称。民居堂屋建筑组群对中轴对称的变通更加灵活，不仅有将就宅基地形状及充分利用土地的原因，也常有因功能和风水的原因。在聚落民居中，祠堂是一村一族里最高规格的建筑，堂屋是一家一户中最高规格的建筑，而它们的布局也不总是左右完全对称。甚至于，有些类型，如宫苑园林、某些山林寺观古建筑群和某些民居古建筑群则采用了自由式组合。

中轴对称的变通，不仅没有削弱这些强调礼法的建筑的伦理色彩和理性精神，反而在一定程度上丰富了中国传统建筑的空间布局和外观形态。这些建筑在视觉和心理上依然给人以中和、平易、含蓄而深沉的美学追求和神圣、崇高、有序的精神体验。如皇乾殿的古稀门，只是增建一个小体量的随墙门，而不是用形式隆重、体量高大的门楼建筑，并没有太大影响整个皇乾殿建筑的对称感受；诸葛村丞相祠堂的寝室，虽然从平面图上看不对称，但站在寝室里看整个空间，依然给人左右平衡、安定、和谐的感受，子孙后代慎终追远的情绪在这里能得到强烈共鸣；民居的堂屋，不管怎样将就不规则的地形，也必然保证天井平面的方正，而使堂屋空间端正整齐。

或许，也时有需要调整建筑布局的完全对称，但总体上中国传统建筑都始终没有脱离传统儒家"中庸"的主流审美思想，其中正平和的气质没有因为不对称因素的出现而稍减，不对称因素仅仅是有理有节的变通而非颠覆。

其五，对称之本真。从美学的角度来看，对称也是自然美的形象表征。对称往往与均衡联系在一起，对称是均衡的天然格局，让人产生健康和平静的均衡感。对称讲究相同部分间规律的重复，呈现在建筑上，往往给人一种庄严肃穆的感觉，具有古典美感和秩序感，这也是为什么我国古代皇城、宫殿、庙宇乃至陵墓多为左右对称的缘故。

对称之所以为美，还因为这是视觉美的天性使然。而中国人对于自然的崇尚，更反映在对称美的普遍运用之上。对称讲究相同部分间规律的重复，呈现在建筑上，往往给人一种主严肃穆的感觉，具有古典美感和秩序感。空间位置的对称性设计，其中更是植入了丰富的寓意，吉祥的祈愿。在瞬息万变的大千世界中，"中轴对称"仿佛代表着温暖、质朴的本真。以一种文明返祖的方式，为当代建筑设计者供养思路与启迪。

院落组合

《黄帝宅经》云："宅以形势为身体，以泉水为血脉，以土地为皮肉，以草木为毛发，以舍屋为衣服，以门户为冠带。若是如斯，是事俨雅，乃为上吉。"古人把住宅人性化，说明格局搭配得当，对住宅与人都很重要。

基于此，在布局设计上，中国古代人居建筑自有简明的组织规律。即以"间"为单位构成单座建筑，再以若干单座建筑和一些连廊、围墙组成"庭院"，进而以庭院为单位，组成各种形式的组合。庭院以院子为中心，四周建筑物面向院子，并在这一方向设置门窗。由若干庭院组成的建筑群，一般都有显著的中轴线，在中轴线上布置主要建筑，两侧次要建筑呈对称布置，以廊子联接各建筑个体，并以围墙围绕四周，通常建筑组群的前部分还有门、阙、牌坊、照壁等附属建筑构成建筑组群的序幕，以导向和衬托主体建筑。[①] 院落是中国古代建筑群体布局的精神内核，它不仅营造出了四方宽敞、正大光明的住家格局，也体现了整齐灵活的布局特点。这也显然与西方建筑"主要以表现单体的气势为目的"[②] 有所不同。

古人对居住环境有"人立"和"宅存"的要求，人宅相扶是辩证的统一体。在这种阴阳合成的观点下，中国民居从南到北塑造了以院落为中心和单元体的基本格局，即屋宇为阳、为实，而院落为阴、为虚。这种阴阳相成虚实相间的院落序列空间，在密集的居住状态下较好地协调了人与自然的关系，较好地解决了日照、通风、保温、隔热、反光和防噪等问题。

中国传统院落组合原则，一直用了几千年，成为了一种主要的总平面构图形式。中国传统院落组合形式在民居、宫殿以及庙宇当中普遍存在，在北方、中原及南方甚至在少数民族聚居的边远地区都广为流传，体现了强烈的秩序感与对称均衡的肌理。人世间，即便是坟墓，也有一些完全模仿住宅院落组合形式而建造。事实上，院落组合，除却物质使用和身体居住等实用功能外，它某种意义上也体现着中国几千年政治及文化礼教的意识形态，蛰伏着人们道德思想的灵魂，并"至今依然承载着中国人的生活"。[③]

当然，这种院落组合，也不是漫无边际。中国传统建筑文化中亦有主张"计口营造"的传统，即根据人的多少来规划住宅的大小，而不是越大越好。如《黄帝宅经》还说："宅乃渐昌，勿弃宫堂；不衰莫移，故为受殃；舍居就广，未必有欢；计口营造，必得寿考。"又说，"宅有五虚，令人贫耗，五实，令人富贵。""宅大人少，一虚；宅门大内小，二虚；墙院不完，三虚；井灶不

① 尹定邦：《设计学概论》，湖南科学技术出版社，2000，第84—85页。
② 刘先觉：《定法异式殊途同归》，《中华读书报》，2001年10月10日。
③ 刘彤彤：《中国传统建筑之美》，《学习时报》，2020年01月03日。

处，四虚；宅地多屋少庭院广，五虚。""宅小人多，一实；宅大门小，二实；墙院完全，三实；宅小六畜多，四实；宅水沟东南流，五实。"说的都是"计口营造"的道理。

四、用材：因时因地，自然亲和

建筑总是在一定的自然环境和社会条件的影响和支配下形成的，具有多样性与主流性。

中国建筑自远古以来就遵循土、木、砖、石并举的用料原则，只是其中又以木为主角，土为辅助，石、砖、瓦为配角。在中国传统语言中，建筑常以"土木"一词代指，所谓"大兴土木""土木工程"就是大搞建设、建筑工程之意。"土木"二字代表了中国建筑的起源。由于地理气候原因，中国北方的居住方式由最初的"穴居"发展到"半穴居"，再到地面建筑，仿佛是从地里面长出来的，来自于"土"；而南方由最初的"巢居"发展到干阑式建筑，再到地面建筑，仿佛是从树上落下来的，来自于"木"。但不管是建筑材料的"先驱"——土，还是"大当家"——木，亦或是不同凡响的配角——石、砖、瓦、钉，总体上，它们取之于大自然，无华丽奢华之态。即便是有所装饰，也比较原始古朴，如竹子、麻栗木、红毛树、水冬瓜树、白树、茅草乃至泥沙，等等之类。

土

"万物生于土，而终归于土。"亘古至今，建筑亦然。

古代用作建材的土大致可以分两种。一种是天然状态的"生土"。就考古学意义而言，它指的是自然界经过若干万年的沉积，自然形成的原生土壤，也叫死土、净土。它颜色均匀、结构细密，质地紧凑、纯净，极具朴素之美。生土是自然的一部分，与天地紧密相连，取之自然，返回自然，形成一个死循环，是最亲民的一种建材。另一种则是指经过加固处理的"夯土"，就是将泥土中的空隙经过夯砸之后使之变得更结实。

人类利用生土的建筑结构体系大概经历了掩土结构体系（穴居、窑洞）、夯土结构体系及土坯结构体系三个阶段。

第一阶段在石器时代，那时原始人就顺应自然地貌建造了简单的生土建筑。距今7000年前的磁山文化、裴李岗文化、大地湾文化时期，已有圆形、方形的人工半地穴式房址。中国的中西部地区干燥少雨，丰富的黄土成为华夏文明初期的天然建筑材料。考虑到和自然的关系，选择了在此挖掘顺应沙丘地形的洞穴，屋顶地面保持沙子、自然植物等自然状态。这既是对自然的敬畏，也是对自然生态的保护。

第二阶段大约在4000年前新石器时代龙山文化晚期，那时中国先民已经掌握夯筑技术并开始使用泥土块砌筑大体积村社与墙体了。考古材料证实，商、周、秦汉时期，宫殿台榭的高大台基都是夯土筑成。《孟子·告之下》里说："舜发于畎亩之中，傅说举于版筑之间。"这里的"版筑"，就是夯土技术。

第三阶段在公元前3500年铜石并用的仰韶、屈家岭和良渚文化时期。土坯结构的出现，使生土建筑在保留人类与自然依恋关系与形式美感方面均达到很高的水准。后世的福建省永定地区的多层土楼，云南各民族喜爱的土掌房，都堪称传统建筑的一个奇迹。

显而易见，无论生土还是夯土，作为一种自然而然的建筑材料，其材质皆亲近自然，环保节约，冬暖夏凉，造价低廉，易于施工，且可以实现就地取材。可以说，利用生土、夯土的建筑，具有普遍的地域适应性，它不会造成地球的负担和破坏，有利于环境保护和生态平衡。或许，在技术为重的系统和钢筋混凝土的丛林之中，生土、夯土不一定是最好的建材，然而它却体现了一种敬仰天地的哲学理念，它与自然相退让，具有自然的真实和温度，并也一直存在于我们祖先的生活之中。正所谓"百年砖，千年土"。

当然，各类利用生土的传统建筑一般都开间不大，布局受限制，日照不足，通风不畅易潮湿，在防水、耐久和抗震方面亦有缺陷，需要改进。只是遗憾，随着时代的进步，社会经济的发展，广大农村建房已逐步用黏土砖代替土坯、土夯及土砖墙体，使这一古老的建筑材料走向消亡。

木

中国古建筑之所以以木材为建筑构架的主要材料，这是由自身自然条件和文化传统所决定的。

首先是由于中国自身的气候条件和自然地理环境使然。中国先民的活动范围无论是早期在关中平原，还是在巴蜀地带，或者是后期发展到东部平原地带和沿海地区，都紧邻着黄河、长江等一些淡水区域和森林、草原地带。在中国古代较早的时期，适宜人类居住的地区并不是现在的河南、江苏以及浙江这一带，而是陕西、宁夏等地区。因为这些地区在当时是植被茂密、资源丰富的地区，而东部地区在当时是沼泽地。所以，中国在早期就因地取材，利用树木和泥巴发展出了木构干阑式建筑，以及木骨泥墙建筑。也就是说，中国在早期的时候就发展出了框架式建筑，这比西方的框架式建筑要早三四千年。实际上，相对于石料的开采、运输及加工而言，木建筑确实相对便捷。关键是，木材其内在具有对人最为适宜的重量轻、强度高、保温隔热调湿、吸音隔声、防震、可吸收紫外线等天然属性。

技术、结构、施工工艺也是一个重要的影响因素。由于中国使用木结构建筑的时间十分悠久，从起初用石器就能完成简单加工和构筑，到后来青铜和铁器普及，木构技艺迅速提高，较早地形成了成熟的木结构加工技术（如榫卯）和力学体系研究（如斗栱、侧脚、生起）。所以，在后期中国发展石质建筑的时候很大程度上受木结构建筑构造的影响，从而难以摸索出适合石结构建筑的力学体系和结构形态，以及更复杂的技术和社会协作需要。另外，考虑到中国是一个南北跨度极大的大一统国家，官方需要统一建筑建造规范，还有考虑到各地气候条件有所不同，就需要一个基本的建造原型。而木结构框架建筑只要在房屋高度、墙壁与屋面材料、厚薄，窗户大小等方面些许变化就能适应各地条件，是一种极为经济的做法，也具有内部空间组合及搬迁改造上的灵活性、便利性。

至于社会文化习俗及深层心理方面，古人选取木材作为建宅之所需，或许还因为木材的特质与中国传统哲学中重关系、重心性、重本体的选择心向要求也是相吻合的。对于中国先民们而言，他们似乎更喜欢建筑与自然环境相结合，布局向平面方向发展，以单层建筑为主；对建筑的坚固程度亦采取相对宽容的态度，并不祈求千年不朽。

相较于西方"神是永恒的"而言，宗教在中国，却远没有生存和社稷重要。中国传统文化的衣钵是儒释道三教的合一体，儒家倡导的是正心、修身、齐家、治国、平天下；道家强调的是道法自然，与万物共生；禅宗追求的是生命的自然、内在与超越。同时，中国古人信奉"阴阳五行"，认为金木水火土相生相克，共同构成了世间万物。而且还认为，木长于日下，属阳，适合建造人居住的阳宅，而砖石是阴的材料，也非五行之一，所以不宜用于人天天居住的房屋。况且，作为自然意义上的人，也只是暂时存在于世。正如明代计成在《园冶》中所言："固作千年事，宁知百岁人，足矣乐闲，悠然护宅。"[①]

于是乎，砖石结构多用于地下陵墓建造，直到宋代它才较多地出现在地面上。显然，中国古代缺乏神权统治的时期，在中国传统文化的意识范围中，并没有特别想要营造一个能延续千年、存留万古的"永恒"建筑物。即使是最高

---

① 见（明）计成《园冶·相地·傍宅地》。

等级的皇宫、祭坛、庙宇，也体现着"不求原物长存之观念"①，仅有一些交通性、军事性以及城防设施和皇陵，体现了坚不可摧、与世长存的理念。如只在奴隶社会可耗费巨大的人力，营造像战国时期的一些大型诸侯国都以及巨型阶梯夯土台，而随着奴隶社会的结束，这些也都随之消匿。亦如建筑学家梁思成在《中国建筑史》中提及的"盖中国自始即未有如古埃及刻意求永久不灭之工程，欲以人工与自然物体竟久存之实，且既安于新陈代谢之理，以自然生灭为定律"。

当然，例外也时有出现，并不是绝对的。如战国时期就出现了砖，而且未经过红砖红瓦阶段，直接生产质量较高的青砖（对比西方，长期使用的还是红砖），战国还出现了拱券。但由于阴阳和合思想，认为树木受到阳光照射，是"阳"，而砖石是地下黑暗潮湿的，属"阴"。故而砖石主要的用途便是建造墓室，为死后的人服务。中国古代也不全是就地取材，始皇帝建造阿房宫时要写仿六国宫室，必然会从六国运来大量当地的建筑材料，正如杜牧在《阿房宫赋》中写到的"蜀山兀，阿房出"。而清代建造故宫时，也是从江南运来制作"金砖"的泥土、奇石，从巴蜀运来粗壮的楠木。慈禧的定东陵用的柱子，便是手串玩家极为喜爱的海南黄花梨木。

此外，木材及木建筑也存在一些缺陷。虽然，木材及木结构方式在节省材料、劳动力和施工时间方面，比石材及建筑方式优越了许多，但木材的寿命不像砖石那样恒久，它怕火，易遭火灾，且如果不善于保护和利用，木材会变得越来越少。

有人说，中国传统木建筑是带有温度的。确实，树木生命的终结，恰好意味着由木材构建的房屋、家具"生命"的开始。因为木材的特质同石料、灰砖、草坯甚至泥土等一样，体现了人的生命存在与自然的亲和关系，以及重视材料

---

① 梁思成：《中国建筑艺术》，林洙编，北京出版社，2016，第50页。

性状对人生关系的影响。而且，木材适宜穿插结构的合于形式美法则和以"数"为规范的空间分割造型，也是一种结构与造型，心性与物性的统一。① 技术上的优势：采用建筑模数制。有"温度"的生命和合于形式的审美始终流转于自然与人工营造之间，循环往复，这既是中国式营造的传统，也是一种古老的观念。当一种观念长期进入集体无意识领域时，它们事实上已经变成了一种情感。

石

中国古代有意识地使用石材，始于封建时代初期。当时主要把它用于陵墓的建造，"秦陵汉墓"遗址中有大量实例。中国传统建筑石材种类不少，有青石、青白石、青砂石、豆渣石、紫石、豆瓣大理石、艾叶青石、汉白玉等等。其中，汉白玉是一种纯白色的大理石，宋代人们已经发现了它的装饰价值，但仅雕制成小件器物。明清以来，汉白玉成为宫殿及帝王陵寝的专用材料，因其材料性柔而易琢，故可雕镂成各种精细的图案。

中国古代建筑中，把建造石建筑物、制作和安装石构件和石部件的作业称之为石作。宋代《营造法式》中所述石作的造作次序有六道：一曰打剥，二曰粗搏，三曰细漉，四曰褊棱，五曰斫砟，六曰磨砻。具体涉及柱础、角石、角柱、殿阶基、压阑石、踏道、钩阑、门砧限、坛、水槽子、马台等22类建筑部件。清代工部《工程做法则例》和《圆明园内工现行则例》内容基本相同，又增加了石桌、绣墩、花盆座、石狮等建筑部件造作，但不包括石拱门。值得提到的是，中国古代建筑营造中，地基一般挖得不是很深，但砌基、筑地龙墙、墁地、造踏道、制栏杆等工序则是必需的，且也主要和石头打交道，只是由于材料有时为砖造，故又有列为砖作之类。

中国古代，石砖不仅被大量应用，而且其表面还镌刻有精美的图案和浮雕，

---

① 邓福星：《中国民间美术学导论》，黑龙江美术出版社，2003，第87页。

表达着美好的寓意。石头也是这样，因本身得天独厚的特点，常被人们用它来作镇宅物。不仅民宅如此，大凡宫廷殿堂、衙门庙宇、规整的大理石也多作为镇物用，意为稳重坚实，所谓"石敢当，镇血鬼，压灾殃"。它们并没有取代木框架作为建筑中的第一结构，最多只作为柱础、台基乃至柱子间的填充物出现，这与被称作是"一部石头的艺术史"的西方建筑有着很大的区别。

从现存的来看，除了城墙外，中国古代极少有规模宏大的砖石建筑。这一文化特色看似自然形成，但实际并非如此。至少技术缺失因素是不容忽视的。

应该说，中国古人对砖石建筑一直都有需求。早在西汉中晚期，中国就出现了粗糙的拱券技术，此后逐渐精准，甚至出现了带球形穹顶和"橄榄顶"的。只是，它们多限于地下墓室的建造，元朝以前没有发现被应用于地面建筑。及至修建地面建筑时，中国工匠在需要"无梁建筑"时，似乎又更偏爱"叠涩拱"结构。想必叠涩拱结构比拱券结构更原始，也更节约建材，但采光不足的缺点同样明显。这其中最大也最根本的的原因恐怕就是缺少"大跨度拱券"技术。

隋朝大业年间修建的赵州桥是一段正圆的"圆弧"，其拱券净跨度长达37.02 米，使用了大型石料。但水面上的石拱桥和地面上的大型高跨比拱券砖石建筑，在施工方面实则有很大的不同。一来石料的搬运难度不一，二来大高跨比拱券和正圆拱的测绘方式也存在很大差异。遗憾的是，元朝以前的中国起重大型石材是个难题，工匠亦一直都没有掌握关于大高跨比拱券的测绘技术。直到元后期，或许是因为当时大量西域工匠东来，以及《几何原本》传入的原因，中国才开始出现大跨度椭圆拱和三心拱技术，还包括明后期又出现的把筒拱抬高和半球穹窿无梁的新式结构。元代的梳妆楼，明代南京、北京和西安等地的城门，以及皇帝与藩王的陵墓，灵谷寺无梁殿和显通寺圆顶无梁殿等中国最早的房屋式筒拱建筑，便都是利用这些技术进行建造的。但无论怎样，中国传统砖石建筑规模和欧洲同类建筑都有很大差距。其原因，除了一部分材料因素外，主要与起重机、十字拱、帆拱以及圆顶基座的转角结构等技术因素有关。

有意思的是，中国传统建筑中，即使采用了不少这些货真价实的砖石建造形式，但其外观多数还是被修饰成木建筑或砖木、石木建筑。由此可见，中国古人在审美上确实偏向木结构建筑，并极力从视觉效果上通过仿木装饰来融入自然。这或许是稍想弥补缺失某些重要砖石建筑技术的遗憾。

砖

除木材外，中国古建筑采用最多的建筑材料及结构方式恐怕是砖了。砖的应用是从地下向上发展的。砖在建筑物中应用部位最多的是墙壁，如山墙、檐墙、槛墙、院墙和围墙等，其次是铺设地面（墁地），以及做散水。

中国西周时期就产生了青砖，但未得到广泛的生产应用。直到秦汉时期，青砖烧制工艺技术才日趋成熟。当时，青砖多用在宫廷建筑的承重墙体和一些大工程上，比如秦朝修建的长城就大量运用到青砖。魏晋时期，青砖的应用普及到民间，不再仅是皇家、贵族才能使用。元朝时期，基本已经形成了青砖灰瓦的风格。明清时期，这种建筑风格更是得到了淋漓尽致的体现。宋应星《天工开物·陶埏》中这样记载："凡转锈之法，窑巅做一平田样，四周稍弦起，灌水其上，砖瓦百钧，用水四十石，……水火既济，其质千秋矣。"民间造砖也有说："或三五而选一，或数十而选一，必面背四旁，色泽青蓝，无燥纹坠角，叩之声震而清者，乃为入格。"青砖无疑是中华文明的象征之一，从青砖繁复制作工艺的这些记载和现存依旧被完好保留的秦直道中，可见一斑。

传统中国，"出砖入石"的建筑取材及营造方式，除了与青砖及常用自然石材的透气、吸水、耐磨损、耐腐蚀、抗冻等良好的性能有关之外，也与建筑追求方正、古朴、拙实之美有关。即使有时砖、石乃至瓦形状各异、质地不同，但并不妨碍它们之间的交错堆叠、交垒叠砌和组合穿插。毕竟它们都同为自然之物。

不过，砖石建造终究还是让位于木结构建筑。究其原因，除了对材料本身采掘及功能的考虑取舍，以及局限于前述的起重和梁顶技术因素外，砖石的粘

泥造砖坯 采自（明）宋应星《天工开物》

合剂应该也是一个重要的影响因素。砖要发挥作用，自然离不开浆。中国古代多用泥浆、石灰泥浆、白灰浆、白灰泥浆，重要建筑用糯米白灰浆。而古代西方人则不同，他们以火山灰为原料生产的早期混凝土，坚固、易于运输和施工，故而使得西方砌石结构体系得以形成。或许在东方，相对于建筑石材需要复杂的技术和社会协作因素而言，这样的让位，也算是保持了建筑的友好性，并且总是与自然对话，而不是对抗。

瓦

中国传统建筑中，"瓦"是建筑覆屋之瓦的专名，但最初它是对陶器的总称。《说文》中有："瓦，土器已烧之总名。象形也。"清代段玉裁又注："凡土器未烧之素皆谓之坯，已烧皆谓之瓦。"想必古时，大多数瓦亦是由土作原料，与其他陶器一样需经泥料处理、成型、干燥和焙烧而成，只是以瓦统称陶器而已。

中国瓦的生产比砖早。早期建筑遗址考古证实，瓦早见于西周前期建筑中的天沟和屋脊部分。西周中晚期，有屋顶开始全部铺瓦，取代了茅草，其质量也有所提高，并出现半瓦当。春秋战国，瓦开始广泛用于宫殿建筑及一般民居，并有大量的板瓦、筒瓦以及全瓦当产生，且不少表面所刻图案愈加精美。到秦汉，形成了独立的制陶业，制瓦工艺有了许多改进，如改用瓦榫头使瓦间相接更为吻合，取代瓦钉和瓦鼻。西汉时期，瓦工艺又取得明显进步，如带有圆形瓦当的筒瓦，由三道工序简化成一道，瓦的质量也有较大提高。广为流传的"秦砖汉瓦"被很多人误以为中国古建筑中的砖瓦起源于秦汉，这其实是不对的。所谓"秦砖汉瓦"中的砖和瓦，是指那个时代的画像砖和瓦当，亦更多的是指砖瓦的所属时代概念和一种文化艺术风格。

及至后世，中国传统建筑屋瓦可谓丰富多样。除了陶制青瓦、琉璃瓦，还有金瓦、明瓦、竹瓦、石板瓦等其他材质的瓦。当然，青瓦使用尤为普遍。它同青砖一样是用黏土烧制，外表呈深灰色，故得名青瓦，也称小青瓦；又因制作泥坯时模具上附衬有布料，也称布瓦。青瓦既可以做成弧形板瓦，也可做成半圆形筒瓦。明代科学家宋应星《天工开物》中记有古人制瓦的详细过程：

凡埏泥造瓦，掘地二尺余，择取无沙黏土而为之。百里之内必产合用土色，供人居室之用。凡民居瓦形皆四合分片，先以圆桶为模骨，外画四条界。调践熟泥，叠成高长方条。然后用铁线弦弓，线上空三分，以尺限定，向泥不平戛一片，似揭纸而起，周包圆桶之上。待其稍干，脱模而出，自然裂为四片。凡瓦大小古无定式，大者纵横八九寸，小者缩十之三。室宇合沟中，则必需其最大者，名曰沟瓦，能承受淫雨不溢漏也。

凡坯既成，干燥之后，则堆积窑中，燃薪举火。或一昼夜或二昼夜，视窑中多少为熄火久暂。浇水转䃲（音"右"）与造砖同法。其垂于檐端者有滴水，下于脊沿者有云瓦，瓦掩覆脊者有抱同，镇脊两头者有鸟兽诸形象，皆人工逐一做成，载于窑内，受水火面成器则一也。（明·宋应星《天工开物》）

此外，民间还有另外一种青瓦泥坯的做法，即将调和好的熟泥放入瓦坯内压实，然后用瓦弓顺瓦坯的弧度切割，去掉多余的泥土，留在瓦坯内的就是瓦

左图：造瓦 采自（明）宋应星《天工开物》
右图：砖瓦济水转釉窑 采自（明）宋应星《天工开物》

片，晾干后再烧制即可。

除了烧制，在中国传统社会，屋瓦的铺设还有着严格的等级限定，民居建筑上多用青瓦，宫殿、庙宇、衙署建筑上多用筒板瓦，琉璃瓦则只有皇家建筑和大型寺观才能使用。在中国建筑史上，古代匠师们运用不同的材质创造出形制有别、功能有异的多种瓦件，并形成了一套成熟的瓦作技术。传统称琉璃瓦铺设的屋顶为"琉璃作"，青瓦铺设的屋顶为"黑活"。另外，还有大式建筑上的大式瓦作和小式建筑上的小式瓦作之分。如宋代《营造法式》的记载，包括结瓦屋宇、垒屋脊、用鸱尾、用兽头等瓦作之制。

显然，作为一种建材，瓦有自身的主要建筑用途。如防止雨水渗漏至屋内，防止白天的太阳辐射热直接传至屋内[1]，还有隔音、保温、防紫外线、低碳环保、减少农村秸秆焚烧等等。

而从文化的意义上讲，瓦的出现实则改变了先民土筑草覆的原始建筑形态，开启了中国传统木构瓦屋建筑新的形制，是古代建筑技术上的一大突破，极大地丰富了中国传统建筑体系。不管是青砖黛瓦的普通民居，还是碧瓦朱甍的皇家宫阙，瓦都是传统建筑审美的重要内容。在历史的延续中，屋瓦融入了权力、信仰、审美等诸多的人文因素，并与整个建筑一起历经朝代的更迭，成为家园故国历史记忆的重要载体，所谓"高屋建瓴"[2]或"瓦解云散"[3]，都往往成为后人抒发思古情怀的重要凭藉。

钉

在中国古建筑中，金属材一般只作为加固和附属构件。这里简约说之。

在三千年前的殷墟遗址中，就有青铜柱质的实物例证。到春秋战国时期则

---

① 当瓦片交叠铺设于尖斜式屋顶时，可产生一个用于隔热的空气间距。

② 见《史记·高祖本纪》："地势便利，其以下兵于诸侯，譬犹居高屋之上建瓴水也。"

③ 见《汉书·匈奴传上》："故其逐利如鸟之集，其困败瓦解云散矣。"

发现了瓦钉、椽钉，还有制作华美的铜钰、铜铺首、铜合页等既实用亦兼装饰的金属构件。秦汉以来，重要建筑有"玉阶金柱"。南北朝时期，佛塔上开始使用铜制塔刹、风铎、门钉、铺首等金属构件。隋代，不仅在木结构建筑中使用金属构件作为加固装饰构件，而且在石结构的桥梁中，也使用"腰铁"这种铁锭，以加强券石的连接。唐代在位于高山上的建筑中创造了铜瓦。宋《营造法式》阐述了诸作用钉料例，以及木、雕、竹、瓦、泥、砖诸作使用金属构件的部位、名称、尺寸、重量、数量等。元代，大量使用铁箍、铁钉。明清时，铜质构件多用于容易表现装饰的部位；纯加固构件，全用铁构件。

五、结构：格物穷理，诚实木构

深入中国传统人居建筑天人合一的营造，我们发现其中在材料和结构上，不仅有亲和自然的用材之道，也有格物穷理的技艺之理。

壕寨制度

宋代李诫在其《进新修〈营造法式〉序》中曰："'正位辨方'，《礼》实太平之典。"又曰："况神畿之千里，加禁阙之九重；内财宫寝之宜，外定庙朝之次；蝉联庶府，棋列百司。欂栌栱柱之相枝，规矩准绳之先治；五材并用，百堵皆兴。"故而在《营造法式》中列举了如下壕寨制度：

取正之制：先于基址中央，日向置圜版，径一尺三寸六分。当心立表，高四寸，径一分。画表景之端，记日中最短之景。次施望筒于其上，望日星以正四方。

望筒长一尺八寸，方三寸；两罨头开圜眼，径五分。筒身当中，两壁用轴，安于两立颊之内。其立颊自轴至地高三尺，广三寸，厚两寸。昼望以筒指南，令日景透北，夜望以筒指北，于筒南望，令前后两窍内正见北辰极星。然后各垂绳坠下，记望筒两窍心于地，以为南，则四方正。

若地势偏衺，既以景标、望筒取正四方，或有可疑处，则更以水池景标较之。其立表高八尺，广八寸，厚四寸，上齐，安于池版之上。其池版长一丈三尺，中广一尺，于一尺之内，随表之广，刻线两道；一尺之外，开水道环四周，广深各八分。用水定平，令日景两边不出刻线，以池版所指及立表心为南，则四方正。

定平之制：既正四方，据其位置，于四角各立一表；当心安水平。其水平长二尺四寸，广二寸五分，高二寸；下施立桩，长四尺；上面横坐水平，两头各开池，方一寸七分，深一寸三分。身内开槽子，广深各五分，令水通过。于两头池子内，各用水浮子一枚，方一寸五分，高一寸二分；刻上头令侧薄，其厚一分，浮于池内。望两头水浮子之首，遥对立表处，于表身内画记，即知地之高下。

凡定柱础取平，须更用真尺较之。其真尺长一丈八尺，广四寸，厚二寸五分；当心上立标，高四尺。于立表当心，自上至下施墨线一道，垂绳坠下，令绳对墨线心，则其下地面自平。

立基之制：其高与材五倍。如东西广者，又加五分至十分。若殿堂中庭修广者，量其位置，随宜加高。所加虽高，不过与材六倍。

筑基之制：每方一尺，用土两担；隔层用碎砖瓦及石札等，亦二担。每次布土厚五寸，先打六杵，次打四杵，次打两杵。以上并打平土头，然后碎用杵辗蹙令平；再攒杵扇扑，重细辗蹙。每布土厚五寸，筑实厚三寸。每布碎砖瓦及石札等厚三寸，筑实厚一寸五分。

凡开基址，须相视地脉虚实。其深不过一丈，浅止于五尺或四尺，并用碎砖瓦石札等，每土三分内添碎砖瓦等一分。

筑城之制：每高四十尺，则厚加高二十尺；其上斜收减收高之半。若高增

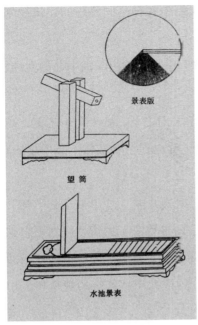

景表版

望筒

水池景表

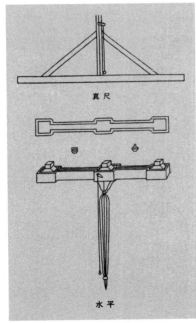

真尺

水平

取正、定平仪器
采自（北宋）李诫《营造法式》

加一尺，其下厚亦加一尺；其上斜收亦减收高之半；或高减者亦如之。

城基开地深五尺，其广随城之厚。每城身长七尺五寸，栽永定柱、夜叉木各两条。每筑高五尺，横用纤木一条，每膊椽长三尺，用草葽一条，木橛子一枚。

筑墙之制：每墙厚三尺，则高九尺；其上斜收，比厚减半。若高增三尺，则厚加一尺；减亦如之。

凡露墙，每墙高一丈，则厚减高之半。其上收面之广，比高五分之一。若高增一尺，其厚加三寸；减亦如之。

凡抽纤墙，高厚同上。其上收面之广，比高四分之一。若高增一尺，其厚加二寸五分。

凡开临流岸口修筑屋基之制：开深一丈八尺，广随屋间数之广。其外分作两摆手，斜随马头，布柴梢，令厚一丈五尺。每岸长五尺，钉桩一条。梢上用胶土打筑令实。

逐一例举以上各条壕寨制度，并仔细翻阅李诫《营造法式》的序、看详，不难发现其对《周官·考工记》《墨子》《管子》《唐六典》等典籍中营造规制的遵从。

中国古代的城市建设，经过长期实践，到了春秋战国时期，城市规划思想也日渐成熟，终于形成了《周官·考工记》《管子》等典籍中各种不同思想的建筑规划理论，它们的规划理念也不尽相同。

如《周礼·考工记》提出："匠人营国，方九里，旁三门。国中九经九纬，经涂九轨，左祖右社，面朝后市，市朝一夫。"

《管子·乘马第五》设想："凡立国都，非于大山之下，必于广川之上，高毋近旱而水用足，下毋近水而沟防省。因天材、就地利，故城郭不必中规矩，道路不必中准绳。"

显然，《考工记》将城分为三个等级，王城、诸侯城称"国"，采邑称"都"，其划分以礼制等级为准，所强调的是礼制制度。而《管子》的营建规划思想则更加注重城市的理性发展，强调的是人们的实际需要，着眼点是城市的使用功能，而反对特定的模式。《管子》认为城市划分的依据应是城市的规模与人口的多少，而不是上下尊卑的等级观念，"千室之都"与"万室之国"（《管子·乘马》）中的"国"与"都"就是两种规模不等的城市。

当然，在具体的营造建作规制方面，这些典籍都还是坚持周礼之制。《周礼》卷一在谈到立国之本时，明确提出："惟王建国，辨方正位，体国经野，设官分职，以为民极。"关于"辨方正位"，郑玄作疏说"辨方"即"以别东西南北四方，使有分别"；"正位"即"正君臣之位"，"君南面，臣北面，父坐子伏"，这些就是封建社会的基本秩序。在这个秩序当中，位置、方向都成了等级的标志，不同的人占据不同的位置。可以说《营造法式》的这种遵从，既是传统礼制制度下的"正位辨方"，也是功能理性下的壕寨之制。

木构架

在结构设计上，中国古建筑以土生土长的木构架为主要结构方式，通过梁柱的穿插，椽檩的繁密，檐枋的配合，形成稳定严密的建筑组合。中国木结构建筑，约在6000年前就已经出现。之后，它从形制到规范都有着独特的创作方式，从"木经"到"营造法式""鲁班经"，最终到"样式雷"烫样，经历代经营，逐渐成熟。

为了将木构件结合在一起，人们很早就发现了梁柱结构。如原始人很早就发现用两个垂直放置的石块可以支撑起一个水平石块。中国由于盛产性柔质轻且取用方便的木材，所以发展了木框架体系，其主要特征是承重结构与围护结构相互分离，采用木制的构件结构成稳定的框架，如同人的骨架。然后再将骨架围护，形成内部空间供人们使用。

根据地域、类型及功能，中国传统人居建筑木构架有以下四种结构体系：

一是抬梁式结构，即沿房屋进深方向在石础上立柱，柱上架梁，梁上又重叠数层矮柱和短梁，各层梁头和短柱上安置若干与构架成直角的檩。从实际角度看，抬梁式建筑一共有四层结构，分别是：柱网、斗拱、梁架、屋顶。在地面上，纵横排列的柱子来承托上面的斗拱和梁栿，梁栿到屋顶的重量，都通过柱子传到地面。柱子之间的墙壁只起围护和分隔的作用，不承受荷载，这种结构适合于体量较大、内部空间相对较为宽敞且流通、分隔灵活的建筑，尤其常见于古代北方汉族地区的宫殿、庙宇等大型建筑。

二是穿斗式结构，即是沿房屋的进深方向立一排柱，柱距与檩距相同，每排柱子靠穿透柱身的数层穿枋贯穿起来，柱上直接架檩，檩上布椽，不用大梁。故大木的用料减少很多。同时，建造时可先在地面上拼装成整榀屋架，然后竖立搭建，也方便施工。此外，较密的立柱也便于安装门窗、壁板和浇筑泥墙之类。当然，柱子密度变大，不利于房屋格局的灵活安排，为此，在一些建造中，将每间隔的一根立柱截短骑在穿枋上，且进一步减少了立柱数量。此外，有时还采用与抬梁式构架相结合的办法来解决立柱问题，即在房屋墙体部分使用穿斗式构架，当中则使用抬梁式构架，这样，既省时省料，又能减少立柱数量。

中国南方广大地区的建筑均普遍采用穿斗式结构，包括较大体量的庙宇、祠堂等。西南山区少数民族木构建筑也是穿斗结构。中国南方气候温润，保暖隔热的需要次之，不必采用厚实的屋顶和围护，屋面通常只需铺挂薄薄的版瓦，故房屋荷载相对较小，无需用肥梁粗柱来支撑。这正适用于穿斗屋架形式。

三是井干式结构 [1]，这是一种不用立柱和大梁的房屋结构。这种结构以圆木或矩形、六角形木料平行向上层层叠置，在转角处木料端部交叉咬合，形成房屋四壁，形如古代井上的木围栏，再在左右两侧壁上立矮柱承脊檩构成房屋。

四是干阑式结构，是指在木（竹）柱底架上建筑高出地面的房屋结构。其具体构筑办法是用竖立的木桩为基础，其上架设竹、木质大小龙骨作为承托地板悬空的基座，基座上再立木柱和架横梁，构筑成框架状的墙围和屋盖，柱、梁之间则用树皮茅草、竹条板块或草泥填实。

由以上不难概括出，木结构方式具有这几方面的优点：

第一，承重与围护结构分工明确。这几种木构架都以柱、梁、檩、枋组成房屋的基本框架，也即支撑骨架，建筑屋顶、楼面的全部重量以及风力和地震力，都通过柱子、台基传到地下。由于墙只起围蔽、隔断和稳定柱子的作用，不承重，故能做到"墙倒屋不塌"。

第二，就地取材，空间组织灵活，便于适应不同的气候条件。木构架建筑的地面、屋面和墙体，其御寒、隔热、通风等居住功能均可通过不同的围护结构加以满足，这就给予了人们用材的极大便利。如墙体材料可用土、石、砖、木、竹、藤等，屋顶材料也可是瓦、石、土、草等，都能适应大部分地区因地制宜、就地取材的要求。构筑方式可用版筑、垛坯、竹编、砖砌、垒石等，也可用各种形式的罩、屏风、槅扇等轻便隔断物。同时，室内空间组织灵活，可在柱与柱之间砌墙、装门墙，一般四个柱子构成一间，一栋房子由几个间组成。加之榫卯节点有可拆卸性、可替换性，故木构架建筑也便于某种构件的替换修

---

① 武冈子：《大中华文化知识宝库》，湖北人民出版社，1993，第1185页。

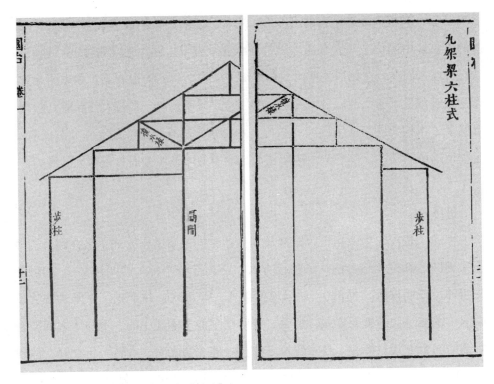

九架梁六柱式　采自（明）计成《园冶》

缮，甚至整座房屋的拆卸搬迁，都比较容易做到。①

　　也正因为如此，这种框架体系及丰富多变的平面布局形式，还满足了不同气候、地域及居群条件下千变万化的功能要求，具有更好的灵活性和适应性。如中国北方寒冷干旱地区，多用砖木结合方式；藏羌地区则采用石木结合方式；西南地区多用竹木来围护外墙，也有用石板做外墙和屋顶材料。夯土围护结构更是广泛，北至宁夏、新疆，如宁夏堡子、新疆阿以旺住宅；南至闽粤，如闽北土厝和闽南粤北的土楼等。

----

① 尹定邦：《设计学概论》，湖南科学技术出版社，2000，第84页。

第三，有减少地震危害的可能性。古代，地震是人们极为害怕也极力想逃避的天灾。中国位于环太平洋地震带与欧亚地震带这两大地震带之间，地震活跃，所以人们在营造栖居之所时，自然竭力采用防震的构造方式。如中国北方，作为地震常发带的山西以及河北常见的"抬梁式"建筑，其最大特点就是防震。事实上，木构架的组成采用榫卯结构，木材本身具有的柔性加上榫卯节点有一定程度的可活动性，使整个木构架在消减地震力的破坏方面具备很大的潜力。

榫卯

榫卯，是古代中国建筑、家具及其他器械的主要结构方式，是在两个构件上采用凹凸部位相结合的一种连接方式。凸出部分叫榫（或叫榫头），凹进部分叫卯（或叫榫眼、榫槽）。如果说抬梁式、穿斗式、井干式、干阑式构建了中国传统建筑大的框架样式，那么，榫卯则是深入木髓中的、木与木之间严密联结的吻合方式。榫卯，是古建筑之魂，一榫一卯之间，一转一折之际，体现着中国古老的文化和智慧，沉淀着流光回转中的经典款式的复合传承。

中国新石器时代就有榫卯和企口做法。在距今约七千多年前的河姆渡文化的一处考古遗址中，一些倒塌木构件上发现有用石斧、石凿、石楔、骨凿等原始工具加工而成的榫头和卯口，这可谓是中国传统建筑榫卯技术的先河。

中国古代木构建筑绝大部分构件，特别是主要构件都是采用榫卯形式结合。几千件，乃至数十万件的大小构件，用榫卯形式，既严丝合缝又柔性地组合成一座座精美的殿堂或楼宇，反映出成熟的装配结构知识、高超的构件加工水平和施工组织水平。例如，正是因有榫卯的结构技术及木构架的明显灵活性，因而按其所需而造出各种大小及不同弧度的曲面屋顶就成为了可能。屋顶的下凹曲面可使半筒形屋瓦严密接合，从而防止雨水渗漏。另外，外挑的屋檐所起的作用是显而易见的。它不仅可以使沿曲面屋顶瓦槽顺流而下的雨水泻向远处，从而能保护木构建筑历经千百年的风雨而不毁，其上翘的直接功能还在于使房屋虽然出檐很远，但室内仍能有充足的光线。[1]

榫卯结合亦是中国古代木建筑抗震的关键。因为木材本身的柔性，榫卯结构使木构架建筑可以吸收横向水平冲击。遇有地震时，榫卯结构在一定程度上允许各个嵌合的部分相互滑动又不致"散架"，能够传导和耗散地震传来的能量，从而大大降低地震带来的伤害，起到防震的作用。自古以来，中国很多建筑在大大小小的地震灾难中被毁，但天津蓟州独乐寺观音阁、山西应县木塔等著名的古建筑，历经多次大地震而完好保存至今。

利用榫卯加固物件，既不会影响建筑物的美观问题，亦加强了整体承受力。一般而言，中国传统榫卯结构丝毫不用胶水铁钉之类，全靠几个组成部分之间的相互作用力来保持结构之间的互相紧密的联系，而且结构还隐藏在建筑物的内部。从表面上，虽然每个构件看起来都比较单薄，但是它整体上却能承受巨大的压力。这种结构不在于个体的强大，而是互相结合，互相支撑。当然削弱材料断面的榫卯结构，多多少少也失去了材料的受力潜能。

斗拱

中国传统建筑的基本构件不少，如有台基、木头圆柱、开间、大梁、斗拱、彩画、屋顶、山墙、藻井、吻兽等。而斗拱，可说是其中较为独特的构件之一。

斗拱，又称栌斗、枓栱、斗科、欂栌、铺作等，其产生和发展有着非常悠久的历史。早在西周时期的炊具"令毁"上，就有栌斗的雏形。秦汉时，作为承托屋檐屋顶重量的构件，斗拱已开始普遍使用。隋唐时，斗拱结构功能加强，它同梁、枋结合为一体，成为保持木构架整体性结构层的一部分。宋代，《营造法式》中更明确了斗拱的栱、飞昂、爵头、枓及材等一系列造拱之制。元明时期，中国木构建筑体系有了简化，柱、梁直接相连增加稳定性并简化了做法。

---

① 梁思成：《图象中国建筑史》，费慰梅编，梁从诫译，百花文艺出版社，2001。

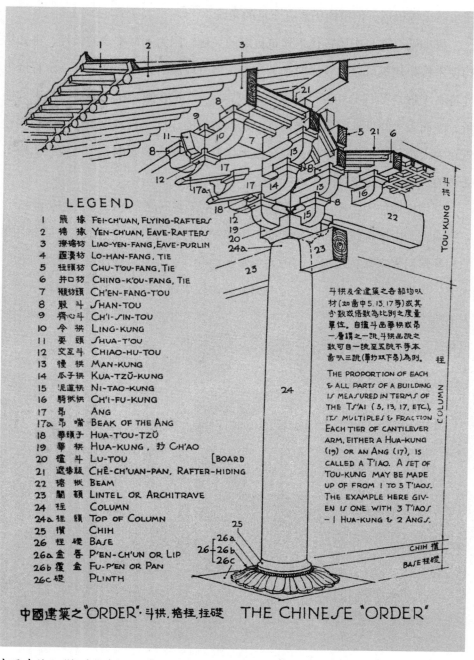

LEGEND

1	飛椽	FEI-CH'UAN, FLYING-RAFTERS
2	搪椽	YEN-CH'UAN, EAVE-RAFTERS
3	撩檐枋	LIAO-YEN-FANG, EAVE-PURLIN
4	羅漢枋	LO-HAN-FANG, TIE
5	柱頭枋	CHU-T'OU-FANG, TIE
6	井口枋	CHING-K'OU-FANG, TIE
7	櫬枋頭	CH'EN-FANG-T'OU
8	散斗	SHAN-TOU
9	齊心斗	CH'I-SIN-TOU
10	令栱	LING-KUNG
11	耍頭	SHUA-T'OU
12	交互斗	CHIAO-HU-TOU
13	慢栱	MAN-KUNG
14	瓜子栱	KUA-TZŬ-KUNG
15	泥道栱	NI-TAO-KUNG
16	騎栿栱	CH'I-FU-KUNG
17	昂	ANG
17a	昂嘴	BEAK OF THE ANG
18	華頭子	HUA-T'OU-TZŬ
19	華栱	HUA-KUNG, 扐 CH'AO
20	櫨斗	LU-TOU
21	遮椽版	CHÊ-CH'UAN-PAN, RAFTER-HIDING [BOARD
22	搪栿	BEAM
23	闌額	LINTEL OR ARCHITRAVE
24	柱	COLUMN
24a	柱頭	TOP OF COLUMN
25	櫍	CHIH
26	柱礎	BASE
26a	盆唇	P'EN-CH'UN OR LIP
26b	覆盆	FU-P'EN OR PAN
26c	礩	PLINTH

斗栱及全建築之各部均以材（如高中5、13、17等）或其分數或倍數為比例之度量單位。自櫨斗出華栱或昂一層謂之一跳，斗栱出跳之數可自一跳至五跳不等本昂以三跳（華栱雙下昂）為例。

THE PROPORTION OF EACH & ALL PARTS OF A BUILDING IS MEASURED IN TERMS OF THE TS'AI (5, 13, 17, ETC.), ITS MULTIPLES & FRACTION EACH TIER OF CANTILEVER ARM, EITHER A HUA-KUNG (19) OR AN ANG (17), IS CALLED A T'IAO. A SET OF TOU-KUNG MAY BE MADE UP OF FROM 1 TO 5 T'IAOS. THE EXAMPLE HERE GIVEN IS ONE WITH 3 T'IAOS — 1 HUA-KUNG & 2 ANGS.

斗栱 TOU-KUNG

柱 COLUMN

CHIH 櫍

BASE 柱礎

中國建築之"ORDER"·斗栱、搪柱、柱礎　　THE CHINESE "ORDER"

中国建筑之"柱式"（斗拱、檐柱、柱础）采自梁思成《图像中国建筑史》

明清二代，建筑技术的进步和砖的普遍使用使屋檐过分的出挑已无必要，因此斗拱相应的结构作用也开始减小退化了。

显而易见，斗拱作为在建筑立柱和横梁交接处的构件，在中国古建筑中起着十分重要的作用。概括起来，主要有三个方面：

其一，斗拱起着承上启下、传递荷载及保护柱子和墙壁的作用。它常用于柱顶、额枋和屋檐或柱网构架间，主要用来支撑伸出的屋檐，并将其重量直接集中到柱上，或间接地先纳至额枋上再转移到柱上，再由柱传到基础。同时，它支承屋檐的重量以增加出檐的深度，进而也能利于更好地保护柱子和夯土的墙壁。

其二，斗拱起着神秘莫测的奇妙装饰性作用。它成型之后很长一段时间内，被作为构件大小的基本尺度之一，具有"模数制"自身比例所蕴含的内在和谐美与韵律美。它是由方形的斗、升、拱、翘、昂组成，构造精巧，造形美观，如盆景似花篮，有象征吉祥如意的寓意美。它位于柱子和屋顶之间，可极力使屋檐向外出挑，从而"形成深远的

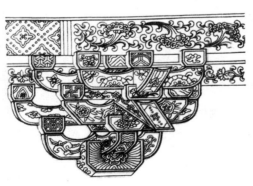

五铺作抖拱 采自（北宋）李诚《营造法式》

出檐、反曲的屋面、翘起的屋角"① 等独特、优美、壮观的造型。建筑物越重要、越高贵，斗拱层数就越多，越复杂、越繁华，出檐越大，即使后来斗拱逐渐变为装饰构件，结构功能几乎丧失，它仍然是区别建筑等级的标志。

其三，它具有非凡的抗震性能。关于这一点，前面提到过，这里再做部分补充。发生震时，斗拱各个构件之间互相摩擦、挤压，并产生往复运动。从能量守恒角度讲，震波的能量传到斗拱位置时，主要分成了斗拱的内能和斗拱的动能。一般来讲，斗拱内能越大，对自身开裂破坏越严重。然而斗拱的动能占比远大于自身的内能，其原因在于每个斗拱由上百个小构件组成，它们犹如机器的零件，在震作用下不断产生各种运动，耗散了大量的震能量，从而使得斗拱内能占比很小，因而斗拱在震作用下几乎不会被破坏。中国古建筑屋顶挑檐采用斗拱形式的较之没有斗拱的，在同样的地震烈度下抗震能力要强得多。斗拱是榫卯结合的一种标准构件，是力传递的中介，它把屋檐重量均匀地托住，起到了平衡稳定作用。当然，斗拱的这种抗震性能，也是建立在榫卯的结构基础之上的。

模数制

中国传统木构建筑的又一个主要特征，是各个结构部分和结构构件之间有着统一的尺寸比例关系，即模数关系。也就是以建筑的某个构件尺寸为基本单位，其他所有构件和建造尺寸都是这个单位的整数倍。中国传统木构滥觞于新石器时代，历经夏商周发展至春秋战国时期，已成为建筑主流。之后，尤其到宋元明清时期，出现了不断完备的建造模数制。

宋代可谓中国古代建筑技术发展的黄金时期，其标志就在于材分制度的出现。由李诫奉敕编修的《营造法式》，作为北宋官方颁布的一部建筑设计、施

---

① 刘彤彤：《中国传统建筑之美》，《学习时报》，2020年01月03日。

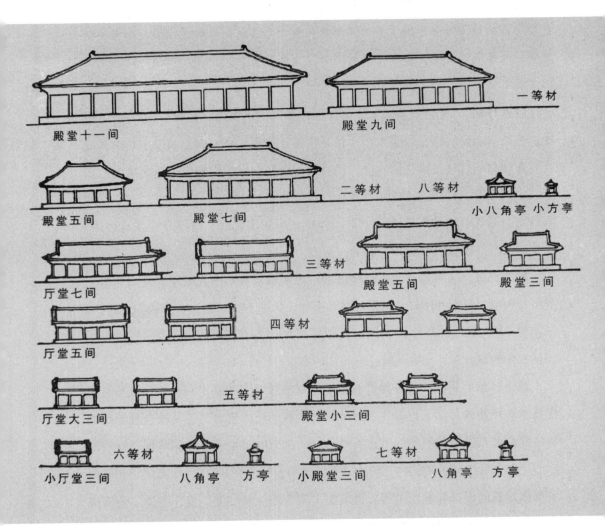

殿堂十一间　　殿堂九间　　一等材

殿堂五间　　殿堂七间　　二等材　　八等材　　小八角亭　小方亭

厅堂七间　　三等材　　殿堂五间　　殿堂三间

厅堂五间　　四等材

厅堂大三间　　五等材　　殿堂小三间

小厅堂三间　　六等材　　八角亭　方亭　　小殿堂三间　　七等材　　八角亭　方亭

源于《营造法式》的八等材用柁之制　采自（明）午荣《鲁班经》

工的规范条例，明确规定了以"材"作为建筑度量衡的材分制度：

> 凡构屋之制，皆以材为祖。材有八等，度屋之大小，因而用之……各以其材之广，分为十五分，以十分为其厚。凡屋宇之高深，名物之短长，曲直举折之势，规矩绳墨之宜，皆以所用材之分以为制度焉。

就木作而言，《营造法式》中具体还包括有拱、飞昂、爵头、枓、梁、柱、椽、檐及门、窗、格、版等大小木作必须遵守的规程和原则。如规定斗拱高宽厚等皆如材的尺寸，拱头留六分，拱身以下余九分；规定板门建造高度为七尺至二丈四尺，宽度与高度相同；等等。大小木作的一切构件均以"材""栔""分"来确定。当然，这种做法或许更早，如早在唐初佛光寺、南禅寺中就有运用，只是在这之前没有明确的文字记录。

翻阅、参详《营造法式》这部巨著，还不难发现其中大量不厌其烦的诸作制度、功限、料例和图样，包括壕寨、石作、大小木作、瓦作、彩画作、砖作、窑作等13个工种，真可谓中国古代最完善的土木建筑工程著作之一。这里，仅就木作的材分制，细究其特点与作用所在：

其一，预制装配，便于设计和施工。对模数思想的制定和运用，既是对历代技术和经验的总结，也因为"材分"的模数单位，规定了各材较合理的比例和位置，尤其是使建筑物的节点标准化。故施工时，便于工匠们掌握、便利地定型化加工和组装各种构件，防止"斲轮之手，巧或失真"①，从而优化和简化了单体建筑的设计和施工过程，也节省了施工期。事实上，设计与施工的明确分工，还有利于空间总体布局和整体艺术效果的营造。

其二，顾及了设计、施工的灵活性。《营造法式》中阐述了各作必须遵从的

---

① 见（北宋）李诫：《营造法式》"新进修〈营造法式〉序"。

规程和原则制度，但并未限制群体建筑布局和单体建筑具体平面尺寸等；相反，在各作制度条文后附有"随宜加减"等小注。言下之意，就是说各作制度的总原则下，可按照实际情况来确定建筑单体和构件的实际比例尺寸，乃至组合关系。

其三，材分制度中的核心观念是以"材"为基准，蕴含内在的和谐与韵律。材分8等，每材高度从九寸递减为四寸五分，分别用于不同大小的房屋及构件。"材"实际是斗拱或木方的横截面，为15分广10分厚，并以"栔"作为辅助单位，为6分广4分厚，两者比例均为3:2，合乎习惯上公认的最美的矩形比例。据现代材料力学证实，这种比例也合乎一般材料力学的最佳比例。如18世纪末19世纪初英国科学家汤姆士·扬通过种种实验研究得出结论，木材断面高宽比为3:2时，强度好，出材率也最高，刚性也不错。加之《营造法式》中提到的柱的"侧脚"设计，还有利于抗风、抗震，提高房屋的整体稳定性。[1]同时，对结构构件作适当的艺术加工，如用《营造法式》中提到的"卷杀"的方法制作诸如梁、柱、斗拱及飞椽头等构件的轮廓和曲线[2]，从而使它们兼有受力和视觉上的韵律感。

其四，体现了建筑单体间的等级秩序及自身内在秩序。材分制，作为一种富于内在比例秩序的模数制度，实际上也契合了古典建筑的形制和系统化。正如李诫在《新进修〈营造法式〉序》中所说："况神畿之千里，加禁阙之九重；内财宫寝之宜，外定庙朝之次；蝉联庶府，棋列百司。"意思是，至于幅员千里的京师，以及九重宫阙，则必须考虑内部宫寝的布置和外部宗庙朝廷的次序、位置；官署府衙要相互联系，按序排列。也即根据建筑的规模和等级来决定相应等级的用材，反过来也构造演绎出整个建筑的等级秩序。不论建筑规模大小，各构件之间既保持一定的比例关系，也通过彼此的组合来统领和协调建筑群内

① （北宋）李诫撰：《营造法式》，方木鱼译注，重庆出版社，2018，第8页。
② （北宋）李诫撰：《营造法式》，方木鱼译注，重庆出版社，2018，第9页。

部各单体建筑之间的和谐。

其五，控制官式建筑的用料与用工，以节制政府的财政开支。细详李诫的《营造法式》可以看到，尽管他在开篇之序中提及了各级官式建筑的次序、位置问题，但对其建筑布局、内部布置、体量形象等则很少涉及。书中的主要内容是各种建筑部件的尺寸规定，即各作之制度，当然也有各作之功限、料例部分。实际上，李诫《新进修〈营造法式〉序》和"札子"的内容中提到了这几点：一是说，工匠的手虽巧也难免会走样，主管工程的官也不能兼通各工种，不知道用"材"，以至于有人用料的倍数来确定构件长短的尺寸，这种弊病积累因循、缺乏检查；二是说，皇帝生来仁爱节俭且天赋聪明智慧，把国家治理得十分平静安定，纲举目张，大禹那样节衣食、卑宫室的风尚又得到恢复；三是说，按精粗之差、木材的软硬，远近距离，可合理调配劳力；四是说，元祐（1086–1094 年）年间编成的《营造法式》只有用料规则，并未改变做法和用材制度，且其中用工用料额度太宽泛，无法杜绝和防止舞弊；五是说，他自认为他所编撰的这部《营造法式》中的营造制度、工限、料例等，对于使用、控制供料非常重要，京城内外乃至全国都能通用，可颁布以便有法可依、有章可循。由此可以看出，李诫编撰《营造法式》并确定材分制，意图用来控制用料用工以节制政府财政开支的根本用意。

历经元明直到清代，材分制度又被清工部颁布的《工程做法则例》中的斗口制代替，演化为以"斗口"作为基本模数来控制建筑尺度和比例。所谓斗口，即斗拱的坐斗中承托昂、翘的卯口。清制的斗口从六寸到一寸共十一个等材。同样，用材等级的斗口大小决定着建筑物体量和各部尺寸的大小。关于清制斗口，梁思成曾将其与宋制材分进行了研究区分，并指出"清代建筑一般的特征是：柱和过梁外形刻板、僵直；屋顶坡度过分陡峭；檐下斗拱很小"。[①] 显

---

① 梁思成：《图像中国建筑史》，费慰梅编，梁从诫译，百花文艺出版社，2001年版，第118页。

然，造成清代建筑这样的变化，关键是因为按照斗口的建筑度量标准造成了材的高度减少，进而造成了斗拱高度及外形的缩小、结构作用的萎缩，乃至对于没有斗拱的建筑，以"柱径"为度量单位。清制中对柱径、柱高、梁的高宽比例、举屋方式等的改变，最终"竟使《营造法式》时代的建筑那种柔和秀丽的动人面貌丧失殆尽"[①]。

不过，尽管"清代，关于材、栔、分的概念在匠师们的头脑中似已不存"[②]，从以"材"为祖到"斗口"制度，建筑内容上亦发生了很多变化，但经过近千年的演化，模数制还是一直沿用下来，并成为了中国传统建筑设计的基础。

六、装饰：悠然纯朴，察于天地

俗语常云："民以食为天，以居为安。"中国人的居住之所，从最早的山洞、茅草屋，逐渐演变成皇宫王府、高台楼阁、小桥流水人家，皆体现着中国古建筑及文化的生态之美。

中国传统人居建筑装饰设计涵盖丰富。它既常见于亭、台、楼、阁、堂、舍、榭、轩、舫等传统建筑类型上，也主要集中在梁、柱、枋、椽及门、墙、檐乃至砖、石、瓦等细微部件部分，并综合运用如粉刷、髹漆、镂镂、雕刻、打磨、拼贴、压模、绘塑等各种各样的艺术加工手法。还有如额枋上的牌匾、柱上的楹联、门窗上的棂格等，都是富有民族和地域特色的建筑装饰形式，达到了功能与心灵精神的统一。

总体风格上，中国传统人居建筑装饰悠然向于纯朴。经过漫长的发展演变，中国古代人居建筑在装饰部件及外观、图案、色彩等设计方面，虽然"常因地

---

① 梁思成：《图像中国建筑史》，费慰梅编，梁从诫译，百花文艺出版社，2001年版，第118页。
② 梁思成：《图像中国建筑史》，费慰梅编，梁从诫译，百花文艺出版社，2001年版，第112页。

域分布和功能用途的不同而性格各异，有的浑厚凝重，有的通透轻盈，有的肃穆威严，有的灵巧亲切"①，但还是自觉地尽力与自然融于一体，不争形式上的大富贵，但求平安、圆全、平和通达。这种独特的生态设计，不仅在中华各民族各地区广泛流传应用，历史上还影响到日本、朝鲜和东南亚的一些国家，是世界古代建筑中延续时间最久、传布范围广泛的体系之一。②③

千门次第开

中国建筑文化色彩纷呈的篇章之中，"门"与"窗"可谓形影不离。老子在《道德经》中曰："凿户牖以为室，当其无，有室之用。"（《道德经·第十一章》）又曰："不出于户而知天下，不窥于牖而知天道。"（《道德经·第四十七章》）这两句中的户、牖，就是指门、窗。可以看出，前一句老子不仅借器物的"利"与"用"阐明了"有"与"无"的互补相生性，也言明了户（门）牖（窗）之于居室的基本构造及功能。后一句，原言下之意虽是在说"得道"的重要性，但同时也道出了户牖都是知晓天下、窥见天道的基本路径。

这里先来说"门"。在各种各样的中国传统建筑中，相对于"窗"及其他建筑构件，"门"的地位优势无疑最佳，也很重要，入必由之。其形式和内容还承载了丰厚的历史与文化。

中国建筑历史悠久，关于门的称谓及种类不少。汉语中将一家一户称为"门户"，但从字源来看，实则门户有别。《说文解字》中曰门（門）是"从二户，象形"，曰户是"半门曰户"；《一切经音义》中说"一扇曰户，两扇曰门"，又说"在于堂屋曰户，在于宅区域曰门"。看来，古汉语中，单扇的叫"户"，用在内室；双扇的叫"门"，用在庭院或入室的大门。显然，就规模与次序而

---

① 刘彤彤：《中国传统建筑之美》，《学习时报》，2020年01月03日。
② 孙建君：《中国民间美术》，高等教育出版社，2000，第37-38页。
③ 尹定邦：《设计学概论》，湖南科学技术出版社，2000，第84-85页。

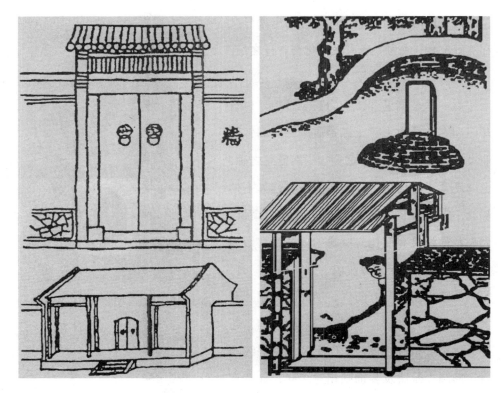

左图：门的形制 采自（明）午荣《鲁班经》
右图：小门式 采自（明）午荣《鲁班经》

言，大门为上；但若论数量，恐怕户多门少，故又有"千门万户"之说。从依附的建筑及实体形态来说，门有城门、坊门、宫门、殿门、堂门、宅门、园门、营门、山门、窟室之门等等，不一而足。但若就基本结构类型而言，则数类不多。宋代《营造法式》中将门列入小木作，提及的只有版门（板门）、乌头门、软门三种；即使与书中所列的棂窗结合，无非多出隔扇门一种。当然这些门又各有独扇、双扇、多扇之分。

门，是建筑的出入口，具有"闭藏自固"的咽喉功能，古人历来十分重视。但显然，古人除了重视它的功能之外，也还使它逐渐变得具有观赏性、装饰性、艺术性，同时也极力想使之彰显出忠孝仁义和美好寓意，成为一扇道义教化与吉祥之门。

例如，古时的宫殿之门大致都有这样几个特点：一是朝里开，既为安全着想，也有开门迎客的礼数之意；二是居中、居高、居前设计，既有中轴对称之美、巍然挺立之感，也体现了王者居中、高高在上及君临天下的观念；三是不同用途的宫殿，其宫门高低、大小及数量又有变化，反映了宫城及宫殿的等级规模；四是多朱漆黄色、九排横竖门钉、龙族铺首兽面，既有防腐、加固、方便开合之功效，亦有尚朱、至阳、辟邪之意蕴，还有皇权至尊至贵之象征。而不及皇家等级的门，形制、做法及装饰则相对多样，如有官宦大户的将军门和金柱大门、无官职但有钱人家的随墙门、书香门第或才华横溢人家的垂花门、一般老百姓所用如意门。但无论如何，在保证功能、追求装饰效果和反映其一定门风门望的同时，一般都不会越过等级的礼制之仪。

再如门簪，本是为安装门扇上轴所用连楹固定在上槛的构件，但中国古人却喜爱用它来打扮宅院的门脸。如人们常常把门簪设计成方形、长方形、菱形、六角形、八角形等样式，正面或雕刻或描绘，饰以春兰夏荷

镇宅钟馗像　（明）午荣《鲁班经》

秋菊冬梅等四季花卉图案，或吉祥如意、福禄寿德、天下太平等吉祥字样，体现了极强的视觉美感和浓厚的吉祥文化内涵。

还有，如对于平常百姓家，门上最常见的装饰就是具有建筑美和文化美的"门画"。所画题材多是镇邪驱鬼的门神，如最早的是《山海经》中提到的能制伏恶鬼的神荼、郁垒二神。至唐代又有专门抓鬼的钟馗，勇猛和武艺卓著的武将秦琼、赵云、尉迟恭等人物形象。当然也有招财童子、天官、文官等门神，寄托着古人祈求富裕、吉祥、幸福、康健的诸多美好愿望。其他门上装饰，还有诸如在春回大地之时摘取柳枝插在门上，到了秋收之际择取金色丰满的稻穗插在门上，到了春节则又是高高悬起大红的灯笼和欢欣贴上红红的对联。总之，既装饰了"门面"，也寄寓了来年收获更多喜悦的美好期望。

由上所述，中国传统建筑中的门，集功能、装饰、象征寓意于一体，它确实是中国建筑文化中极富生命力的篇章。这正所谓"千门次第开"。也正如孔子所言："谁能出不由户？何莫由斯道也？"[①] 当然，孔夫子极力推崇的，是一扇人生的儒道道义之门。

物窗图观

再来说"窗"。窗户，同门一样，其功能性和象征意义对于建筑而言，同样具有非同小可的重要性。有这样一个比喻："眼睛是心灵的窗户。"确实，战国时期孟子就曾曰"存乎人者，莫良于眸子。眸子不能掩其恶。胸中正，则眸子瞭焉；胸中不正，则眸子眊焉。听其言也，观其眸子，人焉廋哉？"[②] 意思是说："辨识一个人，莫过于比观察他的眼睛更好的了。眼睛不能掩盖内心的丑

---

① 出自《论语·雍也篇》。意思是说，谁能出外不从门户走呀？但为何没有人肯从人生大道而行呢？孔子倡导的儒道在当时曲高和寡，很少有人认识到孔子思想的可贵之处，故而孔子发出了这样的感叹。

② 见（战国）孟子《孟子·离娄章句上·第十五节》。

恶。心中光明正大，眼睛就清明；心中不光明正大，眼睛就昏暗躲闪。所以，听一个人说话的时候，观察他的眼睛，他的善恶真伪还能往哪里隐藏和掩饰呢？"类比推知，建筑亦然。如果把建筑看作是人们身心的归属，那么窗户就是建筑的眼睛。

中国古人对建筑分工精细又认真。早期所谓的"窗"，专指开在穴居、巢居及干阑式屋顶上的孔或天窗，开在墙壁上的窗子则叫做"牖"。住宅发展到古院落形式，由外而内依次称为门、庭、堂、室。进了门是庭，庭后是堂，堂后是室。室门叫"户"，室与堂之间的窗子叫"牖"，室的北面还有一个窗子叫"向"。《说文解字》中说："窗，穿壁以木为交窗。向北出，牖也。在墙曰牖，在屋曰窗。"只是后来，古人将"窗"与"牖"又连在一起，统称为"窗户"，以强化其透风采光的功能和整体合一的属性。

在结构类型方面，窗户最初为穴居时代的出烟口，之后演变为一种固定的不能开启的直棂窗，唐宋以后可自由开关的窗户逐渐成为主流，类型和外观上也有了很大的发展演进。如有槛窗，施于殿堂门左右的槛墙上，形式与隔扇门相近；有可支撑的支窗，可摘卸的摘窗，合则称为支摘窗；有在较大建筑门窗上再设的横披，为采光和美观之用，等等。[①] 至于具体的结构、比例及制作方面，按照宋代《营造法式》中所说，则不外乎子桯、额、腰串、立颊、地栿、心柱及障水版、牙脚、牙头等部位。当然，很多时候，门窗一体。

在装饰造型上则有考究。或纵横格窗、欹斜格窗、屈曲体窗，或睒电窗、水文窗、冰裂纹窗、阑槛钩窗，或采用雕花、镂空、描金等工艺。内容上更是主题鲜明，寓意深长，有的用松竹梅荷造型，有的用渔樵耕读点缀，有的用琴棋书画铺垫，"龙凤呈祥""松鹤延年""喜鹊登梅""福禄双全"等图案比比皆是，"岳母刺字""孔融让梨""程门立雪""囊萤照书"等故事屡见不鲜，这既

---

① 刘枫：《门当户对：中国建筑·门窗》，辽宁人民出版社，2006年版，第38-39页。

移竹当窗 采自苏州留园、沧浪亭

彰显了宅院主人儒雅清秀、稳重持家的风情雅致，又寄托了世代祖辈教化儿孙、祈盼康宁的美好愿望。

此外，借景之法也是对窗户装饰的延伸。所谓借景，乃是移竹当窗，当窗如画。也即把窗口当作是取相窗外竹子景观的景框。《园冶》对此的诗意描述极具盎然情趣："移竹当窗，分梨为院，溶溶月色，瑟瑟风声；静扰一榻琴书，动涵半轮秋水，清气觉来几席，凡尘顿远襟怀；窗牖无拘，随宜合用；栏杆信画，因境而成。"显然，实际上的借景远远不止于"移竹"，山水花木，乃至城闉、村落、房舍等，都是可借的景观。如园林中，北京圆明园借景西山，三海借景故宫，颐和园借景玉泉山塔；苏州沧浪亭邻借葑溪水，留园冠云楼远借虎丘山等等。"加之移步换景，景随人动，在隔与透、虚与实、近与远、动与静之间，形成意境幽远的画意。"[1]可以说，中国人对于窗的装饰不囿于窗体本身，实在是显示了一种高雅灵动的从容趣味。也正所谓："因借无由，触情俱是。"[2]

由此不难发现，中国传统建筑中的窗牖

---

① 刘枫：《门当户对：中国建筑·门窗》，辽宁人民出版社，2006，第148—149页。
② 见（明）计成《园冶》。

不仅仅只是一种装饰，它也是一种艺术的符号，一种文化的象征与载体。《释名》中说："窗，聪也，于内窥见外为聪明也。"所以，窗牖之美也实是一种人文之美，是早期人们试图窥见外界的一份智慧与人文情怀。

雕梁画栋

中国古建筑为木结构体系，除具有亲和素雅的特点外，也自有其装饰丰富的一面。

众所周知，梁，是水平方向的长条形承重构件，在木结构屋架中专指架在柱子上支撑房顶的横木。栋，则是屋顶最高处的水平木梁，即屋的正梁，也引申为担负重任的人或事物，如"天子，国之栋也"。（《国语·晋语》）后"栋梁"并用，亦有此引申之义，如"栋梁之才"。本来，最初人们只是在房屋梁、枋、柱等处涂上油漆作为防潮防腐作用，后来也为了美观、气势和格调，往往进行精心的彩画和雕饰，故又有"雕梁画栋"之称。正如林徽因在《中国建筑彩画图集》序言中就建筑彩画这样说道："最初是为了实用，为了适应木结构上防腐防蠹的实际需要，普遍地用矿物原料的丹或朱，以及黑漆桐油等涂料敷饰在木结构上；后来逐渐和美术上的要求统一起来，变得复杂丰富，成为中国建

婺源怡心楼裙板雕刻（局部）
采自婺源怡心楼

筑艺术特有的一种方法。"建筑雕饰亦然。

梁枋，是传统木结构建筑中的重要构件之一，也是建筑装饰和美化的重点。基于房屋梁枋的木材属性，雕刻成为装饰的重要手段之一。所谓无刻不成屋，有刻斯为贵。在保证梁柱承重功能的基础上，根据需要与可能具体又可选择浮雕、圆雕、镂雕、透雕、线刻等表现手法。特别是对梁架之中最重要的大梁——五架梁，集中雕刻。为了增加主次及对称均衡的视觉效果，梁枋的图案雕刻常在其中央和两端部位进行。

这方面，徽州地区的一些大祠堂的做法极为美观。如安徽青田陈家大祠堂，其大门大梁枋采用满雕。其梁下的大月梁，还刻出搭袱子，在袱子的表面也绘成满满的雕刻纹样，其内容是戏剧。这条大梁两端都搭在丁头栱之上。此外在柱间的横枋都用撑栱支撑，横枋与撑栱也都尽力雕刻。由此也不难看出，中国古建筑对于梁枋雕花的深情。

彩画，也是装饰梁枋的一个重要手段。建筑彩画早在新石器时代晚期就已有雏形，至唐代更是成为建筑历史中的浓墨重彩。宋代，李诚在《营造法式》中不仅专门记载了雕作制度，亦规范了"彩画作"的六种基本做法：五彩遍装、碾玉装、青绿叠晕棱间装、解绿结华装、丹粉刷饰和杂间装。著中所列的大量彩画图案多以青、绿、红三色为主，色彩鲜艳，线条刚劲有力，纹样多以花草为主，随类赋彩，疏朗大方。至清代，梁枋彩画又主要分为和玺彩画、旋子彩画、苏式彩画几种。其中和玺彩画规制最高，仅限于皇宫、宗庙和大型寺观建筑群的主要殿堂；旋子彩画次之，广泛见于宫廷、公卿府邸；苏式彩画再次，常常用于园林建筑，但却给人以活泼、优雅、情趣与无限之遐想。

至于题材，无论是彩画还是雕饰，则几乎涵盖了花草虫鱼、珍禽瑞兽、山水园林、民间故事、神话传说、宗教礼仪乃至文字书法等中国古代造型艺术的所有形象。这些形象多是有暗表（谐音）的吉祥文化内涵，尽管不同性质的建筑代表着人们不同的生活需要，其装饰图案的题材倾向也有不同，如龙凤饰似乎是恢宏大气的古代帝王建筑的专利，涡卷瓣旋花及抽象化、规格化的几何图形多用于典雅庄重的府第衙门，山水、人物故事、花鸟鱼虫则常居于淡雅素净的园林、民居，但其实在愿望追求上是相似的，无非都是体现了传统的礼制精神，以及对福禄寿喜、真善雅美及圆满长久的美好追求与向往。

当然，由于地理环境及气候差异，中国南北地区在建筑装饰手法及形式上不尽相同，如有"南方多雕饰、北方多彩画""南繁北简""南奢北朴"或"南素雅、北艳丽"等等不同说法。如房屋梁架，北方多平直，几乎每座殿宇都有天棚、天花，把梁架一切构件全部遮挡，故不必在其表面做雕饰。而南方则弯曲，梁底略向上凹，形如月亮，称月梁。加之南方天气炎热，殿堂基本上都做"彻上明造"，不做天棚，如此一来从立柱到梁架以及各个节点，都暴露于外，无隐藏。故为了防潮防腐，同时也为了美观和道德教化，施工完毕之后竭力对月梁等主体形象进行雕刻或绘彩画。当然，在月梁，北方大建筑上也时有出现，但数量远远不及南方多，弯曲度也极小，基本上没有很深的雕刻，也主要是彩画。

事实上，在建筑梁枋等构件上所做的雕刻和彩绘装饰仅仅只是狭义上的"雕梁画栋"；广义上的"雕梁画栋"，则泛指华丽的建筑。一如元代王子一《误入桃源》第二折所说："光闪闪贝阙珠宫，齐臻臻碧瓦朱甍，宽绰绰罗帏绣成栊，郁巍巍画梁雕栋。"也就是说，在中国传统建筑营造中，美轮美奂的建筑装饰几乎无处不在。不论装饰的是梁、枋、柱、椽、檐，还是斗拱、雀替、饰牛腿、撑拱、垂花，抑或是地面、墙壁、门窗、天花，乃至柱础、栏杆、瓦当、脊兽；也"不论其纹饰是繁还是简，颜色是浓还是淡，等级是高还是低"[1]，只要是技艺处理得当，实现了建筑构件牢固与审美的和谐统一，满足了人们物质生活与心灵精神的自然合一，就都可以说是"雕梁画栋"的应有之义。

青砖黛瓦

因广泛使用青砖的缘故，中国传统建筑自古以来也有"青砖黛瓦"的说法。从夏商周开始，到元明清时期，中国青砖黛瓦的传统建筑从无到有，从简到繁，从只供皇权、贵族者使用到普及民间，经历了几千年的历史变迁。至今，不论是京派四合院、晋派大院，还是皖派徽派民居、苏派水乡民居、闽派土楼……这些"青砖黛瓦"的民居建筑群落，常常与小桥流水相伴，无一不充满了平民的生活气息。它们简洁，不失典雅，不仅古朴、宁静，并也大气、深沉和稳重。正所谓："青砖黛瓦，小桥流水人家。"亦如"无论魏晋"的世外桃源。

当然，就外观色彩而言，中国传统建筑肯定不只有青砖黛瓦一类色彩。粗略概括，至少有两类。一类是中国古代宫殿、寺庙等建筑，运用对比强烈的原色设计。其建筑各部分轮廓鲜明，色调各异，如白色的台基，朱红色的屋身，

---

① 刘艺婷：《浅谈雕梁画栋对中国特色文化的展现》，《文化产业》，2019年07期，第36页。

青砖黛瓦 采自安徽宏村

黄色或绿色发亮的琉璃瓦屋顶，檐下施以蓝绿色略加点金作彩画，建筑物的整体色调强烈而协调，显得格外富丽堂皇。关于这一点，梁思成在《中国建筑史》中曾说过："古建筑从西周时就运用色彩作为"明贵贱、辨等级"之用，春秋时不仅宫殿建筑柱头护栏，梁上、墙上有彩绘，并已使用朱红、青、淡绿、黄灰、白、黑等色，秦代继承战国时礼仪，更重视黑色。汉代，发展了周代阴阳五行理论，五色代表方位更加具体，如青绿色象征青龙，代表东方；朱色象征朱雀，指南方；白象征白虎，代表西方；黑象征玄武，表北方；黄象征龙，表示中央，这种思想一直延续到清末。至如室内天花则一般为青绿色调，栋梁为黄、红、金、蓝色调，柱、墙为红色或大红色。"这也进一步印证了中国古建筑雕梁画栋的特色。另一类，就是前面提到的一般民居建筑群落，其色彩往往受到封建等级制度的限制，故多用青灰色的砖墙瓦顶，或用粉墙瓦檐、木柱，梁枋门窗等多用黑色、褐色或木面本色，形成素雅的格调，获得了与自然环境的协调与统一。

前文提到，明代《天工开物》中记载了青砖青瓦繁复的制作工艺。如果再究其呈青蓝、青黑的原因，则是因为：砖瓦由黏土烧制，黏土含铁，烧制中完全氧化时生成三氧化二铁，呈红色，自然冷却后即成红砖；但若在烧制过程中加水冷却，铁就不完全氧化则呈青蓝青黑，即青砖青瓦。另据河北非物质文化遗产古建青砖制作技艺名录简介说："上选优质黏土，凉晒、翻搅，去暴质、增柔性，如此'三伏两夏'，再经筛选；用中性水和泥、练泥、打浆，置稠泥于框中，着铁线弓戛平其面而成坯型，存阴棚内，日日转筑，阴7日后，用木板将坯面压平、压实，移至亭子间花架码放，自然阴干；然后装窑、烘干，在窑内经一个月左右不同火力窑烧，再窨水[①]，而后出窑。前后十几道工序，2—3年时间，出窑后还要经过严格挑选。"青砖青瓦所经过的窨水冷却，其实是一种缺氧冷却，操作起来自然比较麻烦一些。

但问题是，传统青砖青瓦在窨水前的工序已够繁复，古人为何还要去简而就繁呢？进一步细究，除了前文提到青砖青瓦烧制后所具有的透气、吸水、耐磨损、耐腐蚀、抗冻等良好的性能，以及方正、古朴与拙实之美之外，应该还有一个原因。那就是，中国人素来喜欢"青"，喜欢用"青出于蓝而胜于蓝""垂名青史""万古长青""丹青不渝""掇青拾紫"等词来表达美好的愿望。在中国人眼中，青色古朴、素雅、自然，也象征着年轻、亲切、宁静与庄重。事实上，青砖黛瓦的建筑本身就是一种美，这种美高度吻合了中国古人历来喜爱简朴、含蓄、沉稳的观念意识。

总之，青砖黛瓦"水火既济，其质千秋矣"。中国的"青砖黛瓦"就如同一幅幅青黛的水墨山水，一帧帧古老淳朴的文化符号。它承载着中国人数千年来温馨朴质的生活，不舶来，不复制，是生命的返璞归真。

---

① 窨水，即浇水闷窑，砖坯烧结完成后，将窑顶和火塘用砖封死，然后再在窑顶积池中放水。它是传统制砖工艺中一道相当独特且重要的工序。

鸟革翚飞

在外观形式设计上，中国传统建筑层次清晰，大多具有优美柔和的轮廓和丰富多彩的形式，给人一种强烈的视觉效果和艺术感染力。

中国传统人居建筑一般由台基、屋身和屋顶三部分组成，常见的平面形状有方形、长方形、圆形、六角形、八角形、三角形、不规则形等。台基除了普通的石台基外，重要建筑上多用有雕刻装饰的须弥座，并配以栏杆、台阶，有的做到两三层，使建筑物愈显雄伟、壮观。屋身部分是建筑的主体，正面一般很少做墙壁，多数为花格木门窗。

屋顶的形式则尤为多样。有平顶、坡顶、尖顶、圆拱顶等。坡顶中又有硬山、悬山、庑殿、歇山、攒尖、卷棚、十字交叉和单坡等多种类型。如果结合平面形状，就能组合成更加复杂曲折、变化多端的屋顶形式。《诗经·小雅·斯干》中说："如鸟斯革，如翚斯飞。"便是形容栋宇飞檐曲线的华美壮丽之美，可见当时深远的出檐和优美的大屋顶已引人注目。唐代诗人杜牧《阿房宫赋》中说："五步一楼，十步一阁；廊腰缦回，檐牙高啄；各抱地势，钩心斗角。"宋代欧阳修《醉翁亭记》中说："峰回路转，有亭翼然于泉上者，醉翁亭也。"这里的"角""翼"说的就是中国古建筑屋檐的转角（也称翼角），有如鸟的羽翼向上舒展翘起。

中国古人是在充分运用木结构的基础之上，创造了屋顶举折和屋面起翘、出翘，进而形成了鸟翼伸展般的檐角和屋顶各部分柔和优美的曲线。《营造法式》中关于立基、柱础，以及柱、栱、梁、栋、椽、檐、举折等相关大小木作的用制，可以说正是自下而上一步步坚实地承托起建筑屋顶的内在之基。如果说，其中的斗拱"构成了中国建筑'柱式'的决定性特征"[1]，那么举折之制就是建造凹曲屋面的关键。正是举折之制，先定侧样，再定上举和下折的倾斜与

---

① 梁思成：《图像中国建筑史》，费慰梅编，梁从诚译，百花文艺出版社，2001年版，第90页。

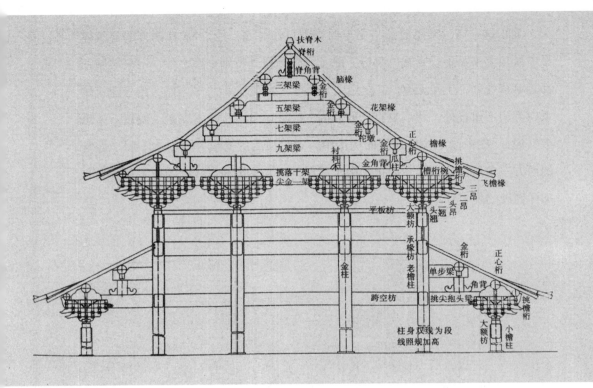

殿阁屋舍步架举架　采自（北宋）李诫《营造法式》

走势，进而建造出凹曲的屋面，才最终形成了屋顶独有的飞扬和流动之美。

对于屋顶，林徽音在为梁思成著《清式营造则例》作的绪论中写道："历来被视为极特异极神秘之中匡屋顶曲线，其实只是结构上直率自然的结果，并没有甚么超出力学原则以外和矫揉造作之处，同时在实用及美观上皆异常的成功。这种屋顶全部的曲线及轮廓，上部巍然高崇，檐部如翼轻展，使本来极无趣，极笨拙的实际部分，成为整个建筑物美丽的冠冕，是别系建筑所没有的特征。"①

---

① 梁思成：《清式营造则例》，中国建筑工业出版社，1981年版，第12-13页。

关于这一点，梁思成还将之与西方建筑作对比。他说："在西方的建筑体系中屋顶素来是不受重视的部分，除了穹隆顶得到特别处理之外，一般坡屋顶都是草草处理，生硬无趣，甚至用女儿墙把它隐藏起来。"[1] 当然，西方建筑体系中除了不重视外，背后更直接的原因，应该还是在于技术因素。所以，梁思成又说："在中国木构架建筑的构造中，对屋顶的的支承方式根本不同于通常的西方三角形屋顶桁架，而正是由于后者，西方建筑的直线形的坡屋顶才会有那样僵硬的外表。"[2]

---

[1] 梁思成：《中国建筑的特征》，长江文艺出版社，2020年版，第1-9页。
[2] 梁思成：《图像中国建筑史》，费慰梅编，梁从诫译，百花文艺出版社，2001，第86-87页。

第五章

中国传统人居生态典范

在中国历史上，出现过不少趋于集中的城市、村落、园林、住宅等各种人类居住环境，在选址、规划、供水排水、交通、防火、绿化、风景以及再利用等方面，有着各具地域特色的模式及技术表现，反映了中国先民倚重自然的"环境观"和渗透着生态思维的建造观念。

一、城镇：相土尝水，象天法地

城，在古代是指围绕城邑四周的墙垣，亦有"内城外郭""都国""都市""城池""城府"……之意。《墨子·七患》称"城者所以自守也。"《说文解字》说："城，所以盛民也。"显然，中国古代"城"的初始要义就是为人们聚居而建，是自守与盛民的城，实则"天地形胜，城以盛民，而文明兴焉"，[①]"民，乃城之本也"。[②]

中国古代城镇的雏形最迟应该起于上古舜帝时代。《史记·五帝本纪》里说："一年而所居成聚，二年成都邑，三年成都。"《尚书·虞书·舜典第二》里也说："宾于四门，四门穆穆。"当然，那时城的建制规模不大。春秋末期齐

① 余海波：《百城赋·上编》，光明日报出版社，2008年版，第1页。
② 《说文解字》说："城，所以盛民也。民，乃城之本也。"

国工艺官书《考工记》中有西周都城规制格局的记载："匠人营国，方九里，旁三门。国中九经九纬，经涂九轨。左祖右社，面朝后市。市朝一夫。"也就是说，只是九里见方的王城。《左传·郑伯克段于鄢》里也说："都城过百雉，国之害也。"[①] 意思是说，都城超过三百方丈长，会成为国家的祸害。但这一处指的是分封的都城，或许是出于当时分封制下对中央集权政体影响的考虑。后来，城的建制日益完善，不但"都""王城""诸侯城"等级城邑制度更加完备，还有用地的功能分区和道路系统等规制，以及土城、砖城、石城等样式之分，并直至明清都城营造的顶峰。

在中国古代，城是用来盛民和自守的，对于城镇的选址自然非常重视。中国古人认为，城镇是未来事业兴旺与否的关键，关系到族人和国家的前途与命运，必须作为头等大事。《诗经·大雅·公刘》就记述周朝祖先公刘，率族人察看豳地（今陕西旬邑县）谋虑建城的经过，大意是：公刘到达豳地后，先是到原野上勘察地形，时而走左溪岸，时而凝眸原野，时而登上高冈，时而相其阴阳，时而测量土地，时而察看水源，然后开始规划哪里种植，哪里建房，哪里采石……这是古人选址建城的早期记载。

进一步而言，对于城镇的选址，中国古人重视以下这几个方面：

首先，在选址时重视解决水源问题。如春秋时吴王阖闾差遣伍子胥"相土尝水"建造阖闾城[②]，隋文帝曾因汉长安故城地下水咸卤不宜饮用而另建新城，为供应园圃用水和漕运用水，汉长安开郑渠、隋唐修运渠、元疏凿通惠河与南北大运河相接等等。事实上，在解决水源的同时，自然也"象天法地"规划了城地城形的格局，协调了与周围山川河流的关系。

其次，还重视结合地理位置及气候条件，考虑城内建筑及道路的系统规划，

---

① 古代城墙长三丈、高一丈为"一雉"。
② 《吴越春秋》阖闾大城（今江苏）

以满足交通、军事防御、礼序等级等方面需要。如古代城内建筑及道路系统多采取以南北向为主的方格网布置，并一直沿用到今天；出于军事防御的需要，对"城门不相对，道路不直通"设计原则的灵活处理，等等。

再次，为了营造更美好更安全的人居环境，对城镇绿化和防火防灾措施也很重视。如古长安、洛阳等历代帝都道路两侧都种植树木，尤其是"对于都城中轴线上御街的绿化布置，更为讲究：路中设御沟，引水灌注，沿沟植树"[①]；南北朝以后，城邑逐渐设鼓楼、谯楼、钟楼供防火报警或报时之用；春秋阖闾城城内专设河道系统和水城门，汉长安采用陶管和砖砌下水道，唐长安城在街道两侧挖土成明沟，以备排水和防止水患之需；等等。[②]

商邑

商邑，是夏代商国及商朝城邑，今商丘[③]一带，亦可称为"商亳"[④]。史载一万多年前的远古时代，被后世尊为三皇之首的燧人氏在这里发明钻木取火，结束了人类茹毛饮血的历史，开创了华夏文明。之后，炎帝朱襄氏、颛顼、帝

---

① 《中国建筑史》编写组：中国建筑工业出版社，1993，第42页。
② 《中国建筑史》编写组：中国建筑工业出版社，1993，第39—42页。
③ 夏代商国、商朝位于今河南东部的商丘。史载帝喾高辛氏之子阏伯发明了以火纪时的历法。阏伯死后被葬于阏伯台下，由于他的封号为"商"，他的墓冢被称为"商丘"，即今商丘市的由来，他的后代便称为"商族"。相传，阏伯为帝喾后妃简狄吞燕卵而生，故《诗经商颂》云："天命玄鸟，降而生商。"商是华夏文明的发祥地之一，商部族的起源地和聚居地，商业、商文化的发源地，商朝最早的建都地，因此被誉为"三商之源·华商之都"。
④ 《史记》称"汤始居亳，从先王居。"亳，是成汤始居之亳，即其先祖帝喾成为天下共主后定都的亳。亳是商朝的第一个都城，也是帝喾的都城。《尚书蔡传》《通典》《括地志》和《河南通志》均有"三亳"之说："书所称三亳者，蒙县之亳曰'北亳'，汤所兴；谷熟之亳曰'南亳'，汤所都；偃师之亳曰'西亳'，汤所迁也。" 商国、商朝前期的都城在商丘，由此形成了先商、早商文化，并已经得到了考古学的部分证明。考古工作者在商丘大地上进行的考古发掘或试掘，发现了丰富的龙山文化、早商二里岗上层文化及部分殷商时期的遗物。

喾①、成汤、盘庚②先后在此建都。

亳都，是帝喾及商朝早期都城。成汤在古商国建立商朝，使亳成为第一商都，也称大邑商、天邑商。相传，成汤建都要求合乎建都之义和立国之本。其义有三：一要居高临水，便于生活，既防水患又得水利；二要高大宏伟，典雅大方；三要高于天下城池，具有统领天下之仪。而立国之本，则应以农为主。于是最终选定在涡水之南一片地方，四周一望无际的平原，土地肥沃，气候宜人，亦临近商族之地。之后，以"高"为建都之义，以"乇"为立国之本③，把"高"字头和"乇"字合造出一个既象形又会意的"亳"字，并将之命为都城之名，读音念"帛"。

早商和先商都城和聚落遗址至今未见确切的考古见证。不过，从已有的商丘宋国故城遗址来看，考古猜测宋国故城或许是因承续先商根基而不断叠压在数千年不移的基址之上。加之从河南二里头、龙山文化、郑州商城等发现的被认为是商代早中期都城遗址的情况来看，商邑的选址基本上都采取了背山面水、坐北朝南的聚落格局，建筑规划上也呈现了轴线递进和庭院式布置形式，并还

---

① 帝喾(kù)（前2275-前2176年），高辛氏，名俊（一作夋，夒），出生于高辛（今河南省商丘市睢阳区高辛镇），据说是黄帝的曾孙，中华上古时期部落联盟首领，五帝之一，是《山海经》里天帝帝俊的原型。

② 盘庚，商朝第二十位君主。他为改变当时社会不安定局面，决心再次迁都于殷（今河南安阳），史称"盘庚迁殷"。从此，商都固定下来，商朝也称殷朝或殷商。但是也有不少史学专家和学者认为盘庚并不是迁都于安阳殷墟，《殷本纪》中记有"帝盘庚之时，殷已都河北，盘庚渡河南，复居成汤之故居……乃遂涉河南，治亳"，他们认为盘庚迁回了故都所在地——商丘。成汤帝于公元前1711年灭夏，建都于商丘南亳。据《史记》记载：成汤五世孙仲丁迁都到河南郑州，仲丁弟河渡甲迁都到今河南内黄东南，六世孙祖乙又迁都于今河南温县东，八世孙南庚把都城迁到了今天山东曲阜，九世孙盘庚"渡河南，复居成汤之故居"。所谓"渡河南"，就是从黄河以北迁往黄河以南。所谓"成汤之故居"，就是指成汤建都南亳之前所居住的商丘县北部的北亳。也就是说，盘庚又回到了先商的祖先居住地——商丘。《竹书纪年》记载："盘庚十四年，自奄迁于北蒙，曰殷，十五年营殷邑。"

③ "农"是国家之本，种植之道其本在根，根深蒂固生长则茂，根秧合生本形是"乇"（原是象形字）。

兼具防御壕沟、木架夯土、石砌排水渠道等建作方式。

四千年来，商邑承载着太多的古代文明与辉煌，它亦是中华民族商人、商业最初的发源。《诗经·商颂》里的"商邑翼翼，四方之极。赫赫厥声，濯濯厥灵"，描绘的正是那时商邑繁荣的景象。

阖闾城

阖闾城，亦称"阖庐城"，苏州的别称。唐代张守节在其《史记正义》中对《史记·吴太伯世家》注曰："吴，国号也。太伯居梅里，在常州无锡县东南六十里。至十九世孙寿梦居之，号句吴。寿梦卒，诸樊南徙吴。至二十一代孙光，使子胥筑阖闾城都之，今苏州也。"

阖闾城的选址与营造得天独厚。据《吴越春秋·阖闾内传》记载"子胥乃使相土尝水，象天法地，造筑大城。周回四十七里，陆门八，以象天八风，水门八，以法地八聪。筑小城，周十里，……"据遗址考古考证，阖闾城是在诸樊所筑城邑的基础上扩建的。它依山傍水，北依胥山，东临太湖，城墙夯土构筑，有郭有城。东、西小城位于大城西北，分别为阖闾王宫和驻军及给养所在，有城门连通。城外胥山有点将台和胥山湾水寨等军事设施。胥山湾外，沿太湖十八湾建有龙山石城，为"石包土"建筑形式，是迄今发现的最早的南方古长城。从军事角度看，阖闾大城防守严密，石城、胥山湾、大城、东城构筑了阖闾城的四道防御屏障，具备"因地形，用险制塞"的基本要素。

自吴王营造阖闾城以后，苏州作为吴国的都城深得天时地利。不过，短暂的称霸之后也迭遭风云，数度兴废，如今古吴国也消亡了。当然，其间一度作为繁荣的平江府[①]，较之以前更加宏伟，更加坚固。尤其是，街宇巷桥间那些

---

① 北宋政和年间，被朝廷升为"平江府"。

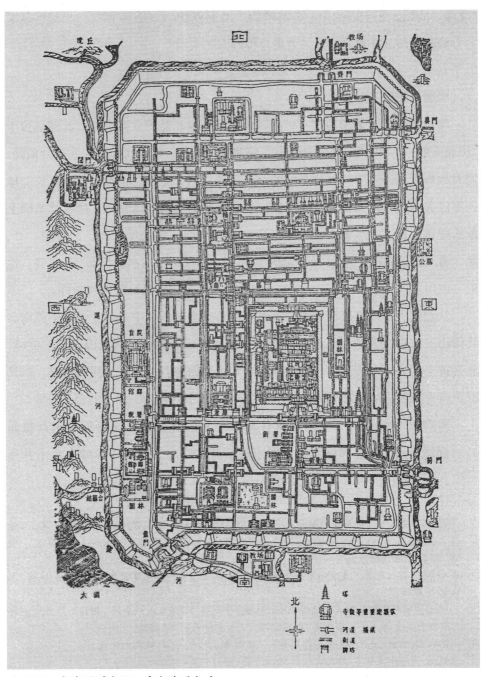

南宋平江府城图碑拓版 采自苏州文庙

"醨流以为沼，积土以为山，岛屿峰峦，出于巧思"①的水乡园林，更是构筑了一方恬静盎然、浑厚质朴而又逍遥自得的人文天地。

隋唐长安城

隋唐长安城，最初为隋文帝在汉长安城东南新建的大兴都城，其选址位于"川原秀丽，卉物滋阜，卜食相土"②的龙首原高地。据说汉长安水质盐分偏高，同时地势低洼，是隋初另建新城的一个重要原因。当然，也不乏避讳汉长安城凋零已久的不利地文，以及体现新王朝新气象的考虑。隋亡后，唐在此基础上改造建都，改名长安城。此时的长安城，南对终南山及子午向，另有灞、浐、泾、渭、沣、滈、涝、潏八条河流环绕周围，形成了"八水绕长安"③之势。这里"山川之固"④，气候温和，亦为农业的发展提供了良好的地理条件。

从更宏大的地文环境来看，这里是八百里秦川的关中心脏。关中平原南有终南山、太白山及其后抵横亘的秦岭，西有岐山、陇山、六盘山等天然屏障，北有黄土高原，东有骊山、华山的屏蔽和重要的函谷关孔道，西北、北、东又有黄河为天然鸿沟。实不愧为"四塞之国""关中自古帝王州"的都城圣地。⑤

隋唐长安城继承和总结了古代都城规划的优良传统，堪称中国严整布局的都城典范。⑥其都城规模，据宋敏求《长安志》载"外廓城东西十八里

---

① 见（北宋）朱长文《吴郡图经续记》："醨流以为沼，积土以为山，岛屿峰峦，出于巧思，求致异木，名品甚多，比及积岁，皆为合抱。亭宇台榭，值景而造，所谓三阁八亭二台，'龟首''旋螺'之类，名载《图经》。"

② 见《隋书·高祖纪》："龙首山川原秀丽，卉物滋阜，卜食相土，宜建都邑，定鼎之基永固，无穷之业在斯。"

③ 西汉文学家司马相如在其著名辞赋《上林赋》中写道"荡荡乎八川分流，相背而异态"，描写了汉代长安上林范的巨丽之美。以后就有了"八水绕长安"的描述。

④ 山川之固，出自《史记·孙子吴起列传》："美哉乎山河之固，此魏国之宝也。"

⑤ 何跃青：《堪舆文化》，外文出版社，2011，第195-196页。

⑥ 董鉴泓主编：《中国城市建设史》，中国建筑工业出版社，1989，第35页。

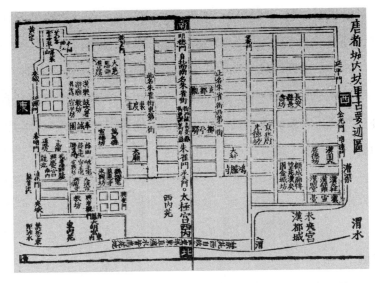

南宋《唐都城内坊里古要迹图》（明刻本） 中国国家图书馆藏

一百一十五步，南北十五里一百七十五步，周围六十七里"，总面积足有 25000 公顷左右。受曹魏邺城和北魏洛阳城的影响，长安城规划平面方正，每面开奇数三门，宫城居中且坐北朝南，宫前左祖右社。同时，采用严整的方格网道路系统和严格的坊里规制，使"朝廷宫、市民居，不复相参"[1]，以方便防卫和管理。当然，长安城的规划布局也受到了风水、八卦乃至象征观念的影响。如宋代张礼在《游城南记·永乐坊》后注中说"宇文恺城大兴，以城中有大土岗，东西横亘，象乾之六爻，故于九二置帝王之居，九三置百司，以应君子之数，九五贵位不欲常人居之"；毕沅在《长安志》注文中说"皇城前面四行坊，象征四季，九排象征周礼三几九铺，十三排象征十二月加闰月"；等等。

　　除了空前绝后的城市规模、道路宽度、坊里面积之外，长安城的水系亦十

---

[1] 见（宋）吕大防《长安图题记》"而朝廷宫、市民居，不复相参，亦一代之精制也，唐人蒙之以为治。"

分发达。其全城精心设计清明渠、永安渠、龙首渠、黄渠和漕渠等五条渠道，贯穿全城，将城外的水资源引入城中。发达的水系既满足了饮用，也能在雨季防洪排涝。同时，也促使长安城绿化遍布，如长安城内街道两旁都植有槐树等行道树，皇宫城内植梧桐树等，还有御苑、大宅第、寺庙等处亦绿化良好。[①]

此外，隋唐长安城的建筑设计反映了当时的建筑特征。它总体上强调艺术与结构的统一，基本上没有华而不实的构件，建筑色调简洁明快，屋顶舒展平远，门窗朴实无华，给人以庄重、大方的印象。这也是后来宋元明清建筑少见的特色。

紫禁城

紫禁城是中国明清两代的皇家宫殿，现称为北京故宫。早在春秋战国时期，北京就是蓟、燕等诸侯国的都城。元朝定都北京（大都），开创了作为全国统一政权都城的历史。明代，紫禁城是在元代大内的旧址上改造的，只是整体位置向南了一些，并在两城中轴正中，也即在元代皇宫的延春阁上堆土为山，取名万岁山。紫禁城还在旧址上修建了似金水环绕的砖砌护城河，并从城内宫城的西侧、南侧流过，从而形成了背山面水、阴阳交汇的的选址格局。

紫禁城位于北京中轴线的中心，可谓有着极强的对应皇权寓意的星象图式。北京历来是风水宝地。《金史·梁襄传》曰："燕都地处雄要，北依山险，南压区夏，若坐堂隍，俯视庭宇。"明成祖朱棣迁都北京，在准备倾全力营造都城之前，亦察证了北京，理由是："形胜甲天下，层山带河，有金汤之固，诚万古帝王之都。"[②]《明太宗实录》有曰："北京河山巩固，水甘土厚，民俗淳朴，物产丰富，诚天府之国，帝王之都也。……北枕居庸，西峙太行，东连山海，南俯中

---

① 董鉴泓主编：《中国城市建设史》，中国建筑工业出版社，1989，第42页。
② 何跃青：《堪舆文化》，外文出版社，2011，第194-195页。

紫禁城九龙壁　采自北京故宫

原，沃壤千里。山川形胜，足以控四夷，制天下，诚万世帝王之都也。"就形制来讲，紫禁城附会了《周易》《礼记》《考工记》及封建传统的礼制。原都城城墙围合，呈"品"字形，外城呈扁圆形，东南角呈曲折突起状，坐北的内城呈正方形，西北角呈凹陷状，这既是天圆地方、乾坤照应、阴阳合德的象征，也是"天地定位，山泽通气"的象征。就规划来说，其主要建筑沿南北中轴线纵深展开，次要建筑在中轴两侧严格对称布置，体现了帝王至高无上的权力。

此外，紫禁城在体现阴阳调合与向心取正的同时，也极力把都城营造成为宇宙中心的象征。紫禁城多用紫红色，以象征着天体的中心——北极星所处的紫微垣。城的中心是皇城，皇城中心是宫城，宫城中心是太和殿，太和殿中心又有着象征宇宙中心的须弥山，其上有须弥座，它的九层台，象征着九重天。这一人间天上的中心，也称"太极"。这里又是阴、阳协调，又是藏风得水、生化万物的地方。事实上，紫禁城营造工程中取法《周易》阴阳卦象，其对各建筑的命名、对阳数的运用，也强化和象征了天子之合天道，以及帝王的"九五之尊"和统御四面八方的权威。

当然,紫禁城也大概是现存中国规模最大、形态最复杂的四合院建筑群例证了。可以说,紫禁城整个建筑群四合院落式的谋篇布局是其"最主要、最根本的成就体现",亦"是中国悠久文明最辉煌的体现"。[1] 它"九重城阙"式的院落及装饰组合给人庞大、震慑、肃穆感的同时,也富于一种亲和力,统一了众人的感情。[2]

平遥古城

平遥古城位于三晋中南部,旧称古陶,这里北望太原,南连介休绵山,西面黄河,东邻上党山地。初始城池狭小,西周大将尹吉甫(公元前852–公元前775)北伐猃狁[3]驻军于此,筑西北两面。明初再重筑。康熙盛世时又筑四面大城楼,至此,平遥古城"已是物阜民康、人文荟萃……城池巍峨、衙署森严、街市井然、商铺繁陈、民居鳞次栉比,亭台楼阁、河桥古柳、祠庙、道观、佛寺星罗棋布"。[4]

从总体的城池规划上来讲,平遥古城呈比较规制的方形。其"周围十二里八分四里,崇三丈二尺,濠深、广各一丈,门六座,东西各二,南北各一"[5],后陆续增建敌台窝、敌台楼、瓮城,增高增厚城墙及砖砌补修等。也可以说,正是由于"山西太原与云中相为表里,平遥距太原仅一百八十里,四境皆平原旷野,非有崇山峻岭之固,长山大河之阻,而又当南北孔道之冲"[6],故平遥古城旧时历代的修建加固,均是出于免受北寇裂害的防御之目的。

---

① 丰子恺:《丰子恺谈建筑》,东方出版社,2005,第2页。
② 丰子恺:《丰子恺谈建筑》,东方出版社,2005,第2–8页。
③ 猃狁,中国古代北伐的一个民族,同"狁"。
④ 王夷典录疏:《平遥县志》,山西经济出版社,2008,第1–2页。
⑤ 王夷典录疏:《平遥县志》,山西经济出版社,2008,第71–72页。
⑥ 王夷典录疏:《平遥县志》,山西经济出版社,2008,第229页。

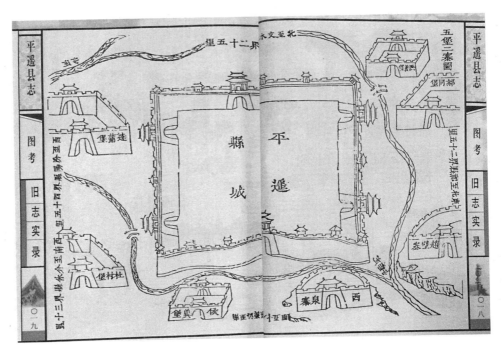

平遥县城图　采自《平遥县志．康熙四十六年卷本》

　　平遥古城原有格局亦体现出了"天人合一"的思想。城内建筑布局严谨、轴线明确、左右对称、主次分明、轮廓起伏、外观封闭、大院深深。平遥古城素有"龟城"之称，布局为"龟城"形制，有"龟前戏水，山水朝阳，城之牧建，依山为胜"①之说。其六座城门象征龟的肢体，其中南门地势微微抬高为龟首，南城墙外两眼井为龟眼；北门地势最低为龟尾，东西四门为龟足；南大街为龟的脊梁，南北大街错落呈"S"形曲线，使"神龟"摇头摆尾，富有活力。城内还保存有四大街、八小街，七十二条蚰蜒巷，犹如龟背纹图，构成了城内四通八达、井然有序的通行网络。此外，还有环绕城墙护卫古城的中都河，城

---

① 恩端、武达材、王舒薯：《平遥县志：卷十一文艺志》刻本·清光绪九年（1883）

墙和护城河相互依存，"河绕城转，城河相映"。古城东、西、北三面均为直线形，仅南面呈蜿蜒崎岖的形状，有说是为了契合中都河的流势。古代筑城作龟形，概出自远古时期以龟甲卜相地的做法，加之龟在民间信仰为一灵物，是象征长寿永久之意。在城市附会龟形，取其吉祥之意，以达到一种良好之意愿。看来，古人将平遥古城设计为"龟城"的形制，并加以中都河护卫，是期望平遥古城自是金汤巩固，得免寇患，保障万年矣。

泉州古城

泉州，古称"刺桐"，自唐代建城到民国拆城，横亘1300多年。唐久视元年（700），武荣州由丰州东迁今泉州城区并改称泉州，始建城。泉州是海上丝绸之路的起点，极盛时"市井十洲人"[①]"涨海声中万国商"[②]。宋元时期，其刺桐港被誉为"东方第一大港"。

从地理而言，泉州古城最初位于清源山之南，晋江中游，山绕水抱，"西北重峦叠嶂，控全海而吐吞；东南洪涛巨浪，绕万山以潆汇。流峙之气，相为呼噏。是以贤哲诞生"。这里气候宜人、土地肥沃、风景秀丽、山海富饶，世代居住着古闽越族人与中原移民。

历经发展，泉州古城形成了一个呈鲤鱼状的相对封闭的人居环境，水抱形势十分明显。具体而言：一是天圆地方的对称布局。泉州古城的规划和布局，是按《周易》的阴阳八卦思想为基础设计的。外城略向南，为乾，为天，为

[①] 泉州有"市井十洲人"的说法，缘起泉州刺桐港在唐、宋时期的崛起，成为"东方第一大港"引来全球五湖四海的客商云集，各种肤色的人在此交易做生意，商贸繁荣。泉州又是海上丝绸之路的起点。唐天宝年间（742-756）左右，诗人包何有《送泉州李使君之任（一作送李使君赴泉州）》："傍海皆荒服，分符重汉臣。云山百越路，市井十洲人。执玉来朝远，还珠入贡频。连年不见雪，到处即行春。"诗中的"市井十洲人"描写了当时泉州蕃客云集的景象。

[②] 宋代李邴在《咏宋代泉州海外交通贸易》中有一联写道："苍官影里三洲路，涨海声中万国商。"亦是当时刺桐港作为"东方第一大港"和泉州作为海上丝绸之路起点的真实写照。

阳；内城略向北，为坤，为地，为阴。外城呈扁圆，为阴阳协调与对称平衡的布局。二是号称"八卦"的排水系统。泉州城排水系统由一条主干沟和四条支沟组成。其中，主干沟在唐代为引水渠，在北宋是护城壕，在南宋又被圈入城内作排水沟。实际上，泉州城排水系统大小沟渠四通八达，确似八卦之形。也许，是人们想借助八卦的神奇威力，保佑排水系统畅通无壅，并能使泉州吐故纳新、、人才辈出、兴旺发达。三是采用趋吉避凶的原则。泉州城四面有天然的屏障，北倚道教、佛教名山清源山，西有西湖，东有东湖，西南有晋江环卫，易守难攻。同时，古代泉州人除注意保护北面大山森林外，还在入水口处建塔，以求镇住水口，以固水源，以彰文明。这在强调注意保护水口的同时，实则也给民众以心理上的慰藉。

泉州古城无疑体现了先人的智慧与愿望，充满着人与自然和谐共赢的理想追求。这份智慧和理想或许是以藏风聚气、趋吉避凶、物产丰富、人杰地灵、香火鼎盛、开放包容等形式表现出来，是绝佳的风水宝地也好，有厚重的人文底蕴也罢，总之，时代更迭并没有把这座古老城池的魅力和信仰抹去。

丽江古城

丽江古城，又名大研镇，始建于宋末元初，自忽必烈率军革囊渡江征服丽江，到清雍正改土归流的四百多年里，一直是纳西族木氏土司的统治中心。至今有 800 多年的历史。

古城选址符合"居中而治"的原则。它地处低纬高原丽江盆地的中心——金沙江江湾腹地，较之区域斫治的前身石鼓城，具有更好的经济、交通、气候及生活供应上的区位优势。进而言之，这里北依象山、金虹山，西枕狮子山，东和东北与金沙江相望，东、南与开阔坪坝自然相连，藏风聚气，冬无严寒，春秋相连，气候宜人，形成了背靠西北、朝向东南的有利格局。但罕见的是，丽江古城没有城墙，这似乎有悖于古代凡筑城必有军事防御所需之常理。或许

玉龙山 丽江 采自云南丽江

原因在于：一是当初丽江世袭统治者姓木，筑城垣无异于木字加框成"困"字之故；二是更重要的，当是凭丽江特殊的山川之势，可御敌于城外；抑或还有土司执行的亲和政策和对中央王朝的忠义，故使古城少有兵燹。①

古城布局最大的特色在于"城依水存，水随城在"。从大的方面来说，古城随势自然，以水为脉。源于清溪和黑龙潭的玉河水，甘冽洁净，在双石桥下一分为三，流入古城，再又分成更多支流，穿街绕巷，流布全城，形成了"家家门前绕水流"的"水格富贵"之相。同时，街巷房舍依水势自由分布，主街傍水，小巷临渠，宽窄有致，利于人流物流往来。从小的方面来讲，古城充分利用泉水之便。城内利用涌泉修建的多座"三眼井"，上池饮用，中塘洗菜，

---

① 和湛：《丽江文化荟萃》，宗教文化出版社，2000，第209-210页。

下流漂衣，给居民提供足够生活用水的同时，也为应对木建筑可能出现的火灾隐患提供了灭火的便利。

古城木建筑民居符合中国传统院落组合规律。其布局以天井为中心，以间、坊、院、群体为组合单位，构筑有三坊一照壁、四合五天井、前后院、一进两院等几种常见型式。至于木构架的取材，则多依赖于本地丰富的木材资源，当然也偶用一定的石料砖瓦等。

总之，古城处处有水，人傍水居，水绕房过。300多座古石桥与河水、绿树、古巷、古屋、井眼相依相映，好一派小桥流水人家的"高原姑苏"之地。

集宁路城

集宁路古城建于金章宗明昌三年（1192），是金代蒙古草原与中原内地进行商贸交易的市场。元朝统一全国后，升为路，由中央政府中书省直辖，下辖唯集宁一县。

从古城遗址考古发掘来看，历经金、元两朝一百五十余年的长期建设，集宁路颇具规模。城东有莫子山河，北望有远峦重生，域西为大草原。路城平面呈方形，南北长1100米，东西宽1000米，分里、内、外三城。里城设孔庙，内城属官衙，四面中心各开一门，外城分民居、商贸、工场、作坊等，城墙四面共开五门。在较为重要的东门、西门之外又加建方形瓮城和马蹄形瓮城，以加强城门的防卫性。

古城内格局规整，区域合理，交通畅达，市肆发达，功能完备。尤其是外城南部为市肆集中区，沿里域中心的南北主干道与东西三条横街纵横交错，街两侧民居及饭馆、药铺、煎饼铺等各种商铺密布排列。[1] 房屋为前店后居模式，分厅、卧、贮藏区，排水及炕暖设施巧妙实用。使人充满好奇与幻想的是，遗

---

① 董鉴泓主编：《中国城市建设史》，中国建筑工业出版社，1989，第88页。

址现场街道、房屋、水井、窖穴清晰，房内火炕、地灶、瓮、磨、器皿原样出现，想必，集宁路以其完备的城市体系和忙碌喧哗的市肆，搭建起起草原丝绸之路上商贸及文化交流的理想舞台，一定给古老的北方草原增添了许多的繁荣。

历史上，特殊的地理位置使地处塞北孤居漠南的集宁路使命非同一般，数百年前草原上有如此成熟的城池亦令人叹为观止。这个被游牧民族包围的草原城市为了配合元上都与大都，不仅仅是古代草原丝绸之路上一个连接草原与中原、东方与西方的交通枢纽，它还是古代游牧文化与农耕文化交流的动脉，见证了多民族兴旺交融的历史。

二、村落：顺应自然，择吉而居

乡村聚落是中国社会结构的基本细胞，是社会人群聚居生息、生产生活的集结体。具体来说，所谓村、村落，即村庄，数家筑屋相邻所形成的一个群落。宋代陆游《西村》诗句"数家临水自成村"中的村即有此意。至于山中或依山而立的村落，则谓之山村。[1] 显然，在中国的语境中，村落总是与山与水紧密联系，这也说明了中国人顺应自然、择吉而居的偏好。

中国有许许多多历经数千年而不衰落的地方传统村落。从西北高原，依山傍水，错落有致，到中原平地，狭巷夹天，庭院深深，再到江南水乡，小桥流水，粉墙黛瓦，……反映了当地独特的生态环境、景观风貌、地质结构。它们在规划布局、选址建设当中，常筑路通桥，相地建宅，把崇山、秀水、峻石、绿树、竹林、洞桥、小路与建筑物融合起来成为一个整体，充分反映了追求人与自然和谐、人与社会和谐、人与人之间和谐的思想。

孟浩然《过故人庄》曰："故人具鸡黍，邀我至田家。绿树村边合，青山

---

① 聂鑫森：《触摸古建筑》，湖南美术出版社，2002，第46页。

郭外斜。"陶渊明《归园田居·其一》亦曰："暖暖远人村，依依墟里烟。……久在樊笼里，复得返自然。"这些诗句，都很好地体现了中国古人对田园朴质生活的喜爱与向往。如今，时代发展的潮流势不可挡，但也有许许多多的传统村落受到了破坏，乃至不断消逝。正如冯骥才所说："我国的很多传统村落，就像一本厚厚古书，只是来不及翻阅，就已经消亡了。"或许，今天的中国从某一层面来看，还如社会学家费孝通所说的："从基层上看去，中国社会是乡土性的。"[1] 这才是我们今天应该去面对的现实。

流坑村

位于赣中乐安牛田镇东南部乌江之畔的流坑村[2]，是一处典型的江右民系古村。其初建于五代南唐昇元年间（937–943），为董氏单姓聚族而居血缘村落。它坐落在四面环山的山间盆地，清澈的乌江水自村南经村东，再绕村北向西北流去。右岸的古老香樟，由木口至牛田镇，浓荫覆盖十余里。至明代中叶，董燧领族人在西南方人工挖掘龙湖，将湖水与乌江相联，更使流坑村成为山环水抱的胜地。随街巷还建有平行的地下排水道，既利居住，又利农耕。

改建后的村子以龙湖为界，分为东西两部并以东部为主。七横一纵大巷与码头、小巷相连，贯通东西南北，宛若蛛网，既带来了交通便利，又使河风顺畅进入村中。七条纵巷的东端，均建有高数丈的砖木结构碉楼，用以瞭望敌情、水情、火情等；而巷之西端，设有凉亭，为村民们饭后茶余的休闲场所。各房派支系分区居住，宗祠临巷面建。全族大宗祠则建于村北，其他宫观庙宇均建于村外，以尊古礼之制，至今还有许多积厚流广的宗族遗存，如董氏大宗祠、文馆、高坪别墅（双寿坊）、五桂坊等。明代旅行家徐霞客曾游历流坑村，赞

---

① 费孝通：《乡土中国·乡土重建》，北京联合出版公司，2018，第2页。
② 全村以董姓为多，家族尊西汉儒学家董仲舒为始祖，但宗谱可考的开基祖则为南唐时的董合。

流坑村 采自江西乐安牛田

曰："其处阛阓纵横，是为万家之市，而董氏为巨姓，有五桂坊焉。"[①]

流坑村山川形胜，钟灵毓秀，外有乌江环绕且与龙湖相连，内有村墙门楼守望，是一座古朴纯美的乡土城池，也如村中"正大光明"照壁所堆塑的一幅云日、山水、鸟兽、花卉、树木齐聚的人生画图。

西递村

西递，原名西川，位于古徽州黟县境内，是典型的以宗族血缘为纽带的胡氏同族聚居村落。村落东西长700米，南北宽300米，平面形似航船。据明代嘉靖年间的《新安名族志》记载："（西递村）罗峰高其前，阳尖障其后，石狮盘其北，天马蔼其南，中有二水，环绕不之东而之西……"可以看出西递村落

---

① （明）徐弘祖、褚绍唐、吴应寿著：《徐霞客游记·江右游日记十》，上海古籍出版社版，2010，第147页。

胡氏宗堂 采自安徽西递

选址中依山傍水、天人合一的自然生态意识。

　　西递村整体布局以敬爱堂为中心，前后两条溪流成弧形绕堂而过，流经家家户户。鼎盛时期的西递，一度"三千烟灶、三千丁"[1]，一座座住宅楼拔地而起。[2] 然而，古时西递所在的徽州毕竟地狭人稠。徽州地处崇山峻岭之间，高山之下，由低山和丘陵合围而成的谷地、小盆地，即使山环水绕，也是"八山一水一分田"。[3] 加之南迁移民不断繁衍生息，以及程朱理学观念等因素，故西递和其他徽州族群聚居地一样，住宅以木结构三合院式居多，四周高大墙垣包

---

① 中国古代，成年男子常被称为"丁"。如《蜀记》中说："秦惠王欲伐蜀，造石牛，置金其后。蜀人使五丁力士拖石成道，秦遂伐蜀。"

② 余治淮、余济海编著，刘星明摄影：《皖南古村落——黟县西递·宏村》，广东旅游出版社，2003，第36页。

③ 汪欣：《传统村落与非物质文化遗产保护研究——以徽州传统村落为个案》，知识产权出版社，2014，第74页。

绕，庭院狭小，天井采光，布局简单自由。不过，外观因屋顶、窗口、屋檐和墙面等各异造型而显活泼变化。另楼层铺方砖，山墙建造成高大的马头墙，有利于防火、隔音等。① 整个村落白墙清瓦，朴素雅致，与自然十分协调。

值得一提的是，在明清时期，对西递胡氏而言，一方面，从"安土怀生"到"学而优则仕"再到"仕而优则商"，使宗族财富急剧增加；另一方面，由于程朱理学的浸染熏陶，成为徽商大贾之后，仍无一例外都"贾而好儒"②，投资故里或"富贵归故乡"。他们虽服贾而存仁义，深谙以商养文、以文传家之理，捐资兴学助学的同时，还修宗谱，兴造民宅、祠堂、牌楼、路桥等。特别是始建于明万历年间的"敬爱堂"，它作为胡氏宗堂，气势恢宏，显示着胡氏宗族当时的显赫与荣华，③ 其堂名也以祖为核、以孝为本，数百年来维系了西递胡氏一族的血缘纽带和一方亲情。

黄埔村

位于广州海珠区的千年黄埔村，古名凰洲、凤浦，亦是现代黄埔港名称的由来。传说很早以前，这里碧水蓝天，和风拂面，树木葱茏，鱼儿悠然，有凤来仪。果然，先民定居于此，出海顺畅，五谷丰登。④ 历史上，这里港村一体，南宋时就成为"海舶所集之地"；自1757年清政府颁令实行广州一口通商后，

① 《中国建筑史》编写组：《中国建筑史》，中国建筑工业出版社，1993，第130页。
② 元以后特别是明清的徽州，既是一个徽民"以贾代耕""寄命于商"的商贾活跃之区，又是一个"十户之村，不废诵读"的文风昌盛之乡。人们把徽商分为"儒贾"和"贾儒"两种，反映出了历史上徽州商帮贾儒密切交融的特色。
③ 余治淮、余济海编著，刘星明摄影：《皖南古村落——黟县西递·宏村》，广东旅游出版社，2003，第53页。
④ 广州市海珠区人民政府、广州市政府侨务办公室编著：《走进黄埔村》，广东教育出版社，2011，第25页。

古黄埔港地图　采自（清）梁廷枏《粤海关志》

更是"夷舟蚁泊"，扮演着海上丝绸之路的重要贸易角色。^①

　　黄埔村内外，水环村，村环水。村落布局与建筑风貌，具有府乡村典型的"梳式布局"特征。其平面布局呈网格状，巷道大小一百多条，由光滑平整青石

① 广州市海珠区人民政府、广州市政府侨务办公室编著：《走进黄埔村》，广东教育出版社，2011，第12页。

板铺设,不仅规整有序,而且不少巷名含"和""亲""仁""厚""善""爱""德""义"等字,传达着美好的道德追求。不少中轴巷子坐西北向东南,两侧分布着一个套一个的民宅院落。它们青砖灰瓦、镬耳屋、蚝壳墙,一派浓郁的岭南水乡风情。

　　同时,黄埔村也极具古代滨海城镇特色。由于对外贸易的便利和因之而来的富裕,黄埔村有着外观马赛克、彩釉砖式的各幢洋楼,它们簇新而热闹地夹道在巷子两侧。村中街道至今还有残存的洪圣庙、天后庙等,极具古港特征。天后庙前对联"迹著莆田恩流凤浦,德敷海国泽被凤洲"可证当时这里航运发达。为外来船舶导航的海鳌塔,建于明代万历二十八年(1600),迄今也屹立在珠江河畔。清代文人冯翔也曾精彩描绘了黄埔古村港的"对外贸易黄金时代":"杰阁嵯峨凤浦中,海帆层出虎门东。羯来喜阅梯航遍,一统车书万国同。"①

　　那时,宗祠也是黄埔村极有分量的建筑组成部分,据说鼎盛时期有三十多座。它们纵横规整,布局对称,往往青砖砌筑,花岗岩墙裙,封火山墙;正脊、中堂、梁架等处处雕刻着或精细或粗犷的花鸟、人物、石狮等丰富纹饰。它们似乎才是港村平日里最隐隐透着的那份别样的安然和恬静。

千户苗寨

　　贵州西江千户苗寨位于黔东南苗族侗族自治州雷山县东北,这里居住的是苗族西氏支系。据《黔东南苗族侗族自治州志·民族志》中记载,苗族起源于五千多年前居住在黄河中下游的九黎部落。在之后漫长的历史中,不断迁徙,其中一支便进入了黔东南的山林之中。目前,这里是中国最大的苗族聚居地,住户过千,是名副其实的"西江大寨"②。

---

① 广州市海珠区人民政府、广州市政府侨务办公室编著:《走进黄埔村》,广东教育出版社,2011,第11页。
② 苗族人提起西江,无不尊敬地称其为"西江大寨"。

西江千户苗寨由水寨、平寨、乌嘎、东引、也蒿、也通、羊排、也东等八个依山而建的自然村寨连片组成，所在地形为典型河流谷地。其四面环山，丛峦叠嶂，梯田依山顺势直连云天，清澈的白水河穿过寨中央，将西江苗寨一分为二。苗寨的主体位于河流东北侧的河谷坡地上。苗寨以青石板路串连，枫树成林，枫香扑鼻，翠竹点缀。寨内吊脚楼层层叠叠顺山势而建，又连绵成片，气势恢宏，形成了极具特色的背靠青山、脚踏玉带、一水环流的美丽人居。

苗族为蚩尤部落后裔，农耕历史悠久。千百年来，西江苗族同胞在这里日出而耕，日落而息，在苗寨二游地区开辟出大片的梯田，插秧、放鱼、捕鱼，形成了独具民族风情的梯田景观和稻作农耕文化。当然，历史上也由于群山环抱，交通闭塞，与外界文化交流较少，故西江千户苗寨也是一个完整保存苗族"原始生态"文化的地方。至今，苗语、苗歌、苗舞、苗年、长桌宴、银饰、蜡染、马托、人挑、牛耕，蚩尤三大发明"宗教、刑法、兵器"，以及敬祖崇

西江千户苗寨 采自西江苗寨

宗、敬畏自然等苗族族规，这些最纯粹、原生态的文化和生活方式还在延续。

有人说，西江之于贵州，就像丽江之于云南。确实，在西江，不见车喧马嚣，不见繁杂尘垢，有的是小桥流水人家，有的是人挑牛耕的谷地梯田，有的是"人与自然一呼一吸的相生相养"[①]，有的是纯粹朴素的原始生态。

党家村

韩城市位于陕西渭南地区东北部，东临黄河，是西周春秋时韩国故地。党家村是韩城市西庄镇东南、泌水河谷北岸的一个村落。该村居于南北有塬（塬高 30–40m）的狭长形沟谷中，沟谷为东西走向并呈"葫芦"状。村南有泌水绕行，形成依塬傍水之势。党家村北依韩塬，南面泌水，冬季避风向阳，日照充分；夏季，谷中绿树成荫，空气清新。由于所处底凹地形和气候环境，加之地势较高的北塬多红色胶泥土，有风不起尘土，正可谓"绿树掩映中，青瓦千间，不着尘埃"，故有"避尘珠"之美称。

尊重自然、顺应自然、利用自然、维护生态环境是党家村建村筑寨的设计理念。街巷交通走向、气流、排水、通风均依其地形地貌而建，这是构成其建筑风格特色符合人性、符合自然、符合生态规律的需求，生态景观、自然人文景观高度统一的一个重要依据。

党家村建筑风格平易自然，朴素无华。四合院结构的布局特征是：充分利用自然环境，合理布局空间，体现老幼、主次、上下、宾主关系，俗称"全欢四合院"。但较之北京四合院，党家村宅院较窄，平面极为狭窄，亦称为"窄院住宅"。村中居住建筑除四合院外，尚有少量三合院，亦为对称平面布局，厢房必成对布置两侧，无门房。[②]

---

① 王大有：《人类理想家园》，中国时代经济出版社，2005，第7页。
② 吴昊、张莉：《中国传统民居与村寨古典建筑》，《室内设计与装修》，2002.12，第26–28页。

水峪村

南窖乡水峪村隐于北京市房山区西山大房山的深谷中，为深山区典型的自然村落。民国《房山县志》记载了房山境内"山之深者曰峪，峪之通者曰沟，沟之旁支曰港，山之穴曰洞曰塘"的地名命名规则，由此可见，南窖乡水峪村的山之高，水之深。水乃生命之源，有水则灵。水峪村的先民们无疑是看中了这里充盈的水源。据村落宗族碟谱记载，水峪村隋唐初始就有人居住，明末清初建村，村中臧、杨、王、刘等大姓都是来自明洪武年间山西大槐树的移民。

水峪村整体呈"三山两谷三古河"形态。即村落沿西北东南向的东沟西沟沟谷分布为东村、西村；以猫耳山为村落东南最高天然屏障，以突兀的纱帽山为地标，南岭坡、粟台岭、松树岭与两沟相夹，域内西北为水峪口，东西两沟河水在村中心汇合经水峪口流向南窖河。整个村落以长岭坨为中心，由一条青石板砌成的S型古道贯穿东西，构成了惟妙惟肖的"太极双鱼"村落图式。[①]

村落房屋多为石板房四合院，随山势向上而建，就地取材，以石垒墙，以粗到细的各种山木为梁、为檩、为椽，页岩石下垫秫秸为盖，整体色调质朴。至今，尚有保存完整的620余间、100余套明清时代的四合院，古石碾128盘。其最具代表性建筑有杨家大院、瓮桥、瓮门、娘娘庙等。

水峪村沟壑河水，锦鳞游弋，生态原始，民风淳朴，古树、古宅、古碾、古井、古中幡等，恍若世外桃源。这里街道、河道、古道亦多处重叠，交相辉映，成为京西多条古道的必经节点。难得的是，村中仅存活的一棵千年古槐极为醒目，它历经磨难仍青枝焕发，它是村民必经之地，也是村的中心，包含了水峪村对先祖及祖籍山西黄土地的思念和回忆。

---

① 北京市房山区南窖乡水峪村志编纂委员会:《水峪村志》，2019，第3-17页。

张谷英村

张谷英村，位于湖南岳阳以东的渭洞笔架山下，村民在此聚族而居长达六百多年，有"桃源世界""天下第一村"之称。

张谷英村为典型"土包屋"依山傍水聚落形式。相传明代宣德年间，江西人张谷英"由吴入楚"，行至幕阜大山余脉渭洞山区，见溪水淙淙，青山环绕，竹林漫布，峻岭如屏，于是在此安居繁衍生息。进而言之，它坐落掩映在东北西三方青峰之中的盆地内，犹如三大花瓣拥起一朵莲花。它地势北高南低，渭溪河迂回曲折穿村而过。整个村落建筑顺盆地中央的龙形山三面铺陈，纵横伸展，连成一片。与此同时，村中一直径约三米的天然龙珠石，恰与张谷英村大屋后龙形山龙口相对应，同时也与其身后建筑群一同形成龙戏珠的格局。[①]六百年来，它周围"六十平方公里旷野，幽深莫测，扑朔迷离，极少外犯"。[②]

张谷英村村落建筑总体布局依地形呈"干枝式"结构。首先，村落屋宇墙檩相接，参差在溪流之上，形成"溪自阶下淌，门朝水中开"的格局。其次，渭溪河上大小石桥47座，傍溪的青石板路长廊及延伸开来的巷道纵横交错，沿途通达各家各户，连接每一条巷口，方便了在此栖居的男女老幼。再次，整个村落建筑群由当大门、东头岸、西头岸、石大门、王家塅、上新屋等片相互联结，长达六百多米；每家主堂与横堂皆以天井为中心组成单元，门庭围屋层层相因，分则自成系统，合则浑然一体；人们穿堂过屋，走亲访友，晴不晒日，雨不湿鞋。顺着屋脊望去，村落院落形式、尺度和粉饰色调统一，犹如无数个"井"字，可谓鳞次栉比，天井棋布，格局工整、严谨、和谐。

张谷英村除了村落布局之妙、巷道幽深、空间灵活之外，还有排水奇、用材朴、雕饰美等特点。还值得一提的是，张谷英村人世代尊孔孟之教，读书隆

---

① 何林福、李望村：《张谷英村》，江苏教育出版社，2005，第109-113页。
② 孙伯初：《天下第一村》，湖南文艺出版社，2003，第14页。

礼成为他们厚实灵魂的追求，也成为庞大家族赖以生存的精神力量。他们族居在时光安详、相互依偎的屋檐下，谨守"识时务、顺天然、重教育、兴礼义"的祖训，尊卑有序，日出而作，日落而息，繁衍生息几百年，世传不衰。

傣族村寨

傣族是云南特有的少数民族，历史悠久，主要聚居生活在丰盈富饶的西双版纳等地。这里属热带湿润区，四季常青，"常夏无冬，一雨成秋"。

傣族传统村寨多建在平坝上，空间形态上没有固定的规模，但设寨门、立寨心、建水井、修佛寺、造竹楼是其基本的规矩。傣族自古以来"万物有灵"的宗教信仰遍及生活的每个角落，村寨的营造自然也带有其特有的民族文化内涵。

一般说来，傣族村寨不设寨墙。寨门，一般按东南西北方向在寨内通往寨外路口的结合部设四道，起象征性的作用。它既象征着村寨的边界，也象征着生与死的界限。[①] 寨心的设立形态也不固定，如石块、大树、土台，加以竹笆、木桩围护，都可以成为寨心。尽管这样看似随意，但在傣族人们的心中，寨心却是村寨的心脏和灵魂，是寨子生命的标志。其周围通常还留有一点空地，即使形成的广场很小，但也是人们祈求平安昌盛的神圣之地，是凝聚族群意志的好处所。水井、水塔也很重要，一般一到两口，往往用崇敬的大象、孔雀等形象作优美别致的造型，水塔上还时常塑有大地女神像。寺庙一般位于村头和寨尾，是村寨佛教活动的中心。别的公共设施一般没有，呈现一种比较原始的住居聚落。[②]

傣族的居住形式是"干阑式"竹楼。这主要是由于当地典型的热带气候；

---

① 段家开：《浅析傣族村寨中的生态文化》，《红河学院学报》，2007.6，第25页。
② 胡雪松、周克熙：《七彩云南之十七 西双版纳傣族的村寨与寺庙》，《室内设计与装修》，2001.10，第90－93页。

加之，这里盛产竹材，易取材，易建造，节时省力，经济实用。具体而言，傣族竹楼就是用竹料（或木料）穿斗一起，牢固地支架起高于地面的楼房。楼房四周用竹篱或木板围合，堂内用木板间隔出客厅和卧室。楼房下层不围合，用来饲养家禽或堆放杂物。[①] 屋顶用草或挂瓦铺就，坡度较陡。这样的竹楼，散热通风、防潮、防虫害，同时可避洪水冲击。傣族村寨中，一般一户一院，各户以竹篱划分，面积相仿。竹篱周围边长约为 10–22 米，最大可达 30 米见方。而临道路一侧的房舍所占面积很小，常常不过 6–7 米见方。其余菜地果木等绿化面积则较充裕，常年有蔬菜及槟榔、芒果、香蕉等水果自给。总之，高耸的红瓦竹楼，与田园交错，掩映在青翠的热带丛林中，不愧为"理想而神奇的乐土"。[②]

三、住宅：因地制宜，因材致用

住宅是历史上出现最早也是最基本最大量的建筑类型，是与人类日常生活需要最为亲密结合的人居环境。

中国历来不同地域的气候和民族生活方式有异，故住宅形式多样。如水、侗、傣、景颇等族，为干阑式住房；蒙古、哈萨克、塔吉克等族，住帐幕；藏族藏北牧区为帐房，藏南谷地则住碉房。至于汉族，从北到南，由于气候及地貌差异更甚，住宅更为多样，如有黄土高原上特有的汉族窑洞，更有形式变化很大的木结构住房。

同时，中国传统住宅"因地制宜因材致用的特点最为突出；而且往往比较

---

① 石克辉、胡冒松、周川：《七彩云南之十六——月光下的凤尾竹》，《室内设计与装修》，2001.9，第72–75页。
② 《中国建筑史》编写组：《中国建筑史》，中国建筑工业出版社，1993，第141页。

灵活自由，富创造性"。① 如一般而言，北方干燥寒冷，房屋构造以保暖为要，故多为木与砖石瓦结构，院落宽敞争取日照，窗小墙厚顶厚以防风寒，顶平则可晾晒粮食；南方炎热潮湿多虫，房屋构造则以通风排水为要，故多为竹木结构，不朝正南，天井狭小空间高敞，屋檐深挑屋顶坡曲，底层储物不住人，皆为防晒避雨、通风散热及防潮防虫害。

此外，住宅的院落空间重叠组合，既反映了中国古建筑与自然相融合的有机整体观，又往往散发出亲切的"家"的氛围，形成一种人与人之间互敬、互爱、互助的融洽、祥和与连续的归宿感。

北京四合院

北京四合院是中国华北地区元明清住宅的典型。据元末《析津志》载："大街制，自南以至于北谓之经，自东至西谓之纬。大街二十四步阔，三百八十四火巷，二十九街通。"这里"街通"就是当时胡同与胡同之间供臣民建造住宅的地皮。清代《钦定日下旧闻考》里亦引元人诗曰："云开闾阖三千丈，雾暗楼台百万家。"这"百万家"便是北京四合院。由此可见，北京四合院在那时的盛大规模。

北京四合院规范的院落布局，既有地理环境的因素，也含有强烈封建宗法制度的社会文化特征，以及成熟的尺度与空间安排。北京四合院一般坐北朝南，以中轴线贯穿。四周由垣墙包绕，墙厚顶厚，对外隔绝。住宅严格区别内外，分间分房，尊卑有序：老人居北房（上房），中间为大客厅（中堂间），东西为两厢，分居长子、次子，南侧北向的房屋为倒座，供佣人住，女儿则住后院，各不影响。庭院宽敞，充分接纳日照，一般不用楼房，各房通风日照均较好。院内栽植海棠、石榴等花木盆景，陈设鱼缸鸟笼，形成安静闲适、自有天

---

① 《中国建筑史》编写组：《中国建筑史》，中国建筑工业出版社，1993，第130页。

地的居住环境。[1] 当然，古时因身份不一，四合院规模和等级有很大差别，如有一进、三进或四进不等，更大型的还设有跨院、垂花门、耳房、游廊、花园等，建筑及装饰也更为讲究。

北京四合院用材简单、建造容易，青砖灰瓦与砖木结合即可。其以木构为主体结构，无楼房，故重量也较轻。实践证明，这种布局和建造方式适合夏季炎热多雨、冬季寒冷多风沙的地理环境，它既利于冬季的采光保暖和夏季的遮荫纳凉，也能防风沙、防噪音、防干扰、防震。所以，作为一种理想的住宅方式，它确实能让一家人生活其中，和和美美，其乐融融。

北京四合院 采自中国人民邮政

窑洞

窑洞是中国一种古老的民居建筑样式，主要分布在华北、西北广大的黄土高原。这里黄土覆被深厚，山丘绵延起伏，黄河流域水量充沛；同时，光照充足，太阳辐射较强，季节差别大、温差悬殊。这里的地形既挡住了冬季从北方西伯利亚吹来的寒风，又保证

---

① 《中国建筑史》编写组：《中国建筑史》，中国建筑工业出版社，1993，第131-132页。

了最多的日照。这种背靠山，前临开阔地正是窑洞最主要和关键的地形条件。此外，质地坚硬而又细腻的黄土具有直立性，且比较干燥。这种土层经多年冲刷成为冲沟、断岩，土质疏松便于开掘，又是挖窑洞理想的土壤条件。

长期以来，人们就是在这样的土层中挖穴为居。其中以靠崖窑和地坑窑（又称天井窑）两种为主。靠崖窑在天然的冲沟崖壁挖出，崖面就是门面，往壁内开挖横洞，可数洞相连，上下数层，形成数十成百的聚落。地坑窑是在无崖壁可利用时，从地面往下挖竖洞，再往横挖隧道，数洞串联起来可住十几户到几十户。故可形成地下的三合院、四合院，可前门后窗，自然较之靠岩窑通风。窑洞住宅，土壤含水不多，湿度不大，冬暖夏凉（冬季室外零下 5–10℃时，室内可达 10–18℃）；施工便利，无运输材料之劳，

经济实用；而且少占耕地，环境幽静。因此，穴居在黄土地带相当广泛地使用，形成了几个大的窑洞区：陕北、陇东、豫西、晋中，直到目前仍有大量的人们居住在这种房屋中。①② 当然，窑洞也有阴暗、潮湿、空气少流通，施工周期长等不足。

在中国传统人居营造观念中将吉祥之地称为"穴"，"可以认为是试图寻找或建造一个理想的洞穴"的古老惯例；与此同时，在中国五行和五色的宇宙论中，"土"和"黄色"都代表和象征中心，"中"又代表绝对中性、平静和稳定。因而，黄土窑洞，也许正是中国人早期的"理想之家"与吉祥之地。③

客家土楼

福建、江西、广东各地散布有许多聚族而居的客家土楼。这种由夯土墙、瓦顶筑造的住宅，源于客家人历史上因避战乱的几次大迁徙，以及防止"外寇

① 《中国建筑史》编写组：《中国建筑史》，中国建筑工业出版社，1993，第137–138页。
② 王建明：《房屋建筑中的原始美》，《美与时代》，2002.8下，第74–75页。
③ 于希贤：《法天象地——中国古代人居环境与风水》，中国电影出版社，2006，第3–4页。

之出入，蟊贼之内讧"而建，它虽历年已久，外观仍坚实宏伟。

客家土楼依山就势，常常巧妙地利用山间狭小的平地，营造出既布局合理又形状多样的建筑形式，如常见的有五凤楼、方楼、圆楼三种，其他的还有前圆后方形楼、前方后圆形楼、半月形楼、椭圆楼等，多达 30 多种。

拿几种常见的形式来讲：如五凤楼整个建筑围绕中轴线展开，有三堂两横标准式、二堂二横式、四堂式、七堂或九堂式等。一座五凤楼有 20~30 个房间。其中，厅堂沿中轴线纵向布置，中堂是祭祀祖宗的场所；三四层高的后堂及左右对称的横屋用于居住。如方楼四面包合，一般高 3~4 层。简单的方楼仅是一幢单体建筑，而复杂的方楼会建成厝包楼或楼包厝形式，即在大门入口处围一个前院，或者在方楼内再建一组合围院。其内部布局、结构随外形方正程度而异。特别方正的基本上是围绕楼内中心的祖堂天井形成回廊，而长方形楼、府第式方楼或宫殿式方楼，则多是沿中轴线展开，形成以天井相隔、前低后高的渐进式礼序的楼屋格局。再如，夯土技术完全成熟后，圆形土楼就出现了。其平面直径最大可达 70 米多，三环或四环相套，房间总数可达 300 余间；层高由外环向中心降低，弥补了方楼通风采光不良的缺陷。圆楼一般中央为平屋，建祠堂、客厅，用以族人议事、执法及婚丧行礼等公共事务；[1][2] 外圈底层作厨房、畜圈等，二楼为储藏间，外墙均不对外开窗；上几层是卧室，对外开窗；内侧为廊，连通各间各户。也有不设回廊，各开间楼梯上下，形成一户户单元。

客家土楼的夯土技术和防御功能，亦令人赞叹。随着夯土技术的不断成熟，亦为了凸显更强大的防御功能，土楼一度变得体量更大，台基更高，墙体也更高更厚实，最高可达 5 层以上，最厚达 2 米多，宛若城池。此种土楼，以当地的生土、竹筋、松枝、鹅卵石等为建筑材料，以夯土为承载墙。由于生土内掺

---

① 《中国建筑史》编写组：《中国建筑史》，中国建筑工业出版社，1993，第133页。
② 《建筑设计资料集》编委会：《建筑设计资料集3》（第二版），中国建筑工业出版社，1994，第37页。

怀远楼　采自福建南靖梅林坎下村

少量石灰、糯米、红糖作黏合剂，并配不同粒径的沙、石屑、小卵石等，以适量的水拌合夯筑，故牢固如石。当然，夯土墙还具有防震、防火和隔热保温、冬暖夏凉等特点。此外，土楼的厚大木门外钉铁板，有的楼门上还装有防火水槽；[①] 高大的楼体还常有一条深约 3 米宽约 5 米的环形壕沟，如此与城池的护城河几无二致，其他普通民居更是难望其项背。

　　从以上也不难看出，无论是五凤楼，还是方楼、圆楼，一方面，它们的营

---

① 华觉明、李锦璐：《民间技艺》，中国社会出版社，2006，第46页。

造是"为适应阖门百口、数世同居的需要"[1];另一方面，它们"宅祠合一"，也体现了客家人对传统建筑礼制规范的遵循；还有一方面，就是聚居在土楼中的少则几十多则上百户，各家各户房间单元平均平等，不争门户，又体现了凝聚一心、同舟共济、防卫外侵的集体意识。

四川山地住宅

四川盆地多山地丘陵，加之气候炎热多雨，阴雾潮湿，于是平房瓦顶、四合头、大出檐成为主要的住宅形式。总体上，四川山地住宅建造灵活自由，经济方便。具体分析也可见以下特点：

其一，多依地形，就势而筑。为适应地形，住宅大多依山临水，后高前低，层层拔高。朝向上也较为灵活，不限朝南；且天井纵深较浅，一般不向纵深发展而较常横向并列。在地形坡度变化时，房屋分段跌落；沿溪河流处地形较陡或不便修整筑台时，则依地形布柱立基，称为"吊脚楼"，亦自然提供了贮藏隔热便利。这些构筑方式，既适应了高低不平的地势，又不损毁良田，还使住宅布局和结构呈现出错落有致的活泼节奏和优美旋律。也因此，山地住宅分散，常一宅一院。不过从另一方面讲，自然地依附和隐蔽于地形，加之也适当借用古林修竹、挖池堆石加以点化，倒也实现了人、环境、艺术的巧妙融合。

其二，布局灵活，空间变化有序。住宅有明显的中轴线但又不受中轴线的束缚。利用曲轴、副轴，使建筑随地形蜿蜒多变，曲折迭进，宜左宜右，忽上忽下，充满自然情趣。空间大、中、小结合，层次丰富，有小中见大的效果。在封闭的院落中设敞厅、望楼，取得外实内虚的效果。室内外空间交融，善于利用室外空间，将建筑空间结合环境自由延伸，使人工建筑与自然环境相映增辉。

---

[1] 吴卫光：《围龙屋建筑形态的图像学研究》，中国建筑工业出版社，2010，第31页。

其三，就地取材，结构紧致节俭。和许多地区封闭紧锢的型式相反，住宅结构多为穿斗式木构架，且屋顶前坡短后坡长，多外廊，深出檐，比较敞开外露，窗口开孔大。这样，既能避免雨水过多飘淋室内，也能避免夏日强烈阳光过多射入室内，还能给人以舒展空透、清明素雅的感觉。这种构架形式，其特点还在于所常用的杉木木料直径较小，因此不多用梁，而用柱以承檩椽。此外，材料采用的多是当地方便得到的石、砖、木、竹等。四川多砂岩，石工甚精，院坝常以石板满铺，而排水通畅。木料常以熟桐油涂刷，木纹天然，填壁粉白，与青灰瓦相衬，温润明朗，与绿化配合，色调甚好。[①]

云南一颗印

云南中部高原地区，四季如春，无严寒，多风。故住房墙厚（夯筑或土坯）瓦重（简板瓦一如北方）。因整体外观方整如印章，故俗称"一颗印"。

"一颗印"为土木结构，支架为木料的柱梁，楼板以木板做槽拼装，外墙用夯土、土坯筑，或用外砖为土——称为"金包银"。整体布局一般有明确的中轴线，入口有很强的导向性。典型的形式为三间四耳倒八尺，即三间正房，东西各两间厢房，进门处还建有倒座，进深八尺。大的有三间六耳、明三暗五等。正房常为楼房，上下皆廊，多有小天井，四周少有开窗。较大的住宅，由两个一颗印串联而成。[②]

这种生土建筑，用未加培烧的泥土夯墙，土坯砌屋，看起来很原始，但其舒适性、牢固性与经济实用程度，砖瓦房、钢筋水泥楼房难以相比。同时，房屋高低错落的串联组合，形成了一个相对独立的空间，倒也适合古代社会云南居民最普遍、最温馨的的生活要求。

---

① 《中国建筑史》编写组：《中国建筑史》，中国建筑工业出版社，1993，第135页。
② 《中国建筑史》编写组：《中国建筑史》，中国建筑工业出版社，1993，第135-137页。

吊脚楼

吊脚楼是中国西南地区的古老建筑，多为苗、壮、布依、侗、水、土家等族传统民居。由于当地"山高坡陡，平整和开挖地基极不容易，加上天气阴雨多变，潮湿多雾"[1]，故常临水而立、依山而建吊脚楼。其与大自然浑然一体，以所谓"左青龙，右白虎，前朱雀，后玄武"为最佳屋场，朝向或坐东向西，或坐西向东。

吊脚楼最原始的雏形为干阑式[2]，但严格上讲属于半干阑式建筑。其正屋建在河岸实地上，与之相连的厢房其余三边则悬空，靠立于坡下或水中的柱子支撑，屋顶盖瓦。房屋规模从一般人家的一栋4排扇3间屋，到大户人家的7柱4骑四合天井大院不等。吊脚楼一般分上下两层。下层关牲口，饲养家禽，放置农具或杂物。上层通风、干燥、防潮，是居室，内设卧室，外设堂屋。堂屋有开窗，置火塘，宽敞明亮，通风也好，是家人活动、休息和待客的地方。不过，亦有中

西江千户苗寨吊脚楼模型
采自西江苗族博物馆

---

[1] 华觉明、李锦璐:《民间技艺》，中国社会出版社，2006，第47页。

[2] 所谓干阑式建筑，是指"体量较大，下层悬空，上层铺木板作居住用的"（庄裕光《干阑建筑》）一种房屋。

间为堂屋，左右两边称为饶间，作居住、做饭之用。饶间又分为两半，前作火炕，后作卧室。当然，吊脚楼还常有绕楼的走廊，内设长凳，亦是家人休息的好处所。有的吊脚楼为三层建筑，较底层和二层而言，第三层则显得更宽敞、透风和干燥，除作居室外，还隔出小间用作储粮和存物。

总之，吊脚楼节约土地，造价较廉。它高悬地面既通风干爽，又能防毒蛇、野兽，还可在此喂养家禽。它常常坐落在极佳风景处，茂林修竹环绕，小桥流水穿梭，甚至群映在古木翠竹中，给人一种"天人合一"的美妙意境。

毡帐

蒙古、藏、哈萨克、维吾尔等族是中国古老的游牧民族，他们生活方式以放牧为主，四季转场，逐水草而居。这些民族的早期住所多是易于搭建和能随时拆卸迁移的活动房，也俗称"毡帐""穹庐""毡房""毡包"等。

蒙古族人民的蒙古包是较为典型的一种毡帐形式。蒙古包一般为圆形，直径4米多。由于经常迁徙，毡包构造轻便，安装或拆卸常在一小时之内完成。[1]蒙古包主要骨架皆为木制，常选当地不易变形的柳木、榆木和桦木等木材。架设前，先定好毡包所在位置和面向[2]，再铲去地面草皮，稍加平整、铺沙。为防地面进水，适当铺高沙面，或等毡包架好后再顺其周围挖出一圈排水沟。架设时，先安装乌得（门子）和哈那（网状支架），即将门子立好立正，再从门两边将有弹性的哈那一块块依次接好，节点用皮条绑扎。接着，根据包顶坡度、门向，用乌尼连接杆把套脑（天顶）装好，大的蒙古包还需增加巴根（立柱）来支撑套脑。再在骨架顶部及四壁蒙被羊皮或毛毡。最后，给套脑套装毡顶、小方顶。

---

① 《中国建筑史》编写组：中国建筑工业出版社，1993，第138—139页。
② 蒙古包一般面向东南。这是因为草原蒙古族自古崇尚太阳，有朝日之俗。

一般富户毡包多至六七座，有部落群居一处时，小规模的可达六七十座。包内地面沙上，则铺皮垫、三层毛毡。内部摆设分方位。东南为门户；正中为火位，置火炉供煮食、取暖；西北，供佛。以门户、火位和佛位为主线，西边是男人们的席位，东边是主妇和女人们席位，依序放置着鞋靴、马具、饮食、餐具及箱柜、衣物、头饰、胭脂、卧具等。火神之位，是蒙古人心中最神圣的地方，是家族繁衍兴旺的象征。

碉房

藏族分布于西藏、青海和甘肃南部一带。由于青藏高原独特而又恶劣的气候与环境，除了牧区的帐篷毡房，半农半牧区或农区的碉房亦是藏民的特色住宅形式。

所谓碉房，用片石、乱石垒砌或土筑，形如碉堡，故名，也称碉楼。藏族地区多山，且为石质板岩构造，易于剥落加工，故藏族碉房大多以片石作为砌筑墙体的主要材料。藏族工匠砌石技术娴熟，很少倚重测量工具。[1] 清代乾隆皇帝曾作诗《番筑碉》赞曰："不藉绳墨与规矩，能为百尺森岩峣。"

藏族碉房常在山地构筑，外为石墙，内为密柱支撑，方木作椽，木材或土面铺就楼层。用木材铺就楼层的方法亦有特点，即在梁椽上面用层层互相垂直、用料渐小的做法，依次铺就木肋、小树枝，最后再铺就夯实土面。这种充分利用树干及细枝末节的做法，对缺乏木材的藏区无疑很有必要。[2]

藏族碉房最高五层，一般三层。其底层当库房。二层用作起居、卧室、厨房等，为扩大空间，也常挑出墙外。三层（楼顶）设有晒台，可供晒物和散步、观光；有经堂，面东或面西，处住宅最好位置；或还有晒廊和厕所。一般楼房

---

① 华觉明、李锦璐：《民间技艺》，中国社会出版社，2006，第49页。
② 华觉明、李锦璐：《民间技艺》，中国社会出版，社2006，第50页。

藏族碉房

多小窗窄门，或有天窗无壁窗，以挡风御寒。复杂的构筑成的外有围墙的庭院式碉房，又因墙厚尺余至二尺，可当碉堡防御用，人住其中，着实也冬暖夏凉。

藏族碉房色彩总体材料本色，朴素协调，几无繁琐装饰。不外乎泥土的土黄色，石块的米黄、青、暗红色，顶多木料部分涂红，与明亮的墙面屋顶形成对比。不过贵族人家，有施加彩画和雕饰。[1]

阿以旺

由于地域广袤，新疆各族民居平面布局较自由灵活，多用平顶或拱顶。其中分布于天山南北的维吾尔族阿以旺住宅，最具代表性。

"阿以旺"在维吾尔族语中意为"明亮的处所"。阿以旺住宅是在阿克赛乃[2]中间开敞的空间上面再加上一个四侧带天窗的屋顶，一般高达 3.5–4 米，结构为木梁上排木檩。其住宅形式房屋连成一片，庭院在四周。前室阿以旺又叫夏室，为全宅中心，用于起居会客或小型歌舞活动。由于墙厚，柱子四周设炕

---

① 《中国建筑史》编写组：中国建筑工业出版社，1993，第140–141页。
② 阿克塞是新疆和田地区传统尼雅古民居的一种建筑形式，空间布局常有五种形式：庭院（欧伊拉）、外廊（辟希阿以旺）、无盖的内部空间（阿克塞乃）、无盖的小空间（开攀斯阿以旺）和有盖的内部空间（阿以旺）等。

台，上铺地毯，故室内冬暖夏凉，较之外廊、天井可应对风沙、寒冷、酷暑等不利天气。后室称冬室，作卧室，一般不开窗，壁面常做成各种尖券式壁龛。

由于维族爱好庭院生活，只要天气允许，种植花卉、果树和葡萄的宽敞庭院，亦可是待客、餐饮及弹唱与休息之所。至于夏日则更常是露宿院内。围绕庭院有敞廊、平台，铺地毯于平台上，是亲友欢聚歌舞之处。

此外，维族室内整洁美观，重视沐浴，特别讲求水源的洁净，盥洗用流水，清污分开，不泼污水。①② 即使在无渠水可引的情况下，几乎每户都会在庭院自打一口井，并严格保护水源，使其不受污染。

四、园林：虽由人作，宛自天开

中国自然式山水园，不管是皇家承德山庄，泉水汇流，堤岛楼阁，寺庙会所，平原与山地相得益彰，或是私家寄畅园，以山水为主，环境开朗，风光秀丽；也不论是早期周王汉帝囿苑草木鸟兽、自然滋生，魏晋南北朝华林园"翳然林水，便自有濠濮间想"③，抑或后期明拙政园池上理水、环以林木……在"天人合一"观念形态的孕育下，"以表现自然竟趣为目标，排斥规则、对称，力避人力修饰、造作气氛，在根本上和追求轴线对称划一、几何图形、分行列队、显示人力量的欧洲园林大相径庭"。④⑤

明代造园理论巨著《园冶》将建造园林所相之地分为山林地、城市地、村庄地、郊野地、傍宅地、江湖地六种，并阐明园林造园及相地的总要则：

① 《中国建筑史》编写组：中国建筑工业出版社，1993，第139-140页。
② 《建筑设计资料集》编委会：《建筑设计资料集3》（第二版），中国建筑工业出版社，1994，第31页。
③ 见（南朝刘宋）刘义庆《世说新语》："会心处不必在远，翳然林水，便自有濠濮间想也。"
④ 《中国建筑史》编写组：中国建筑工业出版社，1993，第144页。
⑤ 尹定邦主编：《设计学概论》，湖南科学技术出版社，2000，第85-89页。

凡结林园，无分村郭，地偏为胜，开林择剪蓬蒿；景到随机，在涧共修兰芷。径缘三益，业拟千秋，围墙隐约于萝间，架屋蜿蜒于木末。山楼凭远，纵目皆然；竹坞寻幽，醉心即是。轩楹高爽，窗户虚邻；纳千顷之汪洋，收四时之烂漫。梧荫匝地，槐荫当庭；插柳沿堤，栽梅绕屋；结茅竹里，浚一派之长源；障锦山屏，列千寻之耸翠，虽由人作，宛自天开……

园基不拘方向，地势自有高低；涉门成趣，得景随形，或傍山林，欲通河沼。探奇近郭，远来往之通衢；选胜落村，藉参差之深树。村庄眺野，城市便家。新筑易乎开基，只可栽杨移竹；旧园妙于翻造，自然古木繁花。如方如圆，似偏似曲；如长弯而环璧，似偏阔以铺云。高方欲就亭台，低凹可开池沼；卜筑贵从水面，立基先究源头，疏源之去由，察水之来历。临溪越地，虚阁堪支；夹巷借天，浮廊可度。倘嵌他人之胜，有一线相通，非为间绝，借景偏宜；若对邻氏之花，才几分消息，可以招呼，收春无尽。架桥通隔水，别馆堪图；聚石叠围墙，居山可拟。多年树木，碍筑檐垣；让一步可以立根，斫数桠不妨封顶。斯谓雕栋飞楹构易，荫槐挺玉成难。相地合宜，构园得体。

由此不难看出，中国传统园林讲究善借山川林泉、一草一木之本源，力求"自成天然之趣，不烦人事之工"，追求山环水绕、幽曲有情的园林景观意境。

囿

囿，是园林的雏形，始于殷商。之后，又称"苑"，或合称"囿苑"，但实则有别。所谓"囿"，划出范围，或筑界垣，"口"中含"有"表示狩猎场，本义为帝王贵族之猎园；而"苑"中之"夗"意为"敞开的""敞口的"，实指开放的动植物园。

《诗·大雅·灵台》中记述了最早的周文王灵囿："王在灵囿，麀鹿攸伏。麀鹿濯濯，白鸟翯翯。王在灵沼，於牣鱼跃。"意思是说："君王在那大园林，母鹿懒懒伏树荫。母鹿肥壮毛皮好，白鸟羽翼真洁净。君王在那大池沼，啊呀满池鱼窜蹦。"秦汉以后，囿都建于宫苑中。如历史上最负盛名的苑囿之一的汉武帝"上林苑"，西汉司马相如在《上林赋》是这样记载的："终始灞浐，出入泾渭。酆镐潦潏，纡馀委蛇，经营乎其内。荡荡乎八川，分流相背而异态。东西南北，驰骛往来。"由此可见，汉武帝的这块尚武之地"八水绕长安"的雄伟规模。

早期无论囿、苑，都是专供帝王贵族狩猎、游乐之用，少不了灵台、宣曲、观物赏玩之类人造建筑，太液池也时被挖掘出来①。同时，也确有《上林赋》中所说的"徒事争于游戏之乐，苑囿之大，欲以奢侈相胜，荒淫相越"之嫌。然而，其自然山水之间，还是都允许草木鸟兽自然滋生繁育，更多的依然是朴素的自然景观。这大概也是之后中国园林一直就离不开自然生境的根源。

艮岳

古时北方多帝王之都，皇家园林奢华气派屡见不鲜，细腻温润之美大抵欠缺。但宋徽宗营造的艮岳则不然。

艮岳地处汴京宫城东北隅，契合了"艮"②在八卦中的东北方位之义和为山之象。艮岳于宋徽宗政和七年（1117）兴工，宣和四年（1122）竣工，初名万岁山，后改名艮岳、寿岳、华阳宫等。

从宋代徽宗《御制艮岳记》、蜀僧释祖秀《华阳宫记事》、张淏《艮岳记》及元人《宋史·地理志一》等历代文献中，大致可梳理出艮岳众山环列、中间溪苑的恢宏形势：北山万岁山，稍稍偏东，山周十余里，其最高一峰九十步，上有亭曰介，分东、西二岭，直接南山。其东高峰峙立；其南寿山嵯峨，两峰

---

① 上林苑，用太液池所挖土堆成岛，象征东海神山，开创了人为造山的先例。
② 艮，在八卦中，为山之象，若作方位，指东北方。

祥龙石图 宋徽宗赵佶绘，绢本，故宫博物院藏

并峙，列嶂如屏，瀑布下入雁池；其西则筑西庄，室若农家；又西万松岭，上下设两关，出关下平地，有大方沼，沼水西流为凤池，东出为研池。

至于园林营造，可从《御制艮岳记》中略知："于是按图度地，庀徒僝工，累土积石，设洞庭湖口、丝溪、仇池之深渊，与泗滨、林虑、灵璧、芙蓉之诸山，取瑰奇特异瑶琨之石，即姑苏、武林、明、越之壤，荆、楚、江、湘、南粤之野，移枇杷、橙、柚、橘、柑、椰、栝、荔枝之木、金峨、玉羞、虎耳、凤尾、素馨、渠那、茉莉、含笑之草，不以土地之殊，风气之异，悉生成长养于雕阑曲槛。而穿石出罅，冈连阜属，东西相望，前后相属，左山而右水，沿溪而傍陇，连绵而弥满，吞山怀谷。"尤其是从太湖以"高广数丈，载以大舟，挽以千夫，凿河断桥，毁堰拆闸，数月乃至"[1]的艮岳美石，更是尽显艮岳的恢宏奢华与温润细腻。

显然，徽宗皇帝本人的《御制艮岳记》也更能精确地概括艮岳胜概："东南万里，天台、雁荡、凤凰、庐阜之奇伟，二川、三峡、云梦之旷荡，四方之远且异，徒各擅其

---

① 见(元)聚优脱脱、阿鲁图等《宋史·地理志一》。

一美，未若此山并包罗列，又兼其绝胜，……"

据传，艮岳一说乃宋徽宗即位之初，未有子嗣，故为克服京城东北隅平缓地势的"少增高之"①之法。不过，宋徽宗倾举国之力营造的"心灵花园"，虽融合了江南园林与皇家园林的各自气质，但快哉之时却又是短暂的。毕竟，搜刮天下，大兴"花石纲"构筑崇高富贵的欲望，终不可乐也。元初名儒郝经《龙德故宫怀古》中的一首写道："万岁山来穷九州，汴堤犹有万人愁。中原自古多亡国，亡宋谁知是石头？"正所谓"以石为胜，因石亡国。"

承德避暑山庄

河北承德避暑山庄地处燕山深处，武烈河西岸一带狭长的谷地上，与周围寺庙一起，为清康熙在承德北郊热河泉源处建造的离宫。由于地处内蒙古高原与华北平原的过渡带，地势较高，又四周环山，故这里四季气候相对宜人，亦给人万象引领、众象朝揖的印象。

承德避暑山庄周长约 20 华里，围有雉堞②城墙，似有长城寓意。整体布局巧用地形，因山就势，分区明确。整个山庄分为南部宫殿区、东南湖泊区、东北平原区、西北山峦区四大部分，几乎是中国自然地貌的缩影。宫殿区位于湖泊南岸，地形平坦，用于皇帝避暑、处理政务和生活起居。湖泊区水面森弥，堤岛布列其间，富浓郁的江南情调。东北角有热河泉流汇聚。平原区树木茂密成林，牧草丛生，是习射、竞技、宴会的好场所。山峦区面积约占全园的五分之四，山峦起伏，沟壑纵横；楼堂殿阁、寺庙依地形点缀其间，错落有致。③④

---

① 见（宋）张淏《艮岳记》："徽宗登极之初，皇嗣未广，有方士言：'京城东北隅，地协堪舆，但形势稍下，倘少增高之，则皇嗣繁衍矣。'"
② 雉堞，一般是指古代城墙上掩护守城人用的矮墙，也泛指城墙。
③ 《中国建筑史》编写组：中国建筑工业出版社，1993，第157-159页。
④ （明）计成著，赵农注释：《园冶图说》，山东画报出版社，2003，第16-17页。

烟雨楼 采自河北承德避暑山庄

此外，作为山庄的延伸部分，园外东部和北部的外八庙各式汉、藏、蒙、维等民族建筑，与庄内建筑意蕴呼应，象征着清王朝的多民族一统。[1]

承德避暑山庄以朴素淡雅的自然野趣为格调，取自然山水之本色，吸收江南塞北之风光，宫殿与天然景观和谐地融为一体。但也很显然，承德避暑山庄不同于通常意义上供游憩的皇家园林，它作为清王朝政治的工具，亦有着联络蒙古王公贵族的感情，加强北部边疆管辖，乃至象征疆土、天下朝中的政治意

---

① 陶友华、居阅时、王经纬：《承德避暑山庄及外八庙建筑蕴涵的政治意义》，《建筑文化》2006年第4期，第17—20页。

图。正如乾隆在《避暑山庄百韵诗》序中写道："我皇祖建此山庄于塞外，非为一己之豫游，盖贻万世之缔构也。"

清漪园

清漪园坐落在北京城西北郊，圆明园之西，玉泉山静明园之东，现为颐和园。清漪园于乾隆十五年（1750）始建，据说这块山水园林宝地，早在辽金元时期就有开发。清漪园建成后，北京西北郊就形成了一个庞大的"三山五园"[①]皇家园林集群。

清漪园占地约290公顷，总体规划以杭州西湖为蓝本，为山嵌水抱的背山面水格局。其水面约占全园面积的四分之三，水面之大独冠北京诸园，可谓以水取胜。园内分宫廷区、万寿山和昆明湖三大部分，亦以万寿山山脊为界，分为南面前山前湖和北面后山后湖两个景区。园内东北端的宫廷区内，外朝正殿勤政殿，与大宫门、二宫门构成东西向的中轴线。坐北的万寿山及中央建筑群以巍峨高耸的佛香阁为中心，安排"一主四辅"五条轴线，统领了整个前山从严整到自由、从浓密到疏朗的建筑布局。万寿山北麓山脚湖水随山形地貌演变为一条舒缓宁静的河流，顺地势而开合。前湖昆明湖则由西堤及其支堤划分为三个水域，湖面广阔，碧波荡漾，蜿蜒迤逦，湖中鼎列南湖岛、藻鉴堂、治镜阁三个大岛。这是中国传统园林中典型的"一池三山"筑山理水格局。

乾隆九年（1744），乾隆帝在《御制圆明园后记》中夸耀圆明园"规模之宏敞，邱壑之幽深，风土草木之清佳，高楼邃室之具备"的同时，亦表示"后

[①] "三山五园"最早见于咸丰十年（1860）暴源清《卜竹斋文集》中的记载："九月初，夷人烦五园三山，圆明园内外胜景，悉成微烬矣。"其具体所指，一种说法认为，是指万寿山、香山、玉泉山，以及山上的清漪园、静宜园、静明园及附近的圆明园与畅春园，统称五园（见《中国古代建筑史·清代卷》）；另一种说法认为，是指香山静宜园、万寿山清漪园、玉泉山静明园，以及圆明园、长春园、绮春园（三者合称圆明园）和畅春园、西花园（两者合称畅春园），山和园不应该分开，是指八座园林；还有一种说法认为是北京西郊一带皇家行宫范围的总称。

颐和园十七孔桥 采自中国邮政 2008-10

世子孙必不舍此而重费民力，以创建苑囿"。然时隔不久，乾隆帝还是自食其言建起了清漪园。他在《御制万寿山昆明湖记》碑文中表述了修建清漪园的两个理由：一是对于西湖（昆明湖）"不宜听其淤阏泛滥而不治"，二是"得泉瓮山而易之曰万寿""恭逢皇太后六旬大庆"，即为母祝寿。或许，在"景仰放勋之，迹兼寓习武之意"的同时，清漪园以杭州西湖为蓝本进行改造和规划，也足见六下江南的乾隆帝对山水园林及西湖的钟爱。事实上，对昆明湖的疏浚，形成了玉泉山——玉河——昆明湖——长河这样一个可调控的供水体系，客观上确使京城的水利得到了改善。此外，昆明湖东南西三面均不设宫墙，园内园外及远近景观浑然一体。极目远望，实乃营造了一派"三山五园"的庞大山水景观，也正所谓一园始成，全局皆活。

清漪园是中国现存最完整、最著名，规模最大的古典皇家行宫御苑，被誉为"皇家园林博物馆"。只是遗憾的是，它同圆明园一样，虽一度如万寿山一样呈一峰独耸之势，但也见证了被外强和内乱几遭劫掠、焚毁和破坏的一段历史。这或许也是我们应该汲取的历史教训。

杭州灵隐寺

灵隐寺，又名云林寺，地处杭州西湖以西的灵隐山麓，背靠北高峰，面朝飞来峰，始建于东晋咸和元年（326），占地面积约87000平方米。其开山祖师相传为1600多年前的西印度僧人慧理和尚。后世南朝、五代、宋代、清代均有兴建。

灵隐寺总体规划与江南其他寺院格局大致相仿，即沿中轴线形成五层格局：首进"威镇三州"的天王殿，再入雄伟庄重的大雄宝殿，再依次为药师殿、藏经楼（下设法堂）、华严殿。同时向两翼分布五百罗汉堂、道济殿、客堂、祖堂、大悲阁、龙宫海藏等。灵隐寺鼎盛时，曾有九楼、十八阁、七十二殿堂，僧房一千三百间。

至于自然景观，最为称道的乃是灵隐寺临冷泉溪而建，溪水与道路相伴，如桃花源一般，引导市井中人由东晋的钱塘县治进入幽静的山寺。另五百罗汉堂西北建冽泉，借假山叠石形成自然瀑布流入阿耨达池，池边建有"具德亭"，以纪念清初具德中兴灵隐之功。

宋代苏轼七言绝句《游灵隐寺得来诗复用前韵》反映了灵隐寺一时的规模与盛况。尤其是诗中的"溪山处处皆可庐，最爱灵隐飞来峰"一句，更是表明了他对此地的情有独钟。由此看来，无论晴晴雨雨，无论阴阴阳阳，当年苏东坡倒能随遇而安，其眼里的杭州似乎不比他的故乡四川逊色。

灵隐寺取"仙灵所隐"之意，千百年来不仅环境清幽，而且香火鼎盛。实际上，灵隐寺亦是中国传统寺观园林的典型代表。

辋川十景图（局部）　（明）仇英　辽宁省博物馆藏

辋川园

　　唐代诗人王维隐居的辋川园，亦称辋川别业，在今陕西蓝田县南辋谷内。《蓝田县志》卷六说："辋川口即峣山之口，去县南八里，两山夹峙，川水从此北流入灞，其路则随山麓凿石为之，计五里许，甚险狭，所谓匾路也，此第一区也。过此则豁然开朗，团转而南，凡十三区，其胜渐加，计三十里至鹿苑寺，即王维别墅。"

　　今日辋川，王维营造的辋川园早已无存，但其所作的山水田园诗画倒是可以让人稍作徜徉。王维著名的《辋川集》中描绘了辋川二十景，有华子冈、文杏馆、鹿砦、临湖亭、柳浪、金屑泉、白石滩、竹里馆、漆园、椒园等，俨然呈现了一幅井然有序的长卷辋川图：园林精巧别致，山水清秀，境界静美，令人赏心悦目。《辋川图》[①] 亦然：亭台楼榭，墙廊围绕，掩映于群山绿水之中，

————————

① 《辋川图》为王维在当时京都千福寺所作的壁画。

古朴端庄；别墅外，山下云水流肆，偶有舟楫过往。

或许，大凡自然之山水都不及诗画中之山水，王维的辋川也是这样。《终南别业》曰："中岁颇好道，晚家南山陲。兴来每独往，胜事空自知。行到水穷处，坐看云起时。偶然值林叟，谈笑无还期。"《山居秋暝》曰："空山新雨后，天气晚来秋。明月松间照，清泉石上流。竹喧归浣女，莲动下渔舟。随意春芳歇，王孙自可留。"诵的都是对政通人和理想境界的憧憬。或许，王维的这座"终南别业"并不算豪华，亦不阔绰，而是以静寂、归返的自然心境见长。也许是，王维成就了辋川之美。

崇庆罨画池

四川崇庆罨画池[①]，始建于唐朝，初名"东亭"。宋代，江原知县赵抃在园中开凿罨画池，之后苏元老、陆游等文人雅士也有营造，园林格局大体奠定。明代，为纪念陆游等，在原园林南侧修建了陆游祠及文庙。正可谓罨画池、陆游祠、崇州文庙，三位一体，相得益彰。

罨画，意为彩色的画。想来罨画池也自然是整个园区最出彩的部分。从布局形式上来看，罨画池区域为典型的内向环形式。尊经阁、琴鹤堂、望月楼、三折桥及梅花、杨柳各色植物等环布在开阔的湖面周围，营造了一个休闲娱乐的区域。尤其是位于罨画池湖心小岛上的罨画亭，为两层木结构，重檐四角攒尖，以砖瓦石铺就，在树木掩映之下，乍看似觉偶然、随意，但或许实则有意而为之。它收束着湖周的视线，亦是园中的点景。植物繁茂，枝条垂下，悠闲自得于亭中，亦可收揽湖面及四周美景。难怪陆游曾写诗道："罨画池边小钓矶，垂竿几度到斜晖。青苹叶动知鱼过，朱阁帘开看燕归。"好一幅"画中有诗，诗中有画"的美好境界。

---

① 罨画池整个园林面积34541平方米，其中水面14600平方米，建筑面积5946平方米。

罨画池作为早期带有私家园林特点的衙署园林，无疑是巴蜀园林中川西园林的代表。它疏朗雅洁，山水亭台相映，别具一格，给人"再入唐时画境、池波寄意无穷"的感觉。当然，纵观巴蜀大地，较之于江南园林，巴蜀园林用"古雅清旷、飘逸乡青"来形容，一点也不为过。一来，巴蜀地区多浅丘平原、河流，石材资源丰富，故较之江南无园不备的叠山置石、人造瀑布及溪涧构景，巴蜀园林有的是天然的静山动水。二来，巴蜀地区与江南虽同属亚热带季风气候区，但毕竟土质不尽同，日照也有长短，前者土壤较肥厚，后者土质较松软，故前者植物搭配更显古朴、自然，比重也大，而后者搭配绚丽明快，较精致。再者，巴蜀园林地区气候炎热，湿度较大，加之长期远离北方统治中心，还是道教的发源地，所以园林建筑以通气为主，布局开放、造型轻巧、色彩素淡，似乎比丰富别致而又华贵的江南园林多了几分豁达飘逸的韵味。

　　此外，巴蜀地区民风豪爽直率，盛行英雄及名贤崇拜，少愁苦，多逸乐，所以，盛兴历史名人纪念性质的巴蜀园林，自然不同于世俗与隐逸浪漫交织的江南园林，着实是多了大众民俗的意蕴。

拙政园

　　位于苏州城东北隅的拙政园，是苏式古典园林的代表。明代正德初年（16世纪初），官场失意的御史王献臣，无奈回乡，最终以大弘寺旧址拓建为园，并撷取西晋潘岳《闲居赋》[①]中"拙政"二字，乃为园名。

　　拙政园的整体布局分东、中、西和住宅四个部分。东部是归田园居，以平冈远山、松林草坪、竹坞曲水为主，配以山池亭榭。中部以水花池为中心，池旷树茂，景色自然，是全园精华所在。亭台楼榭多临水布置，形体不一，高低

---

① 西晋潘岳《闲居赋》云："筑室种树，逍遥自得。池沼足以渔钓，春税足以代耕。灌园鬻蔬，以供朝夕之膳。牧羊酤酪，以俟伏腊之费。此亦拙者之为政也。"

错落，主次分明，亦有直出于水中。主体建筑远香堂，为四面厅类型，门开南北，周边和东西设有落地明罩，可四面观赏佳景。远香堂东边玲珑湖石假山山巅立有绣绮亭，造型精美，与堂一高一下互对互借。由此，不难看出远香堂在园内中部的中心地位，正所谓："凡园圃立基，定厅堂为主，先乎取景，妙在朝南。"① "奠一园之体势者，莫如堂。"② 西部为补园，水面迂回，布局紧凑，依山傍水建以亭阁，水石、水廊、溪涧曲折起伏、凌波而过。住宅为典型的苏州民居，采用江南传统民居典型的多进格局。

总体上，拙政园"有积水亘其中，稍加浚治。环以林木。……至是，水折而北，滉漾渺弥，望若湖泊，……凡诸亭槛台榭，皆因水为面势。"③ 园内"池上理水"，并缀为花圃、竹丛、果园、桃林，正所谓："广袤二百余亩，茂树曲池，胜甲吴下。"④

四百多年来，拙政园几度分合，或为私人宅园，或是王府治所，或散为民居，留下

明. 文徵明. 拙政园园景小飞虹
采自(明)文震亨《长物志》

---

① 见(明)计成《园冶》。
② 见(清)沈元禄《记猗园》："奠一园之体势者，莫如堂;据一园之形胜者，莫如山。"
③ 见(明)文徵明《王氏拙政园记》。
④ 见(明·隆庆)《长洲县志》载："拙政园广袤二百余亩，茂树曲池，胜甲吴下。"

拙政园景　采自苏州拙政园

了许多诱人探寻的遗迹和典故。但从拙政园中的建筑物名来看，大都仍与"拙政"理念和荷花有关，如秫香馆、枇杷园、劝耕亭、得真亭、志清处、意远台，如水花池、荷风四面亭等等。这些就权当是当初的王献臣想借这一方小天地自嘲，并表达他那孤高不群的清高品格吧。

留园

留园位于苏州阊门夕，原为明代万历年间太仆寺少卿徐泰时的私家园林——东园，约40多亩，其"泉石之胜，华木之美，亭榭之幽"[1]，"虽由人作，宛自天开"。

陈从周在《说园》里说："中国园林是由建筑、山水、花木等组合而成的

---

① 见（清）俞樾《留园记》。

一个综合艺术品,富有诗情画意。"又说:"模山范水""一园之特征,山水相依""水随山转,山因水活"。还说:"中国园林妙在含蓄,一山一石耐人寻味。"北宋郭熙也曾说过:"山得水而活""水以山为面""水得山而媚"。[①] 这些造园至理,在留园中都能得到极好的阐释。

留园以水池花园为中心,山石、林木及建筑藏露互引,山水兼长。池东、池南以错落的建筑为主,有楼阁亭轩、堂馆房庵诸构,为典型南厅北水、隔水相望的江南宅院模式。池西堆筑土石假山,其上黄石雄奇古拙,于闻木樨香轩则可俯览全园。池北为田园风光,假山小亭,竹李桃杏与白皮松木交映。还有东区的游廊与西侧的爬山廊,成为贯穿全园的外围廊道,曲折、迂回而富于变化。

在中国传统文化中,山、石是人文性格的物化表现。园林庭院中的垒石造景,反映一种怀旧情绪和回归自然的慰藉。三国时期杨泉《物理论》曰:"土精为石。石,气

留园太湖石 采自苏州留园

---

① 见北宋杰出山水画家、绘画理论家郭熙《林泉高致》:"山以水为血脉,以草木为毛发,以烟云为神彩,故山得水而活,得草木而华,得烟云而秀媚。水以山为面,以亭榭为眉目,以渔钓为精神,故水得山而媚,得亭榭而明快,得渔钓而旷落,此山水之布置也。"

之核也。气之生石，犹人筋络之生爪牙也。"留园内石屏奇石异峰，玲珑多姿，巧趣天成。有大理石圆心插屏，有各式浓书卷气的书条石，有见证地球历史的侏罗纪鱼化石，有奎宿、玉女、箬帽、青芝、累黍、一云、印月、猕猴、鸡冠、拂袖、仙掌、干霄十二奇石，还有"不出城郭而获山林之趣"的最高湖石峰冠云峰，以及其左右的瑞云、岫云二峰等等，不一而足。一石清供，千秋如对，看来，园乃留园之魂，石乃留园之魄，同样不虚。

清晖园

清晖园，位于广东省顺德市，原为明末状元黄士俊所建的黄氏花园，后由清代进士龙应时一氏购得。园名取自"谁言寸草心，报得三春晖"[①]，以示报答父母如日光和煦普照之恩德。郭沫若有《游清晖园》七律，诗曰："弹指经过廿五年，人来重到凤凰园。蔷薇馥郁红逾火，芒果茏葱碧入天。千顷鱼塘千顷蔗，万家桑土万家弦。缘何篁竹犹垂泪？为喜乾坤已转旋。"这生动传神地描述了清晖园欣欣向荣的家园风貌。

清晖园布局精巧，不拘一格，既有苏式园林艺术精华，又因地制宜，环境清雅。园内船厅、竹苑、小蓬瀛、笔生花馆等各种建筑小空间，与庭院中的方池相互衬托，相互巧妙地"借景"，营造了一组一组相对独立的景致。池塘周围还布有游廊或石路小径。故而形成了园中有园、活而不乱、变中有序的特点。清晖园没有极力叠造假山，其为山之道，在于西见梯云山、南引凤山的借景之妙法。故园内池塘仿如远方山脚下的山塘，与山景浑然一体。

清晖园的造园特色，首先在于园林的实用性。为适合南方炎热气候，布局前低后高，前疏后密，同时流而不空，密而不塞。造型上，每间建筑物的正面

---

① 见唐孟郊《游子吟》："慈母手中线，游子身上衣。临行密密缝，意恐迟迟归。谁言寸草心，报得三春晖。"

朝向院子，设置的门窗轻巧灵活，开敞通透。其次，作为岭南园林的杰出代表，园林艺术颇具匠心。园内水木清华，构筑独具，景趣盎然。碧水、吉墙、漏窗、石山、小桥、曲廊与亭台楼阁交互融合，绿柳、银杏、龙眼、玉棠、沙柳与花果互相辉映。再次，园内俯仰之间，即拾艺术精品。有大量装饰性和欣赏性的陶瓷、灰塑、木雕、玻璃，更有一套清朝乾隆年间的"羊城八景"套色雕刻玻璃珍品。此外，妙联佳句笔趣诗情还在，名人雅士音韵尚存。

事实上，位于珠三角水乡的清晖园清雅幽深，除了园名，那一色的青砖灰瓦、绿树白花更是日常之道。当然，一鉴方塘，万千气象。清晖园也透过名士的诗画吟唱，凸显着它的风雅。清晖园后来的主人龙元任就说过："品山如品文，不喜平与直。"

参考文献

一、著作类

[1] 蔡元培.中国伦理学史[M].北京：北京大学出版社，2009.

[2] 冯友兰.中国哲学史[M].上海：华东师范大学出版社，2013.

[3] 钱穆.中国文化史导论（修订本）[M].北京：商务印书馆，1994.

[4] 费孝通.乡土中国·乡土重建[M].北京：北京联合出版公司，2018.

[5] 张岱年.中国伦理思想发展规律的初步研究；中国伦理思想研究[M].北京：中华书局，2018.

[6] 张岱年，程宜山.中国文化精神[M].北京：北京大学出版社，2015.

[7] 张岱年，方克立.中国文化概论[M].北京：北京师范大学出版社，2019.

[8] 汤一介.和而不同[M].沈阳：辽宁人民出版社，2001.

[9] 陈来.中华文明的核心价值：国学流变与传统价值观[M].上海：生活·读书·新知三联书店，2015.

[10] 郭齐勇.中国文化精神的特质[M].上海：生活·读书·新知三联书店，2018.

[11] 葛剑雄.统一与分裂：中国历史的启示[M].北京：商务印书馆，2013.

[12] 程宜山，刘笑敢，陈来.中华的智慧[M].北京：中华书局，2017.

[13] 周昆叔.环境考古研究·第一辑[M].北京：科学出版社，1991.

[14] 葛兆光.宅兹中国——重建有关"中国"的历史论述[M].北京：中华书局，2011.

[15] 王玉德，张全明.中华五千年生态文化（上）[M].武汉：华中师范大学出版社，1992.

[16] 王玉德，林立平，等.神秘的术数：中国算命术研究与评判[M].桂林：广西人民出版社，2003.

[17] 王玉德，姚伟钧，曾磊光.神秘的八卦：《周易》研究纵横观[M].桂林：广西人民出版社，2003.

[18] 田昌五.华夏文明的起源[M].北京：中国国际广播出版社，2010.

[19] 徐复观.中国艺术精神[M].上海：华东师范大学出版社，2001.

[20] 房列曙，木华.中国文化史纲[M].北京：科学出版社，2001.

[21] 陈江风.天人合一/观念与华夏文化传统[M].上海：生活·读书·新知三联书店，1996.

[22] 卢政等著.中国古典美学的生态智慧[M].北京：人民出版社，2016.

[24] 王永祥.董仲舒评传[M].南京：南京大学出版社，1995.

[25] 管东贵.从宗法封建制到皇帝郡县制的演变：以血缘解纽为脉络[M].北京：中华书局，2010.

[26] 王雨辰.走进生态文明[M].武汉：湖北人民出版社，2011.

[27] 任俊华，刘晓华.环境伦理的文化阐释——中国古代生态智慧探考[M].长沙：湖南师范大学出版社，2004.

[28] 罗顺元.中国传统生态思想史略[M].北京：中国社会科学出版社，2015.

[29] 赵杏根.中国古代生态思想史[M].南京：东南大学出版社，2014.

[30] 罗有亮.民族民间生态智慧研究[M].北京：人民出版社，2015年.

[31] 廖国强，何明，袁国友.中国少数民族生态文化研究[M].昆明：云南人民出版社，2006.

[32] 鲁西奇.中国历史的空间结构[M].桂林：广西师范大学出版社，2014.

[33] 张立文.中国传统文化与人类命运共同体[M].北京：中国人民大学出版社 2018.

[34] 孙小礼.莱布尼茨与中国文化[M].北京：首都师范大学出版社，2006.

[35] 梁町，[意]曼梓尼.持续之道：中国可持续生活模式的设计与探讨[M].广州：岭南美术出版社，2006.

[36] 戴逸，龚书铎.中国通史[M].北京：海燕出版社，2000.

[37] 尹定邦.设计学概论[M].长沙：湖南科学技术出版社，2000.

[38] 武冈子.大中华文化知识宝库[M].长沙：湖北人民出版社，1993.

[39] 邓福星.中国民间美术学导论[M].哈尔滨：黑龙江美术出版社，2003.

[40] 杭间.手艺的思想[M] 济南：山东画报出版社，2001.

[41] 华觉明，李锦璐.民间技艺[M].北京：中国社会出版社，2006.

[42] 钟永圣.中国传统经济学智慧[M].北京：世界知识出版社，2015.

[43] 褚海萍.节俭文化与消费转型研究[M].北京：人民出版社，2018.

[44] 都贻杰.遗落的中国古代器具文明[M].北京：中国社会出版社，2007.

[45] 孙机.中国古代物质文化[M].北京：中华书局，2015.

[46] 逄金一.中国风尚史·先秦卷[M].济南：山东友谊出版社，2015.

[47] 中国硅酸盐学会主编.中国陶瓷史[M].北京：文物出版社，1982.

[48] 吴仁敬，辛安潮.中国陶瓷史[M].长沙：湖南大学出版社，2014.

[49] 国家图书馆（国家古籍保护中心），中国科学院自然科学史研究所.格致考工源流：中国古代科技发明创造[M].北京：北京大学出版社，2020.

[50] 陈汗青.系统设计[M].武汉：武汉理工大学艺术与设计学院，2001.

[51] 梁思成.图象中国建筑史[M].费慰梅，编.梁从诫，译.天津：百花文艺出版社，2001.

[52] 梁思成.清式营造则例[M].北京：中国建筑工业出版社，1981.

[53] 梁思成.中国建筑史[M].天津：百花文艺出版社，1988.

[54] 梁思成.林洙编：中国建筑艺术[M].北京：北京出版社，2016.

[55] 梁思成.中国建筑的特征[M].武汉：长江文艺出版社，2020.

[56] 丰子恺.丰子恺谈建筑[M].北京：东方出版社，2005.

[57] 陈从周.说园[M].上海：同济大学出版社，2007.

[58] 田学哲.建筑初步[M].北京：中国建筑工业出版，1999.

[59] 王其亨.风水理论研究[M].天津：天津大学出版社，1992.

[60] 于希贤.法天象地——中国古代人居环境与风水[M].北京：中国电影出版社，2006.

[61] 董鉴泓.中国城市建设史[M].北京：中国建筑工业出版社，1989.

[62] 《中国建筑史》编写组.中国建筑史[M].北京：中国建筑工业出版社，1993.

[63] 张驭寰.中国城池史[M].北京：中国友谊出版公司，2015.

[64] 建筑设计资料集3（第二版）[M].北京：中国建筑工业出版社，1994.

[65] 王大有.人类理想家园[M].北京：中国时代经济出版社，2005.

[66] 聂鑫森.触摸古建筑[M].长沙：湖南美术出版社，2002.

[67] 单士元.故宫营造[M].北京：中华书局，2015.

[68] 孙建君.中国民间美术[M].北京：高等教育出版社，2000.

[69] 王鲁湘.中国乡土建筑[M].杭州：浙江人民美术出版社，2006.

[70] 刘枫.门当户对：中国建筑·门窗[M].沈阳：辽宁人民出版社，2006.

[71] 何跃青.堪舆文化[M].北京：外文出版社，2011.

[72] 吴卫光.围龙屋建筑形态的图像学研究[M].北京：中国建筑工业出版社，2010.

[73] 王夷典.平遥县志[M].太原：山西经济出版社，2008.

[74] 和湛.丽江文化荟萃[M].北京：宗教文化出版社，2000.

[75] 余治淮，余济海.刘星明摄影：皖南古村落——黟县西递·宏村[M].广州：

广东旅游出版社，2003.

[76] 广州市海珠区人民政府，广州市政府侨务办公室.走进黄埔村[M].广州：广东教育出版社，2012.

[77] 北京市房山区南窖乡水峪村志编编纂委员会.水峪村志.2019.

[78] 何林福，李望村.张谷英村[M].南京：江苏教育出版社，2005.

[79] 孙伯初.天下第一村[M].长沙：湖南文艺出版社，2003.

[80] 周易[M].靳极苍，详解.太原：山西古籍出版社，2003.

[81] 易经[M].梁海明，译注.太原：山西古籍出版社，1999.

[82] 南怀瑾.易经杂说[M].上海：复旦大学出版社，2019.

[83] 周礼[M].徐正英，常佩雨，译注.北京：中华书局，2014.

[84] 戴吾三.考工记图说[M].济南：山东画报出版社，2003.

[85] （清）戴震.考工记图[M].陈殿，校注.长沙：湖南科学技术出版社，2014.

[86] 尚书[M].王世舜，王翠叶，注.北京：中华书局，2012.

[87] 山海经[M].方韬，译注.北京：中华书局，2011.

[88] 论语[M].王超，译.北京：北京联合出版公司，2015.

[89] 诗经（上、下）[M].王秀梅，译.北京：中华书局，2015.

[90] 礼记[M].胡平生，张萌，注.北京：中华书局，2017.

[91] 孟子[M].王常则，译注.太原：山西古籍出版社，2003.

[92] 荀子[M].孙安邦，马银华，译注.太原：山西古籍出版社，2003.

[93] 老子[M].汤漳平，王朝华，译注.北京：中华书局，2014.

[94] （春秋）李耳，（战国）庄周.老子·庄子[M].北京：北京出版社，2006.

[95] 赵凤远.庄子的生态审美智慧解析[M].济南：山东人民出版社，2014.

[96] 墨子[M].徐翠兰，王涛，译注.太原：山西古籍出版社，2003.

[97] 管子（上、下）[M].李山，轩新丽，译.北京：中华书局，2019.

[98] （战国）管辂.管氏地理指蒙》，梁炜彬评注，[M].北京：中国广播电视出版

社，2010.

[99] 左传（上、中、下）[M].郭丹，程小青，李彬源，译.北京：中华书局，
2016.

[100] 韩非子[M].高华平，王齐洲，张三夕，注.北京：中华书局，2015.

[101] 楚辞[M].林家骊，译注.北京：中华书局，2015.

[102] （战国）黄石公.素书[M].李慧，李彦舟，释评.北京：经济日报出版社，
2012.

[103] 司马迁等.二十四史[M].李克，整理.北京：北京联合出版公司，2018.

[104] （西汉）董仲舒.春秋繁露[M].张世亮，钟肇鹏，周桂钿，译.北京：中华书
局，2012.

[105] （西汉）刘安.淮南子（上、下）[M].陈广忠，注.北京：中华书局，2012.

[106] （西汉）泛胜之.泛胜之书［EB/OL］.

[107] （东汉）许慎.说文解字[M].昆明：云南教育出版社，2010.

[108] （东汉）班固.汉书[M].北京：中华书局，1962.

[109] （东汉）崔寔.四民月令校注[M].石声汉，校注，北京：中华书局，2013.

[110] （东汉）崔寔.四民月令辑释[M].缪启愉，辑释.北京：农业出版社，1981.

[111] （东汉）赵晔.吴越春秋[M].崔冶，译.北京：中华书局，2019.

[112] （北魏）郦道元.水经注[M].陈桥驿，译注.王东，补注.北京：中华书局，
2016.

[113] （南朝刘宋）范晔.后汉书[M].北京：中华书局，2012.

[114] （北魏）贾思勰.齐民要术[M].北京：中国书店，2018.

[115] （唐）惠能.六祖坛经[M].扬州：广陵书社，2003.

[116] （北宋）沈括.梦溪笔谈[M].诸雨辰，译.北京：中华书局，2016.

[117] （北宋）李诫撰.营造法式[M].方木鱼，译注.重庆：重庆出版社，2018.

[118] （北宋）郭熙.林泉高致[M].张琼元，编著.黄山：黄山书社，2016.

[119]（宋）张淏.艮岳记［EB/OL］.

[120]（明）李时珍.本草纲目（第2版）[M].北京：人民卫生出版社，2004.

[121]（明）徐光启.农政全书[M].陈焕良，罗文华，注释.长沙：岳麓书社，2002.

[122]（明）计成.园冶（明刻本 卷一、卷二、卷三）[M].北京：中国建筑工业出版社，2016.

[123]（明）计成.赵农注释：园冶图说[M].济南：山东画报出版社，2003.

[124]（明）宋应星.天工开物 插图本[M].扬州：广陵书社，2009.

[125]（明）文震亨.海军、旺君注释：长物志图说[M].济南：山东画报出版社，2004.

[126]（清）张履祥.补农书[M].北京：中国书店出版社，2010.

[127]（清）陈世元.金薯传习录[M].北京：农业出版社，1982.

[128]（明）徐弘祖，褚绍唐，吴应寿著.徐霞客游记·江右游日记十[M].上海：上海古籍出版社版，2010.

[129] [德]马克思.1884年经济学哲学手稿[M].北京：人民出版社，1979.

[130] [英]罗素.西方哲学史[M].何兆武，李约瑟，译.北京：商务印书馆，1963.

[131] [英]李约瑟.中国科学技术史（第三卷 数学）[M].《中国科学技术史》翻译小组，译，北京：科学出版社，1978.

[132] [英]李约瑟.文明的滴定：东西方的科学与社会[M].张卜天，译.北京：商务印书馆，2018.

[133] [英]约翰·布克.宗教的故事[M].高俊成，译.呼和浩特：内蒙古人民出版社，2005.

[134] [英]彼得·弗兰科潘.丝绸之路：一部全新的世界史[M].邵旭东，孙芳，译.杭州：浙江大学出版社，2016.

[135] [英]柯律格.长物：早期中国的物质文化与社会状况[M].高昕丹，陈恒，译.洪再新，校.上海：生活·读书·新知三联书店，2015.

[136] [美]米尔希·埃利亚德.神秘主义、巫术与文化风尚[M].宋立道、鲁奇，译.北京：光明日报社，1990.

[137] [法]埃得加·莫兰.迷失的范式：人性研究[M]. 陈一壮，译.北京：北京大学出版社，1999.

[138] [法]埃得加·莫林，安娜·布里吉特·凯恩.地球 祖国[M]. 马胜利，译.上海：生活·读书·新知三联书店，1997.

[139] [比]伊·普里戈金，伊·斯唐热.从混沌到有序：人与自然的新对话[M].上海：上海译文出版社，1987.

[140] Joseph Needham. Science & Civilisation in China. Vol IV: 3. Cambridge University press.

二、论文类

[1] 费孝通.中华文化在新世纪面临的挑战[J].文艺研究，1999，（01）期.

[2] 汤一介.中国哲学中和谐观念的意义[A].汤一介.新轴心时代与中国文化的建构[M].南昌：江西人民出版社，2007.

[3] 万国鼎.中国古代对于土壤种类及其分布的知识[J].南京农业大学学报，1956，（6）.

[4] 梁町."可持续设计"本土化的探讨及对中国工业设计教育的启示[J].长沙：中国国家工业设计教育会议，2002.10.09.

[5] 邓名瑛.论中国古代伦理思想的逻辑进程及其特点[J].道德与文明，2002，（4）.

[6] 周作明.中国古代游牧文化与农耕文化之比较[J].广西民族研究，1998，（2）.

[7] 贺卫光.农耕与游牧古代中国的两大经济文化类型[J].西北民族学院学报（哲学社会科学版），2002，（1）.

[8] 贺卫光.中国古代游牧民族与农耕民族在经济上的互补与非平衡需求[J].西北师大学报（社会科学版），2003，（01）.

[9] 杜黎明."家国天下"是豪情更是担当[J].人民论坛，2017，（04）上.

[10] 黄朴民.论中华文化与国家统一[J].光明日报，2003年5月27日，B3版理论周刊·历史.

[11] 强以华.论<伦理妥协>[J].光明日报，2003年6月3日，B4版理论周刊·学术.

[12] 李金善.论屈原的生命意识[A].中国屈原学会：中国楚辞学（第五辑）[M].北京：学苑出版社，2004.

[13] 高丰.汉代的工业设计[J].装饰，1996，（6）.

[14] 高丹丹、贾荣林.浅谈"敬天惜物"造物思想在中国传统服饰中的应用[J].文物鉴定与鉴赏，2017，（11）.

[15] 祖倚丹、申凯旋、王董.中国古代服装节约工艺研究[J].丝绸，2015，（11）.

[16] 王建明.房屋建筑中的原始美[J].美与时代，2002，（8）下.

[17] 陶友华、居阅时、王经纬.承德避暑山庄及外八庙建筑蕴涵的政治意义[J].建筑文化，2006，（4）.

[18] 刘先觉.定法异式殊途同归[J].中华读书报，2001年10月10日.

[20] 刘彤彤.中国传统建筑之美[J].学习时报，2020年1月3日.

[21] 田嵩燕.以和为贵 和合善治——中国古代和平理念与实践[J].学习时报，2020年2月24日，03版·中外历史.

图书在版编目（CIP）数据

中国传统生态智慧/ 宋国彬著. -- 上海：上海文艺出版社,2021（2024.6重印）
（艺术与人文丛书）
ISBN 978-7-5321-8121-6
Ⅰ.①中… Ⅱ.①宋… Ⅲ.①文化生态学－研究－中国－现代
Ⅳ.①G12
中国版本图书馆CIP数据核字(2021)第192027号

发 行 人：毕　胜
策 划 人：杨　婷
责任编辑：李　平　程方洁
封面设计：姜　明
图文制作：张　峰

书　　　名：中国传统生态智慧
作　　　者：宋国彬
出　　　版：上海世纪出版集团　　上海文艺出版社
地　　　址：上海市闵行区号景路159弄A座2楼 201101
发　　　行：上海文艺出版社发行中心
　　　　　　上海市闵行区号景路159弄A座2楼206室 201101 www.ewen.co
印　　　刷：三河市嵩川印刷有限公司
开　　　本：710×1000 1/16
印　　　张：19.25
字　　　数：270,000
印　　　次：2021年9月第1版 2024年6月第2次印刷
I S B N：978-7-5321-8121-6/G.332
定　　　价：78.00元
告 读 者：如发现本书有质量问题请与印刷厂质量科联系